本书是北京市社会科学基金项目"网络空间命运共同体与全球传播秩序重建研究"（项目编号：19XCB008）的研究成果。

# 我国企业参与互联网治理研究

高海涛 | 著

中央编译出版社
Central Compilation & Translation Press

**图书在版编目（CIP）数据**

我国企业参与互联网治理研究 / 高海涛著. —北京：中央编译出版社，2022.1
 ISBN 978-7-5117-3982-7

Ⅰ. ①我⋯ Ⅱ. ①高⋯ Ⅲ. ①网络公司 - 企业管理 - 研究 - 中国 Ⅳ. ①F492.6

中国版本图书馆 CIP 数据核字（2021）第 142272 号

## 我国企业参与互联网治理研究

| | |
|---|---|
| **责任编辑** | 李媛媛 |
| **责任印制** | 刘　慧 |
| **出版发行** | 中央编译出版社 |
| **地　　址** | 北京市海淀区北四环西路 69 号（100080） |
| **电　　话** | （010）55627391（总编室）　（010）55627310（编辑室） |
| | （010）55627320（发行部）　（010）55627377（新技术部） |
| **经　　销** | 全国新华书店 |
| **印　　刷** | 北京时捷印刷有限公司 |
| **开　　本** | 710 毫米×1000 毫米　1/16 |
| **字　　数** | 214 千字 |
| **印　　张** | 16 |
| **版　　次** | 2022 年 1 月第 1 版 |
| **印　　次** | 2022 年 1 月第 1 次印刷 |
| **定　　价** | 75.00 元 |

新浪微博：@中央编译出版社　　微　信：中央编译出版社(ID: cctphome)
淘宝店铺：中央编译出版社直销店(http://shop108367160.taobao.com)　（010）55627331

**本社常年法律顾问：北京市吴栾赵阎律师事务所律师　闫军　梁勤**
凡有印装质量问题，本社负责调换，电话：（010）55626985

# 目 录

第一章 绪 论 ·········································································· 1
　第一节 问题的提出 ······························································· 1
　第二节 文献综述 ································································· 4
　　一、对于互联网治理的认识及历史演变 ······························· 4
　　二、关于全球互联网治理机制及其面临的挑战 ······················ 8
　　三、互联网治理的层次及议题 ··········································· 15
　　四、关于全球互联网治理参与主体的研究 ··························· 18
　　五、关于我国参与全球互联网治理的研究 ··························· 20
　　六、现有研究的不足之处 ················································· 26
　第三节 本书的理论基础及主要概念界定 ································· 28
　　一、治理理论 ································································· 28
　　二、互联网治理理论 ······················································· 31
　　三、主要概念界定 ··························································· 39
　第四节 研究方法和数据来源 ················································· 44
　　一、采用的研究方法 ······················································· 45
　　二、数据资料来源 ··························································· 47
　　三、可能的创新之处 ······················································· 49
　　四、技术路线和结构安排 ················································· 51

## 第二章 我国互联网行业的历史演变及发展趋势研究 …… 54
### 第一节 引言 …… 54
### 第二节 数据收集和研究方法 …… 59
  一、研究对象和数据收集 …… 59
  二、研究方法 …… 61
### 第三节 2013—2019年互联网企业百强的整体情况 …… 61
  一、业务收入总规模及增速 …… 61
  二、营业利润及增速 …… 62
  三、研发投入 …… 63
  四、上榜公司所在省份 …… 63
  五、成立时间和登榜时间 …… 70
  六、上市地点 …… 73
  七、企业性质 …… 75
  八、业务类型 …… 77
### 第四节 历年上榜百强企业分析 …… 78
  一、总体上榜频次情况 …… 78
  二、新登榜企业情况 …… 82
  三、连续登榜企业情况 …… 84
  四、仅登榜一次的企业情况 …… 89
### 第五节 主要结论 …… 90

## 第三章 我国互联网企业的治理行为与策略研究 …… 92
### 第一节 引言 …… 92
### 第二节 研究方法和设计说明 …… 93
  一、分析对象及研究方法 …… 93
  二、概念界定、类别建构及编码 …… 95
  三、数据收集与统计分析 …… 96
### 第三节 BAT治理行为和治理绩效类型分析 …… 98

一、互联网企业治理行为 ………………………………… 98
　　二、互联网企业治理绩效 ……………………………… 100

第四节　BAT治理行为和治理绩效比较分析 ……………… 101
　　一、BAT治理行为和治理绩效的频数 ………………… 101
　　二、BAT治理行为和治理绩效的差异 ………………… 105
　　三、BAT治理活动中所涉及的主要利益相关者 ……… 106
　　四、BAT治理活动中所涉及的高级管理人员 ………… 123

第五节　结果讨论和研究推论 ……………………………… 139
　　一、企业参与互联网治理关注的议题 ………………… 139
　　二、企业参与互联网治理涉及的主体及利益相关者 … 142
　　三、治理主体行动的原则或者模式 …………………… 143
　　四、行动的范围和区域 ………………………………… 144

第六节　研究结论与启示 …………………………………… 145
　　一、研究的主要结论 …………………………………… 145
　　二、研究启示 …………………………………………… 146

## 第四章　我国互联网企业治理行为与治理绩效及财务绩效关系的实证研究 …………………………………………… 147

第一节　引言 ………………………………………………… 147

第二节　理论分析和研究假设 ……………………………… 149
　　一、互联网企业的治理行为和治理绩效 ……………… 149
　　二、互联网企业的行为特点和治理绩效 ……………… 151
　　三、互联网企业的治理绩效和财务绩效 ……………… 153

第三节　数据来源和研究方法 ……………………………… 155
　　一、样本企业选择 ……………………………………… 155
　　二、数据来源和研究方法 ……………………………… 157
　　三、变量的定义与测量 ………………………………… 157
　　四、数据分析处理 ……………………………………… 161

第四节 结果与分析 …………………………………………… 163
  一、描述性统计 …………………………………………… 163
  二、信度和效度检验 ……………………………………… 166
  三、互联网企业治理行为对治理绩效的影响 …………… 168
  四、互联网企业治理行为特征对企业绩效的调节影响 …… 173
  五、治理绩效与财务绩效之间的关系 …………………… 179
第五节 讨论与结论 …………………………………………… 179
第六节 研究局限和建议 ……………………………………… 183

## 第五章 研究结论及展望 …………………………………… 186
第一节 研究结论 ……………………………………………… 186
第二节 研究的局限性 ………………………………………… 190
第三节 进一步研究的方向 …………………………………… 191

**参考文献** …………………………………………………………… 194

**后　记** …………………………………………………………… 252

# 第一章 绪 论

本章首先说明研究的缘起,对与本书相关的文献做了综述,其次阐释本书的理论基础,界定相关概念,如互联网治理、互联网企业、互联网治理行为和治理绩效等,再次介绍本书拟采用的研究方法和数据来源,指出本书可能的创新之处,最后说明研究的技术路线和本书的结构安排。

## 第一节 问题的提出

作为人类生存的新空间、发展的新驱动和安全的新领域以及大国拓展国家利益、输出意识形态和建立战略优势的新载体,网络空间成为世界大国竞争的新高地(王桂芳,2017)。网络空间治理制度是网络空间秩序的主要支柱,是维系国际秩序有效运转和整体有序的重要保障。当前网络空间缺乏普遍有效规范各方行为的国际规则,在西方国家主导下形成的部分网络规则没有反映大多数国家的意愿和利益,难以适应当今互联网的发展(刘少华,2016;罗昕,2017)。国际规则从来都不是与生俱来的良法善治,本质上是各国尤其是大国利益博弈的结果,必须依靠各国积极努力参与和表达才能达至均衡、公正(冯光,2017)。经过二十多年的高速发展，我国的互联网经济已仅次于美国位居全球第二，成为和美国争雄的驱动世界互联网发展的双引擎之一（波士顿顾问公司等，2017；中国网络空间研究院，2019）。然而，由于长期战略缺失以及参与主体和策略方面的欠缺，我国在网络空间国际治理格局中处于边缘化的状态，发挥的作用离国家利益需求有较大差距，与我国互联网产业发展状况不相匹配（方兴东等，2017；孙永革等，2017；俞婷宁，2017）。

网信事业代表着新的生产力和新的发展方向，信息化为中华民族带来了千载难逢的机遇。当前，全球互联网治理进程处于"提出规范"的早期阶段，我国正处于参与全球互联网治理规则制定的重大战略机遇期（邹军，2016；罗昕，2017）。十八大以来，党中央高度重视互联网的发展和治理，把互联网的发展与政治、经济、文化、社会、军事等领域信息化和网络安全重大问题统筹协调，推动网信事业取得历史性成就。党和国家领导人在公开讲话中反复提到要"主动参与网络空间国际治理"，"推动全球互联网治理体系变革"。

关于全球互联网治理的基本模式，存在着以美国为首的西方发达国家主张的"多方"模式和以中俄为代表的发展中国家倡导的"多边"模式的对立，两种模式之间的主要差异是政府在互联网治理中的角色和定位不同。一般认为，全球互联网治理有三大主体，分别是政府、私营部门和市民社会。美国等西方发达国家主张的多利益攸关方模式认为，全球互联网本质上是由私人部门主导的网络，私营部门和市民社会是全球互联网治理的主导力量，政府虽然也是利益相关方，但是互联网治理体系的设计就是要排除政府对于互联网治理的影响，这尤其明显地体现在互联网名称与数字地址分配机构（ICANN）的治理架构中。而以中俄为代表的多边主义治理模式认为，政府是互联网治理最主要的行为体，私营部门和市民社会应该从属于政府。全球互联网治理结构本质上是由产业技术的客观实力和既有资源分配机制决定的（陈慧慧，2017）。鉴于多利益攸关方模式是目前国际上主导的治理模式,那么从策略上,我国就应该培养多元化的参与全球互联网治理的力量,这其中最主要的就是处于互联网发展与安全第一线的互联网企业。互联网公司掌控着重要的互联网基础设施以及几乎全部的互联网应用服务,是互联网基础设施与网络应用服务的主要提供者,掌控着网络信息的内容、形态与网民的信息使用方式(赵玉林,2013)。相对于其他方,互联网企业在参与治理方面有强烈的利益动机,在信息技术的研发与应用、数据资源的占有、技术人才的储备、资本的占有和调配、海量用户的支持等方面优势明显,是互联网治理的排头兵。尤其是超大型互联网平台,连接了人、物、信息等要素,成为信息社会新的信息基础设施,是社会治理的重要基础与依托。以思科、谷歌、高通、微软、亚马逊、脸书为代表的美国互联网企业几乎渗透了全球互联网治理的所有关键环节,美国政府则成功地将它的意志植入到"多利益相关方"模式中,并不断强化同私营部门之间的利益结盟,从而占据更多有利态势(孙永革、郎平,2017)。美国的经验表明,电信运营商、软件公司、互联网内容提供商等企业在互联网治理中的作用不可忽视。我国在注重政府主导网络空间治理的同时,也应着力发挥企业的能动性,鼓励互联网公司积极承担网络治理的社会责任,参与网络空间治理(高晓雨、闫寒,2017)。然而,目前学术界对于互联网治理的研究更多地集中在宏观和次宏观层面,对于中微观层面关注不够,对哪些利益方实际参与治理并在其中发挥作用缺乏了解。就我国互联网企业参与治理状况而言,有学者认为我国互联网企业参与治理缺乏长期动力(方兴东、陈帅,2017),与西方国家相比存在较大的差距(孙永革、郎平,2017)。但这些论断只是一种经验判断,是否符合实际还需要经过实证的检验。有鉴于此,本书将我国互联网企业是如何参与治理的以及参与治理所取得的效果作为基本研究问题,拟通过实证研究对如上问题做出回答。

本课题的研究具有重要的理论意义和现实意义:

（1）在理论上，对互联网企业的治理行为和治理绩效做出概念界定，从微观层面揭示我国互联网企业治理行为和策略，有助于正确认识我国互联网企业参与全球互联网治理的状况；通过实证的方法验证互联网企业治理行为和治理绩效之间的关联性，验证目前理论界认为我国互联网企业参与治理根本动力不足的理论判断。

（2）在实践上，在国家确立网络强国战略和网络空间国际战略的背景下，探讨政府通过战略创新，建构政府主导、企业等多方积极参与、有效协作的互动模式，改变目前政府"一枝独秀"的局面，这对提高我国在全球互联网治理中的地位和影响力具有重要的现实意义。对于我国的互联网企业而言，为互联网企业参与全球互联网治理提供理论指导，为企业制定非市场战略，实现企业战略与国家建设网络强国战略之间的良性互动，更好地维护自身的利益提供借鉴。

## 第二节 文献综述

伴随着互联网的产生和快速普及，互联网治理问题成为各国学界关注的热点和焦点。西方国家在互联网治理方面起步早，有很多的理论成果，我国学界对于互联网治理的研究虽然起步晚，但在国家需求的推动下，近些年来发展非常快。与本书相关的研究主要有：

### 一、对于互联网治理的认识及历史演变

1. 互联网治理的概念界定

随着互联网的日益普及，互联网治理的概念已经被越来越广泛地使用，但是对于什么是互联网治理，学界至今没有达成共识。一些有代表性的定义有：①互联网治理项目（Internet Governance Project，IGP）将互联网治理定义为："所有者、运营商、开发者和用户共同参与的一个

# 第一章 绪 论

由互联网协议所连接起来的与网络相关的决策,包括确立政策、规则和技术标准的争端解决机制,制定资源分配和全球互联网中人类行为的标准。"① ②米尔顿·穆勒等(2017)依据有意的有序化和合法性来界定互联网治理。他们认为互联网治理是指"由互联网协议链接而成的网络的所有者、运营商、开发商和用户做出的集体决策,用以制定政策、规则、技术标准争端的解决程序、资源分配以及人参与全球网络互联活动的行为准则"②。③联合国下属的互联网治理工作小组于 2005 年将互联网治理界定为:"互联网治理是政府、私营部门和民间社会根据各自的作用制定和实施旨在规范互联网发展和使用的共同原则、准则、规则、决策程序和方案。"③ 在上述概念界定中互联网治理工作小组的工作定义是目前认可度最高的定义。

总的来说,互联网治理的概念有狭义和广义之分。在狭义上,互联网治理是关于网络架构、标准和协议等的问题,主要讨论一些特定的组织是如何治理互联网技术基础设施和架构的。全球互联网治理"被划定为对 IP 地址和域名的管理"④,仅仅立足于技术层面,主要关注互联网关键基础设施资源的分配协调,而这些关键基础设施资源通常掌握在美国主导下的互联网名称与数字地址分配机构手中。广义上的互联网治理"超越了互联网基础设施,涉及与法律、经济、发展和社会文化相关的

---

① Mathiason J., *Internet Governance: the New Frontier of Global Institutions*, London: Routledge, 2009, pp. xiv, 6 – 23.

② 米尔顿·穆勒、约翰·马西森、汉斯·克莱因:《互联网与全球治理:一种新型体制的原则与规范》,田华译,载《汕头大学学报(人文社会科学版)》,2017 年第 33 卷第 3 期,第 122 页。

③ WGIG, "Report of the Working Group on lnternet Governance", June 2005, http://www.wgig.org/docs/WGIGREPORT.pdf.

④ Leib, Volker, "ICANN—EU Can't: Internet Governance and Europe's Role in the Formation of the Internet Corporation for Assigned Names and Numbers (ICANN)", *Telematics and Informatics*, Vol. 19, 2002, pp. 159 – 161.

事项"①。在广义上，互联网治理不仅要研究互联网基础设施或架构演化问题，而且要关注互联网的应用问题，比如知识产权冲突、网络空间安全、内容管制、数字鸿沟等问题。与此相类似，DeNardis（2013）认为"互联网治理在一般意义上是指与信息在互联网上交换相关的政策和技术协调事项"。从最初的技术标准管理拓展为包括资源分配和公共政策制定的广泛领域，涉及技术、政治、经济、社会等诸多方面，说明互联网已经深深地嵌入了人类社会的各个层面。

2. 互联网治理的历史演变及发展趋势

除了对互联网治理概念内涵的探讨，学界还对互联网治理的历史演变从不同的角度做出了概括，有两阶段说、三阶段说、四阶段说到五阶段说等不同的观点。相比较而言，有较多的学者将互联网治理的历史划分为三个阶段。

（1）两阶段说

杨峰（2016）认为，互联网治理体系的实现机制符合公共产品的基本特性，应该从公共产品视野构建全球互联网治理体系冲突的分析框架。互联网治理实现机制经历了从20世纪70—90年代末的"技术中心"模式到"综合治理"模式的转变。

（2）三阶段说

郭丰（2012）认为，国际互联网治理架构的发展进程可分为三个阶段。第一阶段从1960年代末至1980年代中期，技术专家们在互联网发展的重大决策上发挥了主要作用，国际互联网治理架构尚未成形。第二阶段从1980年代中期至1990年代末，该阶段非政府间组织发挥越来越大的作用，美国政府确立主导地位。国际互联网治理架构显露雏形。第三阶段是2000年之后至今，各方全面参与治理进程，国际互联网治理

---

① Kurbalija J.，"An Introduction to Internet Governance"，Switzerland：Diplo Foundation，4th Edition，2010.

架构发展成为如今的形态。邹军（2016）认为，全球互联网治理在经历了从个人管理到以"互联网名称与数字地址分配机构"为核心的"网络化治理"后，正在迈向"赋权社群"主导的、基于"多利益攸关方"模式的全球共治。陈少威、俞晗之、贾开（2018）通过对互联网全球治理体系演进历史的回顾，归纳出互联网全球治理演进的三个阶段："无政府主义"价值理念推动下的社区自治、商业利益主导下的互联网"金矿"的全球治理、网络主权影响下的互联网全球治理新格局。鲁传颖（2016）将网络空间博弈划分为三个阶段：第一阶段是早期的互联网治理时期，这大致从国际互联网的形成初期到联合国召开信息社会世界峰会（WSIS）为止，表面上表现为各国政府与私营部门和市民社会之间的斗争，实质上则是美国与其他国家就互联网控制权而展开的博弈。第二阶段是网络空间治理的政治竞争和主权竞争阶段，这一阶段从信息社会世界峰会到 2011 年。第三阶段从"棱镜门事件"之后一直到现在，这一阶段的竞争更加聚焦网络空间的安全治理。

（3）四阶段说

章晓英、苗伟山（2015）认为互联网治理的历史经历了从军事和政治背景下的建设期、科技和教育的接棒推动期、商业逻辑驱动的普及期和社会发展中的治理期四个阶段。王明国（2015）认为，全球互联网治理模式经历了技术治理模式、网格化治理模式、联合国治理模式和国家中心治理模式的变迁。

（4）五阶段说

罗昕（2017）认为，全球互联网治理随着互联网技术的发展演进，历经了自由主义模式、技术主义模式、社群主义模式、威权主义模式和多利益相关者模式的变迁。孙宇（2017）归纳了迄今为止出现的五种互联网治理模型——自我演化制序模型、编码模型、跨国机构和国际组织模型、国家管制模型和市场激励模型。

此外，还有学者分析了中国互联网治理的历史演变。王梦瑶、胡泳

(2016)把中国的互联网治理划分为三个阶段：科教兴国与现代化发展（1980—1999年）、产业开放与社会管理（2000—2010年）、意识形态与国家安全（2010年至今）。黄丽娜、黄璐、邵晓（2019）通过政策文本分析将中国互联网政策体系的历史变迁进程大致分为五个阶段：政策起始阶段（1994—1999年）、政策平稳执行阶段（2000—2004年）、政策过渡阶段（2005—2010年）、政策深化调整阶段（2011—2015年），以及2016年以后的战略发展阶段。

## 二、关于全球互联网治理机制及其面临的挑战

### （一）对全球互联网治理机制的研究

1. 从实践层面探讨互联网治理的模式

国外一些研究互联网治理的学者通过对互联网治理实践过程中所涉及的历史发展、组织框架、社会环境等各方面的观察，或借助一些分析框架，或使用案例分析等方法，试图厘清互联网治理的现有机制，并对其进一步发展与改革进行探讨。互联网技术治理是以美国为中心、由一个不断发展的私营部门主导、"多利益攸关方"的治理制度（特里斯坦·加洛韦，2016）。在网络空间全球治理制度组成上，约瑟夫·奈（Joseph Nye）（2014）把网络空间全球治理的规范、机制和程序分为三个层次，第一层是国际标准政策制定，包括 ICANN、IANA、IETF 机构等；第二层是网络治理机制，主要分为联合国主导下的 GGE、WSIS 和多利益主体参与模式下的伦敦进程、NetMundial 等机制的两分法；第三层是更加广泛的现有外部机制对网络空间全球治理的影响，如国际法公约、人权机制、G20 等国际机制。Pigoni（2014）分析了全球互联网治理的格局，他认为全球互联网是一个以美国为中心的互联网机制，对于未来互联网霸权的争夺是在两大阵营之间的对抗：一个阵营是维持现状的阵营，倡导维持多利益攸关模式。另一个阵营是主张升级或更新现有

模式的激进派，主要是金砖五国（巴西、俄罗斯、印度、中国和南非）。

由于在2014年国家提出建设网络强国的目标之前国内的互联网管理长期处于"九龙治水"的状态（方兴东，2016），因此国内学术界对于全球互联网治理机制关注得比较晚。国内学者首先刻画了当前国际互联网治理的基本形态。刘志云、刘盛（2016）认为，虽然一个正式的互联网全球治理机制尚未形成，但从实践看互联网全球治理结构是一个以互联网治理论坛（IGF）为指导，信息世界峰会论坛（WSIS Forum）为核心，国际电信联盟（ITU）、互联网名称与数字地址分配机构、国际互联网协会（ISOC）等专业性组织为支持，其他国际社会主体积极参与、相互配合的网状治理结构。有一些研究专门分析了这些国际性组织的运作，如王孔祥（2014）对IGF的研究。崔保国（2016）将毛泽东的"三个世界"理论应用到当今世界的网络空间分析，把现实中"一超多强"的国际关系格局折射到网络空间，提出了网络空间"三个世界说"。由于意识形态、价值观以及现实国家利益等方面的差异，围绕着网络空间的国际秩序构建和规则博弈，各主要国家间形成了两大对立阵营，即以美国为首的西方发达国家阵营和以中国、俄罗斯为代表的新兴国家阵营（黄志雄，2016）。以美国为首的西方国家凭借其在技术上的领先地位，举着"互联网自由"和"网络空间法治"的大旗，在国际上推行它们所支持的网络空间国际法规则，塑造对它们有利的网络空间国际秩序。中国、俄罗斯等新兴国家在网络空间国际秩序构建中处于少数和弱势地位，一直受到西方国家的价值观和规则打压。双方最严重的分歧之一在于国家主权原则在互联网信息传播中的适用。鲁传颖（2016）认为，当前全球网络空间治理进程不仅涉及信息发达国家与信息发展中国家在互联网关键资源、网络权力和网络安全等领域的复杂博弈，还包括政府、私营部门和市民社会等行为体之间的相互博弈。王明国（2015）探讨了全球互联网治理演变的动力和行为逻辑。赵杨（2015）运用新制度主义理论视角分析了网络规则及其动态演进规律。

自 ICANN 建立以取代个别技术专家管理互联网以来,互联网治理以 ICANN 为核心的治理模式迄今未有改变。因为 ICANN 是互联网改变公众和政府之间关系最显著、最重要的表现形式之一。它在形式上实现了网络治理的国际化,同时亦代表了全球治理职能的私有化(弥尔顿·穆勒,2015)。因此,有关互联网治理模式的争议和演变,基本上都围绕着 ICANN 展开(邹军,2015)。ICANN 监管权的移交对于全球互联网治理具有重大影响,因此有不少研究围绕 ICANN 监管权的移交展开。发端于 2014 年的 IANA 监管权限移交进程,新监管权限本质上是一个"私有化"方案,而非"国际化"方案(沈逸,2016)。这次改革最终将导致政府在 ICANN 决策过程中的边缘化,跟市场部门拥有的巨大权力相比尤其如此。陈莱姬(2016)通过 ICANN 第 57 届会议,研究 ICANN 新的全球性治理架构是否可以反映全球公共利益。全球互联网治理在经历了从个人管理到以 ICANN 为核心的"网络化管理"后,正在迈向"赋权社群"主导的、基于"多利益攸关方"模式的全球共治(邹军,2016)。

作为非典型的美国总统,特朗普对互联网、网络治理的价值主张和政策偏好,极大地影响了美国政府的网络空间战略,进而影响到全球网络治理的基本格局、发展态势和未来走势(方兴东、卢卫,2017)。从特朗普政府颁布的《网络空间战略》等文件来看,美国的网络安全战略从过去几十年美国政府在网络行动上一以贯之的"谨慎克制、防御为主"开始转变为"进攻优先",以"先发制人""向前威慑""主动进攻"为主要特征的特氏治网理念逐步成型(桂畅旎,2018)。

2. 在理论层面探讨互联网治理机制的属性

Levinson 和 Smith(2008)借用生物与环境科学中的"生态系统"概念与分析方法,选取当时的新型治理机构——互联网治理论坛(IGF)为分析对象,着重分析了 IGF 作为一个多利益攸关方参与的、开放的、非正式机制化的,甚至从组织形式到议程内容都是松散和分散的机构,是如何在各主体的充分互动下,实现有效的信息传递与观念形成,而这些信息与观念又是如何成为互联网治理政策或者影响政策制定。Nye（2014）则是将国际关系理论中的国际机制理论运用于互联网治理，认为互联网治理机制从本质上是一种多个不同的治理机制组成的松散的"机制复合体"（Regime Complex），包含深度、宽度、组合体和履约度四个维度。丹尼尔·W. 德雷兹内（2016）根据大国偏好以及周边国家偏好分布的冲突高低程度这两个维度，将互联网治理分为虚置标准、竞争标准、俱乐部标准和协调标准四种类型。Verhulst et al.（2017）认为全球互联网治理正在形成一种新模式——分散式治理。分散式治理不同于多利益攸关方治理模式，分散式治理实际上介于"纯粹多利益攸关方"和"纯粹多边"之间。

### （二）全球互联网治理所面临的挑战

网络空间治理制度是网络空间秩序的主要支柱，是维系国际秩序有效运转和整体有序的重要保障。然而迄今为止，全球互联网治理在体制建设中取得的成绩非常有限，在建立全球性规则和秩序时无法达成共识，尚未取得任何实质性进展，甚至未能就一些基础性、原则性问题达成谅解（米尔顿·穆勒等，2017；俞婷宁，2017）。学界一部分学者认为，这是由于政策制定者在规则建构方法和理念上的疏失，决策者们不明智地跳过了体制建设的基础性工作而着手第二序位的工作（米尔顿·穆勒等，2017）。也有另外一部分学者认为，这源自意识形态、价值观和现实国家利益等方面的分歧（黄志雄，2015）。一些学者试图提出全球互联网治理的原则和规范。美国的 *Congressional Digest* 杂志在 2014 年第 6 期专门出版了一期题为"互联网治理争论：互联网的进化（Debating Internet Governance: Evolution of the World Wide Web）"的专栏，其中有一篇文章分析了互联网治理演化的蓝图，提出了互联网治理的六项原则：①人权；②文化和语言的多样性；③统一的、非碎片化的空间；④安全、稳定和有弹性的网络；⑤开放的、分散式的架构；⑥建构一个创新、有创造力的环境。David（2014）总结了2014年"全球多利益攸关方关于互联网治理未来会议"（NETMundial）提出的关于互联网治理生态系统演化应该遵循的原则：①多利益攸关方；②公开、参与、共识驱动的治理；③透明；④负责任的；⑤包容的、平等的；⑥分散的；⑦合作的；⑧使参与有意义。米尔顿·穆勒等（2017）提出了全球互联网治理的七项原则：①定义：互联网；②定义：互联网治理；③事实：互联网标准构成全球共享；④事实：互联网主要由私人网络组成；⑤事实：互联网包含了端到端的设计；⑥事实：互联网需要排他性的、协调性的资源分配；⑦事实：互联网是非区域性的。同时，提出了全球互联网的六条规范：①保留技术模式；②不应允许共享被私有化；③不应把标准共享转变为某种过度管制私人市场的基础；④技术协调与标准协调功能不应负载政策功能；⑤应尽量分散和限制互联网控制权集中的方面；⑥应保持多方参与治理并使其具有合法性。他们认为应该考虑制定一份《联合国互联网治理框架公约》。约瑟夫·奈（2020）提出了维持网络空间稳定的八项规范。

郎平（2016）认为，国际互联网治理进程主要面临三项挑战：①传统阵营分化重组，基本格局日趋分散化、复杂化；②互联网名称与数字地址分配机构的国际化以及政府主体的地位问题是各方争议的焦点，治理改革艰难推进；③治理机构议题泛化和重合的现象日益突出，行动力欠缺导致治理进程陷入制度困局。罗昕（2017）认为，全球互联网治理主要面临治理主体的竞争、治理规则的缺失、治理尺度的模糊、治理技术的逃避四大关键挑战。周建青（2018）分析了当前构建网络空间命运共同体存在的问题与困境：网络空间发展不均衡，治理主体不平等；网络主权争议不断，治理规则不公正；网络空间不安全，网络秩序不合理；主体协作不到位，合作共治机制不健全。侯云灏、王凤翔（2017）认为，网络空间已经形成了以美国为首的西方发达国家和中俄等新兴国家、发展中国家两大阵营，双方在网络空间治理上的分歧主要体现在五个方面：①治理原则之争：先占者主权原则和人类共同财产主权原则之争；②治理理念之争：网络自由、绝对安全和坚持网络主权下的自由和安全之争；③治理范式之争：多利益攸关方治理模式和以联合国为核心的多边模式之争；④治理机制之争：维护现有机制和推动互联网治理体制变革之争；⑤治理规则之争：推动网络空间适应现有国际法和制定新的国际法之争。

## （三）对现有治理模式的反思

当前，国际社会对于互联网的治理采用了多利益攸关方治理模式，在互联网基础设施和实际使用中所需要技术和社会方面资源的协调中融入了多个方面的视角。然而，互联网治理在很大程度上是由源自美国的一小部分技术精英主导的（Mueller，2004）。西方国家通过对网络空间制度的主导，特别是规则制定权和议题引导力使得网络空间国际秩序体现了明显的西方霸权特征（王明国，2016）。网络空间现有国际制度的支配性规范主要体现了西方国家有关"互联网自由"和"开放性"的立场。既有网络空间治理机制不仅存在制度设计合法性和代表性不足、机制落实能力有限、机制运作巴尔干化和碎片化等特征，更体现了发达国家与新兴国家在网络治理制度理念上的根本性冲突，导致了严重的机制困境和治理失灵，难以有效解决日益凸显的政治关切及公共秩序问题（王明国，2015）。

当前网络空间治理模式上的分歧和争论的主要焦点是美国强烈主张的多利益攸关方共治模式与中国、俄罗斯等国强烈主张的主权国家政府主导的治理模式上的对立（崔保国，2016）。钱忆亲、陈昌凤（2017）提出的分析性网络治理（Analytical Networked Governance，ANG）理论上也是多利益攸关方治理的一种模式。对于"多利益攸关方"这种当前处于主导地位的治理模式，很多学者进行了反思和批判。米尔顿·穆勒（Milton Mueller）（2015）认为多利益攸关方参与这一概念几乎快要成为一种新的"主义"。多利益攸关方框架致力于回答有关代表权及程序的议题，却并没有为互联网治理的实质政策提供任何指导。"它提供了一种头脑简单的社群主义，暗示只要所有参与者坐在一起商量，争端可以轻易得到解决。它邀请私营机构与民间团体'参与'决策议程，却不能说出它们在议程中扮演何种角色或拥有多少权限。"① Verhulst et al. (2017) 指出，多利益攸关方主义认为互联网治理中存在着不同的利益集团，每个利益集团都应该有平等的参与机会。然而，由于过于强调"利益相关"，该模式更多地倾向于权利概念而非专业知识。其最具争议的地方在于：不同组织对多利益攸关方主义有着不同的偏向，因为它们的个体利益或角色优先次序是不同的。崔保国（2016）认为这一模式的本质是国际金融利益集团的利益相关模式，因为这些大型跨国网络公司的背后都有跨国金融集团的利益。在多利益攸关方模式中，跨国公司、技术社群以及国家政府都有影响互联网政策制定和执行的能力，私营部门甚至起到更多的主导作用，但是在这背后更多是西方发达国家利用其雄厚的技术、经济实力，主导国际规则的制定。张新宝和许可（2016）认为，多利益攸关方治理模式看似为平衡各方利益的完美方案，实际上却存在着"正当性"和"有效性"的双重不足。作为对"网络空间自身主权"的替代，"多利益攸关方治理模式"摆脱了网络自治的乌托邦，却又陷入了一切利益攸关方平等的幻象。

在批判多利益攸关方模式的同时，国内也有不少学者提出应该客观和理性地看待多利益攸关方模式，既看到它在普遍意义上积极的一面，也要清醒地认识到它在实践中表现形式的多样化，甚至是对立的分歧，避免将其简单地归类于美国模式。"多利益攸关方"是一种普遍意义上的治理路径和方法，在实践中，根据议题的不同，它可以有多种表现形

---

① 米尔顿·穆勒、约翰·马西森、汉斯·克莱因：《互联网与全球治理：一种新型体制的原则与规范》，田华译，载《汕头大学学报（人文社会科学版）》，2017年第33卷第3期，第122页。

式,各利益攸关方依据其行为体特性,发挥不同的作用,我国应该遵循国家利益做出灵活应对(郎平,2017)。方兴东、田金强、陈帅(2017)认为,多方模式和多边模式的二元对立和人为冲突,已经严重影响中国网络治理的政策与主张,影响到国际网络治理的正常合作,同时严重困扰了国际社会对中国网络治理的理解。他们系统梳理了多方模式和多边模式的演进历程和历次博弈,通过对比分析,总结了两者模式的特点及优劣势,认为两种治理模式各有所长,各有自身擅长领域,提出我国必须摒弃二选一的传统对立思维,积极拥抱多方模式,把两种模式有机融合起来,才能更好实现网络治理的能力和效用提升。郭丰、刘碧琦、赵旭(2017)结合当前国际社会上主要的互联网治理平台,对多利益攸关方机制的发展历程及其在不同平台中的表现形式进行梳理和对比,认为多利益攸关方机制与多边机制之间的交织与融合发展,在多利益攸关方机制的研究中也不容忽视。

## 三、互联网治理的层次及议题

早期的互联网治理大都集中在互联网基础设施的建设和维护上,随着互联网快速普及,治理领域开始涉及经济、法律、文化等方面。面对互联网治理议题的日益复杂化,不少学者开始探索互联网的分层治理。

### (一) 互联网治理的分层研究

尤查·本科勒(Yochai Benkler)(2000)最早提出用分层的概念来分析互联网,他把互联网分为网络基础设施层、逻辑基础设施层(代码层)、网络空间的信息层(内容层)。劳伦斯·莱斯格(Lawrence Lessig)(2001)进一步完善了本科勒治理模型,提出将分层治理模型扩展到整个互联网治理研究上,他把互联网从下至上分为物理层、规则层和内容层三个层面。罗伯特·多曼斯基(Robert J. Domanski)(2015)在总结、借鉴本科勒和莱斯格概念模型的基础上,提出了四层治理概念模型：基础设施层、技术协议层、应用层和内容层。另外，劳拉·迪娜蒂斯（Laura DeNardis）和马克·雷蒙德（Mark Raymond）（2013）提出要按照互联网传输的 TCP/IP 协议的层级，构建网络空间层级治理模式。他们依据功能、任务和行为体分别归纳了互联网治理的六个层级：互联网关键资源控制、互联网标准设定、网络接入和协调、网络安全治理、信息中间商的政策角色、执行架构基础的知识产权保护。Brooks（2015）从行为主体的角度将互联网治理分为宏观层、中观层和微观层。宏观层面是一些关于如何分配和协调顶级域名和数据分享协议的规则。中观层面是一些大型的组织，如大型互联网公司和民族国家。微观层面是互联网的个体使用者。

国内学者对互联网分层治理的研究起步相对较晚，更明显的是缺乏像西方学者那样的连续性。舒华英（2006）认为，互联网治理应该从结构、功能、意识层面进行分层治理，但没有提出具体的关于互联网分层治理的解决方案。唐守廉（2008）将互联网治理及其相关问题分为治理机制层、信息权益层、功能业务层、网络结构层，并对各层的治理对象进行了划分。鲁传颖（2016）将网络空间全球治理分为四个层面：第一个层面是技术层面的互联网治理；第二个层面是信息流通层面的数据治理；第三个层面是行为体互动；第四个层面是虚拟现实交互层面网络空间的行为体规范治理。杨帆（2018）认为现有的关于网络空间法律秩序的讨论都忽视了网络空间的底层技术逻辑，从而在一定程度上影响有关论点的说服力。他建构了网络空间的五层级理论模型：意义层、内容层、应用层、硬件层和网络层。

### （二）互联网治理的议题

互联网治理涉及到标准、犯罪、战争、间谍、内容控制、隐私和人权等议题（Nye，2014）。"网络中立"的概念自从 2003 年被正式提出来，就成为美国互联网和电信行业内外不同观念和利益博弈的焦点，在全球范围内也成为最重要、最具争议性的议题之一（Kimanet al., 2011）。根据罗昕的梳理，美国学界对于网络中立概念普遍的认识是网络服务提供商应平等地对待所有合法的内容/应用/设备的网络接入，而不应歧视不附属于自己或者合作方的内容/应用/设备（罗昕，2012）。"网络中立"论争之所以引发普遍的关注，就在于它提出了一个互联网治理的核心问题：我们需要一个什么样的互联网？近年来，全球"网络中立"论争呈现三大趋势：从政治争斗回归技术之争，从"网络中立"走向"技术中立"，从立法推动到追求达成共识（邹军，2015）。在美国，就是否实施网络中立存在两大相互对立的阵营，支持阵营有草根网民、部分社会团体、互联网先驱、多数民主党议员和诸如谷歌、微软、雅虎、亚马逊等互联网内容、服务提供商；反对的阵营有多数共和党议员、部分社会团体，以及诸如康姆卡斯特、美国电话电报公司、威瑞森等电信运营商和诸如阿尔卡特、思科、高通等设备提供商。美国网络中立争论的实质在于不同利益集团对于网络接入控制与开放的权力博弈（罗昕，2010）。董媛媛（2011）揭示了美国网络中立的立法价值——言论自由、反歧视、互惠性。董媛媛（2015）考察了网络中立价值研究嬗变过程，发现网络中立经历了从推动政府发挥管理职能，到公众基本权利保护和社会多元化治理，再到关注社会福利和技术创新等价值观演进三个阶段。吴峻（2015）分析了网络中立理论对世界贸易组织架构下互联网政策的影响。吴亮（2015）认为，我国也有必要引入网络中立管理差别对待现象，限制运营商、网络服务商的信息言论审查权，强化平等透明的网络服务机制。胡凌（2014）分析了中国语境下的网络中立，认为网络中立有必要放在互联网形态变化和产业升级的背景下理解。

总的来说，互联网治理议题多元，内容复杂，研究者对治理对象的理解也很不一致，有研究者试图通过归类的方式厘清互联网治理的主要任务，在西方学界，从本特勒到多曼斯基，以层级治理模型为代表的美国互联网治理框架逐步走向成熟。国内虽然也有学者尝试着提出一些分层标准，但由于缺乏统一的标准，类别和层次的划分具有较大的随意性（陶贤都、符露文，2018）。互联网治理的议题非常分散，近些年网络中立问题是大家关注的一个焦点。

## 四、关于全球互联网治理参与主体的研究

学界普遍认为，两大因素影响全球治理：一是国际机制，二是主体互动。长期以来，国际社会对全球治理机制的关注主要集中于不同议题领域国际机制的运行架构。然而，不同类型的治理主体如国家、市民社会、跨国倡议网络及跨国公司等的复杂互动，对于塑造全球治理可产生更为显著的影响。其要义在于，大国关系决定了国际社会能够提供怎样的全球性问题解决方案（王明国，2015）。蔡翠红（2012）认为，代表各种利益的行为体在国家、市场和社会互动中出现了分化和组合，网络空间出现了不同的阵营分化。她提出并分析了四种网络空间全球治理的分化组合方式：利益共同体、竞争共同体、身份共同体和风险共同体。关于影响互联网治理的主导力量，互联网治理整体呈现复杂性，但"主导力量"仍然会是影响整个机制运行的关键因素，存在政府主导（Goldsmith & Wu，2007；Mathiason，2009）、非政府体主导（Mathiason，2009；穆勒，2015）和各主体力量平衡（Jenson，2016；DeNardis，2017）三种不同的观点。

### 1. 国家主体是主导力量

丹尼尔·W. 德雷兹内（2016）认为，尽管有观点认为全球化和互联网的出现削弱了国家在全球治理中的影响力，但国家可以替代并将继续替代各类治理结构和工具，继续成为全球治理中的首要行为体。国家，特别是大国，仍然是解决全球化和互联网带来的社会和政治外部性的最主要行为体。蒂姆·毛瑞尔（2017）运用过程追溯的方法分析了联合国在网络安全方面所做的工作，结果显示新的网络规范正在慢慢出现，证明了国家作为规范倡导者的重要作用。李艳（2018）分析了网络空间国际治理发展过程中国家主体作用的演进，发现近年来国家主体尤其是网络

大国在网络空间治理中作用上升,成为治理进程的突出特点之一。

2. 非政府主体是主导力量

鉴于互联网技术架构与发展的特殊性,掌握资源管理与分配权的私营部门,以及大型跨国IT巨头等"非政府主体"力量至关重要。弥尔顿·穆勒(Milton Mueller)(2017)认为,互联网主要由私人网络组成,是由私人拥有和管理的网络。在多利益攸关方模式中,跨国公司、技术社群以及国家政府都有影响互联网政策制定和执行的能力,私营部门甚至起到更多的主导作用(崔保国,2016)。赵玉林(2013)从有利于保障互联网领域中人权的视角分析了互联网企业的职责定位。甘晓晨(2010)通过支付宝的案例研究,从法学的角度揭示出如支付宝自治规则这样的互联网规则体系是如何在市场秩序尚未完全建立而国家正式制度缺位的状态下自发产生的。蔡翔华(2008)分析了互联网协会在互联网治理中的角色。对此,黄旭(2018)认为,互联网治理组织的自主性有限。在互联网发展的早期,国际互联网治理组织因其非国家性和非官僚化,具有较高的自主性。进入21世纪以来,受国家参与、经济介入及组织官僚化的影响,互联网治理组织的自主性程度降低。

3. 强调各种力量的平衡

劳拉·德纳迪斯(Laura DeNardis)(2017)认为,在具体的治理议题上,不同治理主体以不同治理模式发挥不同作用,当代互联网治理的特点是在政府、私营企业、民间团体以及国际协调治理机构等各方中不断寻求变化的权利平衡点。在围绕互联网治理的"多利益攸关体"中,政府、私人部门和市民社会是三大利益攸关体,共同组成了"赋权社群"、"全体共识"原则和"回避政策",提高了政府干预的门槛,国家间合作被提上议程(邹军,2016)。政府、私营部门和市民社会以平等的方式共同参与网络空间全球治理,但在实际的治理过程中不同行为体在不同议题下的合法性、权力、利益与资源不尽相同,这直接影响到了行为体之间的互动模式,并对机制的产生和有效性产生影响(鲁传颖,

2016）。多利益攸关方之间主要有四种基本的互动模式：基于共识、基于对话、基于主权和基于权威。在网络空间全球治理实践中，一般很难由单一的互动模式来构建治理的机制，往往是由某一互动模式主导，其他的互动模式也扮演不同的角色，最终形成治理的机制。这种不同互动模式产生的治理机制又相互松散耦合，形成网络空间全球治理的机制复合体（鲁传颖，2016）。

## 五、关于我国参与全球互联网治理的研究

### 1. 我国目前正处于参与全球互联网治理的战略机遇期

当前，由于国际互联网治理进程刚刚处于"提出规范"的早期阶段，大多数国家并没有形成成熟的网络安全战略以及明确的国际立场，国际互联网治理的格局仍然处于演变分化之中（郎平，2016）。全球网络空间制度建设正处于关键时期，相关规则建设还处于探索阶段（方兴东、田金强、陈帅，2017）。中国正处于参与全球互联网治理规则制定的重大战略机遇期（罗昕，2017）。从外部环境来看，美国主导制定的规则难以适应当前全球互联网的发展，受到各方的质疑；从自身条件而言，我国的国家地位和互联网产业的综合实力在世界上得到认可，具备了参与全球互联网规则制定的实力。国际规则从来都不是与生俱来的良法善治，必须依靠各国积极努力参与和表达才能达至均衡、公正。国际规则的本质是各国利益博弈的结果，尤其是大国利益博弈的结果。国家在互联网规则制定中的地位是靠互联网技术实力、产业实力和市场份额获取的（刘贞晔、杨天宇，2016）。

### 2. 中国参与全球互联网治理的方案

从2014年到2019年，5年时间里，我国在先后提出了"把我国建设成网络强国"、"尊重网络主权、维护和平安全、促进开放合作、建构良好秩序"、"加快全球网络基础设施建设，促进互联互通；打造网上文

化交流共享平台,促进交流互鉴;推动网络经济创新发展,促进共同繁荣;保障网络安全,促进有序发展;构建互联网治理体系,促进公平正义"、"坚持以人类共同福祉为根本,坚持网络主权理念"、"推动网络空间实现平等尊重、创新发展、开放共享、安全有序"、"共同推进网络空间全球治理,努力推动构建网络空间命运共同体"等多种原则和目标,这些构成了全球互联网治理体系的"中国方案"。

在国家政策的框架下,学界的研究主要是探讨网络主权和网络强国的内涵。为了应对网络时代主权所遭遇的挑战,各国提出了网络主权这一概念,试图通过定义网络主权、行使网络主权来做出回应。但网络主权概念一经提出就在各国之间引起了巨大的争议(鲁传颖,2014)。以美国为首的西方信息发达国家在网络主权问题上执行"双重标准":一方面凭借其拥有的先进科学技术,主张"先占者主权",即"网络自由",认为网络空间属于"全球公域",没有边界,不受限制,不存在主权。另一方面在关乎自身利益的时候,就宣示主权神圣不可侵犯,屡次借各种理由对中国等进行指责和提出维权要求。这种双重标准本质上是网络霸权主义(鲁传颖,2014;张卫良、何秋娟,2016)。而以中俄为代表的广大发展中国家则认为网络空间拥有主权属性,网络基础设施位于国家的物理疆域,国家有权根据国内法管理网络空间。关于网络主权,是指国家主权在信息网络空间的自然延伸,其主要内容就是国家在网络空间的行使管辖权(李鸿渊,2008)。这是国内关于网络主权最早的界定。若英(2014)在《红旗文稿》答读者问时认为:"网络主权就是一国国家主权在网络空间中的自然延伸和表现。对内,网络主权指的是国家独立自主地发展、监督、管理本国互联网事务;对外,网络主权指的是防止本国互联网受到外部入侵和攻击。网络主权包括管辖权、独立权、防卫权和平等权。"[①] 胡泳、车乐格尔(2016)在《网络主权辨

---

[①] 若英:《什么是网络主权?》,载《红旗文稿》,2014年第13期,第39页。

析》一文中梳理了主权概念的产生和演变，他们认为在一个相互依存的全球经济中，对主权的最好界定是公民期待他们国家的政府能够控制之物。他们并没有给网络主权做一个明确的界定，而是引用中国"防火墙之父"方滨兴的界定。网络主权管辖的范围包括两个维度：其一是我国境内支撑网络的物理基础设施；其二是在我国境内基于网络物理设施所形成的空间。方滨兴概括了网络主权的四个方面：①维护本国网络独立运营，无需受制其他国家的独立权；②网络之上各主体互联互通、互相尊重的平等权；③保护本国网络免于攻击和打压的防卫权；④主权者对网络的维护管理权（王远，2004）。有关网络主权的界定，学界形成了信息主权说、互联网主权说、虚拟主权说、数据主权说以及网络空间主权说等相关以及重合概念（刘肖、朱元南，2017）。国内外学者围绕网络主权的争论，主要集中于网络空间的管辖权或治理权问题，形成了"网络无政府主义、网络新主权论、管辖权相对论和网络空间主权论"（张向宏、卢坦，2015）。

关于网络强国的内涵，方兴东等（2016）认为可以分为四个层次：①互联网产业发展实力强弱；②互联网相关产业发展与安全实力强弱；③在网络空间的实力强弱；④在网络时代的国际地位。他们提出了网络强国能力要素模型和评价指标，指出了网络强国战略的实现路径。网络强国能力评价指标体系包括关键基础设施的保障能力指标、互联网全球竞争能力指标、网络空间威慑能力指标和网络空间治理能力指标。

3. 中国参与全球互联网治理状况和存在问题

（1）对中国互联网管理体制的研究

长期以来，我国对于互联网的管理采取的是"政府主导的权威管理模式"（钱瑛、张恒山，2014）。这种管理模式的特征是：以"政府为主体、自上而下为路向"的单向管理，以"密集分类、多层审批"为基础的业务许可制，以"操作便利、规范有序"为路向的管理目标（岳爱武、苑芳江，2017）。叶敏（2011）则把我国政府主导型治理模式的特征概括为包括联合型治理、学习型治理、冲击回应型治理,以及疏堵结合型治理。这种传统的管理模式在现实中产生了一系列问题,要求管理体制从政府主导的、权威的、自上而下的单向管理走向政府、市场、社会共同参与协作的上下互动、彼此合作、相互协商的多元共治模式(岳爱武、苑芳江,2017)。黄丽娜、黄璐、邵晓(2019)通过对1994年至2017年间213份中央层面的互联网政策文件的共词分析,发现政策理念从"政府管理"到"共同治理",政策体系从"垃圾桶模式治理"到"问题导向治理"再到"战略布局治理",政策过程从重"事前控制治理"到平衡"事中—事后控制治理"的变迁逻辑。艾明江(2014)认为,我国互联网主要的治理内容遵循"法律规范—技术升级—行政管制—公司治理—公民参与"的治理路径。新浪微博的出现提出了一种新的社区治理模式,即国家、企业、社会、公民等多种力量构建出的一种"共同治理"(艾明江,2014)。胡泳(2010)认为,政府对网络信息传播的监管和限制超过了对于传统媒体的监管和限制的力度,互联网应该受到更大的鼓励。涂锋(2017)指出,中国的互联网治理呈现明显的多层架构(设施、人群与信息),并且由不同的政府部门共同参与完成。互联网治理的主要问题在于职能部门及其治理体系无法适应互联网本身的跨界与多层特质。在设施、人群和信息这三层结构领域都缺乏主导性的治理机构,机构之间的政策协调严重不足。中国互联网协会副理事长高新民指出,我国的互联网管理在立法上是滞后的,更多依靠的是行政管理,存在弹性较大、规则不清的问题,他认为应该更多地让行业来发挥作用,促进自律(谢新洲、杜燕,2018)。

(2)中国参与全球互联网治理的状况

肖新光(2014)用"美国领跑,中国跟跑,其他国家正在掉队"来形容当前网络信息产业和网络空间中的不同国家之间的竞争态势。洪宇(2016)指出,中国高速增长的互联网市场及所建立的新型"国家—企业"合作伙伴关系,迫使现有美国主导的全球治理体系给予中国网络空间更多合法性的承认。总的来说,中国在国际法领域依然是以参与和遵守为主,还没有力量主导和引领国际规则的制定。党的十八大以来,中国在国际社会中的重要性和话语权越来越突出(冯光,2017)。但相对而言,在涉及网络安全等国家重大利益领域,在其他公共政策制定方面,我国的参与度和影响力有限,发挥的作用离国家利益需求有较大差距,与我国互联网发展状况不相匹配(郭丰、刘碧琦、赵旭,2017)。

孙永革、郎平(2017)分析了"多利益攸关方"框架下的互联网治理实践。在很多重要国际规则制定的场合,都有我国代表活跃的身影和声音。我国的社群已经开始熟练利用相关规制,为相关政策、标准的制定贡献中国的智慧,我国已经成为地区和国际规则制定中不可或缺的角色。张萌萌(2018)分析了中国参与全球互联网治理的机构路径。中国一直试图联合广大发展中国家,通过联合国框架下的国际电信联盟这一政府间组织对美国主导的现有互联网治理体系发起冲击,但这种以国家为主导的互联网治理方案始终没有获得接受,中国重新致力于通过现有治理框架下的核心机构实现在全球互联网治理中的影响力。方兴东等在《新闻与写作》上就中国参与国际网络治理历程发表了"回顾与反思三部曲"系列论文,分别聚焦中国参与 ICANN、IGF 和 WSIS 这三个最重要的、但机制各不相同的网络治理平台(方兴东、陈帅,2017;方兴东、陈帅、徐济函,2017;方兴东、陈帅、许祎玥,2017)。

(3)存在的问题和建议

新兴国家参与网络空间治理的制度建设一方面遭到以美国为首的发达国家的反对和牵制,另一方面也面临来自新兴国家的内部制约(王明国,2015)。首先,就外部原因而言,肖新光(2014)认为,仅仅归因于核心技术受制于人过于狭隘,在更宏观的大场景下,需要从供应链、信息链和服务能力分布方面找原因。①从供应链上来看,美方把持供应链的上游相关核心技术地带,中方尽管对供应链也有较大贡献,但更多是位于低端的生产制造环节。②从信息链上来看,通过美国互联网公司提供的优质、免费、富有创造力的互联网产品与服务,全球数据主动向美国汇集,美国成为全球数据的中心。③从服务分布上来看,通过先发优势、成熟的连锁制度、全球能力保障,美国综合服务能力已几乎到达全球每个角落。他认为,只有开放博弈才能网络强国,要建立在广泛的"产业统一战略"支撑下的外向型网络空间战略观。

其次,关于影响我国参与全球互联网治理的内部制约,我国存在对多利益攸关方机制的认识不足,政府常常包办或替代其他利益攸关方发挥作用;利益诉求不清,统一策略缺失;对各治理平台认识分析不够,缺乏应变;私营企业参与动力不足;民间机构限制较多,独立性不足,不利于充分发挥"软实力"等问题(郭丰、刘碧琦、赵旭,2017;孙永革、郎平,2017)。我国对网络空间治理多方平台事实上参与很早,但是持续性不够,也没有形成积累性;对治理模式长期缺乏战略,在多个国际场合的表述不统一,这种零散和碎片化的表达带来了他国的误解,同时由于参与主体和策略方面存在欠缺,造成在网络空间治理上总体处于边缘化,与中国的网络强国地位完全不相称(方兴东等,2017)。中国的"九龙治水"模式同样存在问题和不足,该模式导致社会力量发展与创新的动能不足(方兴东,2016)。

针对以上问题,学者们提出了中国参与全球互联网治理的对策建议:第一,关于多利益攸关方模式。面对多利益攸关方模式在国际社会已经被广泛接受并成为"主流"话语体系的现实,不要对多利益攸关方机制做机械化的解读,要寻求多利益攸关方机制与多边机制之间融合的可能性(郭丰、刘碧琦、赵旭,2017),借鉴多利益相关治理体系,改进和完善国内互联网治理体系(沈逸,2016),淡化互联网治理模式之争,从具体议题出发确立相应的治理模式(郎平,2016)。第二,关于参与博弈的主角。从全球范围来看,互联网管理权力的博弈主角是私人部门和市民团体,政府不在前台,而是隐身其后。中国可通过支持和培育多层次的社会化力量,实现政府由前台走向幕后,鼓励行业组织、研究机构、互联网企业以及互联网用户在政府的统一领导协调下发挥各自的优势和作用，积极参与到国际互联网治理的博弈中去（邹军，2016；杨峰，2016；孙永革、郎平，2017；陈慧慧，2017；方兴东等，2017）。

## 六、现有研究的不足之处

一般而言，对于网络空间治理的分析主要围绕治理主体、客体与机制等三大要素展开（郎平，2017），但在相关问题的研究中，都不同程度地存在一些研究不足甚至是空白。

### 1. 缺乏一个综合并符合当前网络空间全球治理的理论

当前全球互联网的治理涉及多个学科（Weber，2013；Pigoni，2014），现有的理论分析分散于哲学、社会学、国际关系、新闻传播学、政治学等学科，如王明国（2016）对全球互联网治理模式变迁的分析，邹军（2015）、鲁传颖（2016）和郎平（2017）对"多利益攸关方模式"的解读，沈逸（2015）对"国家重返互联网"的分析等，并没有形成一个完善的网络空间全球治理理论来指导实践（叶江，2010；方兴东等，2017）。对于网络空间治理涉及的核心概念至今缺乏明确界定，何为网络空间治理，它与互联网治理之间是一种怎样的历史演进与逻辑关联，并没有全面或专业的论述去加以明晰（李艳，2017）。王哲（2017）提出应进一步明确对互联网企业的社会治理行为进行界定，但他并没有给出一个明确的概念。

### 2. 缺乏对参与治理的多主体之间互动机制和力量格局的研究

这方面的研究主要探讨哪些主体参与治理进程并发挥实际作用，不同的主体之间是如何进行互动的。互联网治理是一个宽广的学术话题，涉及与"互联网"有关的一系列领域。互联网在很多方面的协调发生在多个层面，既包括像互联网名称与数字地址分配机构这样宏观层面的全球机构，也包括组织层面的治理以及在个体使用者层面不断出现的规范。关于互联网治理的大多数研究都关注的是宏观层面的机构,很少有研究关注这些机构决策的影响以及组织层面对个体用户的影响(Brooks,2015)。Weber(2013)指出,负责任的商业力量应该作为互联网治理争论的新话题,他认为负责任就是遵守人权和公司社会责任。在国内互联网治理的研究中也是一样,其中关于哪些主体参与、其发挥的作用以及关于各主体之间互动的研究最为薄弱(李艳,2017)。长期以来,国内对全球治理机制的关注主要集中于不同议题领域国际机制的运行架构。然而,不同类型的治理主体之间的互动对于塑造全球治理可产生更为显著的影响(王明国,2015)。"多主体"被视为网络空间治理的基本前提,不少学者将焦点主要放在如何论证相关主体发挥主导作用的"合法性"上,缺乏对各主体互动机制与力量格局的研判,更缺乏对如何促进各主体协调性,形成有效合力的建设性研究视角。在具体主体的研究中,赵玉林(2013)分析了互联网公司网络治理的定位问题;黄金、李乃青(2018)论述了互联网平台企业参与社会治理的价值、制约因素与对策建议;敬乂嘉等(2018)认为,私人部门可以采取合作治理的方式对多层次治理体系起到促进作用等。孙永革、郎平(2017)认为,我国互联网企业、市民团体在参与治理的广度和深度上与西方企业相比有较大差距。这些研究对于认识互联网企业参与治理有重要意义,但都属于思辨性研究,需要通过实证的方法对我国互联网企业如何参与治理进行更加深入的研究。

3. 缺乏对参与治理的企业主体治理行为与治理结果的研究

作为一种理论或视角,治理所面临的重大挑战是产生可检验的假设,与之相伴的还有附带出现的测量难题。然而,到目前为止,治理更擅长于描述种种类型,而不是提出解释(B. 盖伊·彼得斯,2019)。互联网治理理论作为治理理论在网络空间的应用,也存在类似的重大挑战。互联网治理理论依旧是概念性的,对于治理行为和治理结果之间的关系缺乏实证检验(Brooks,2015)。华为、阿里巴巴和三大运营商等在内的中国领军企业对参与 ICANN 活动,一直缺乏足够的兴趣,没有形成长期的动力

(方兴东、陈帅,2017)。上述观点只是一种主观上的判断,但这种判断是否符合实际还需要建立假设,通过经验实证研究的方法进行检验。

## 第三节 本书的理论基础及主要概念界定

为了统一认识,建立共同可接受的研究基础,本节首先对论文的理论基础和主要概念进行说明和界定,这些理论和概念都是本书理论框架中最重要的组成部分。为了不与本书主体部分的相关理论和论述相冲突,本节对概念的界定仅仅从一般意义上进行区分,详细内容将在后续有关章节中进行深入的讨论和分析。

### 一、治理理论

#### 1. 治理的概念

治理(governance)一词的概念来源于古典拉丁文"引领导航"(steering)一词,本来的意思是控制、引导和操纵,指的是在特定范围内行使权威。俞可平(2000)认为,治理隐含着一个政治进程,即在众多不同利益共同发挥作用的领域建立一致或取得认同,以便实施某项计划。① 关于治理的概念,全球治理委员会的界定具有较高的代表性和权威性。该委员会于1995年对治理做出如下界定:治理是或公或私的个人和机构经营管理相同事务的诸多方式的总和。它是使相互冲突或不同的利益得以调和并且采取联合行动的持续的过程。它包括有权迫使人们服从的正式机构和规章制度,以及种种非正式安排。而凡此种种均由人民和机构或者同意、或者认为符合他们的利益而授予其权力。② Smount

---

① 俞可平主编:《治理与善治》,北京:社会科学文献出版社2000年版,第16—17页。
② 俞可平主编:《治理与善治》,北京:社会科学文献出版社2000年版,第270—271页。

（1998）认为这个定义揭示了治理的四个重要特征：①治理既不是一套规则，也不是一种活动，而是一个过程；②治理的基础是协调，而不是支配；③治理同时涉及公共部门与私营部门的行动者；④治理并不是一个正式的制度，而是有赖于持续的互动。

格里·斯托克（2019）提出了关于治理的五个论点：①治理指出自政府，但又不限于政府的一套机构和行为体；②治理明确指出在为社会和经济问题寻求解答的过程中存在的界线和责任方面的模糊之点；③治理明确认定在参与集体行动的机构之间的关系当中包含着对权力的依赖；④治理是指行为体网络的自主自治；⑤治理认定，办好事情的能力并不在于政府下命令或运用其权威的权力，政府可以动用新的工具和技术来掌舵和指引。由此可以看出，治理所要创造的结构和秩序不能从外部强加，其作用来自于多种处于统治地位的并且互相发生影响的行为体的互动。治理的本质在于它所偏重的机制并不依靠政府的权威和制裁（格里·斯托克，2019）。

治理的视角不仅承认我们的社会制度越来越复杂，而且意味着国家把责任推给私营部门、社会团体甚至个人用户。国家是治理的核心行为体，私营部门、志愿团体等参与治理的权力是国家赋予的，当这些被委托的治理形式失败时，国家将不得不收拾残局，甚至为此担责。总的来说，治理是一种关于政府和私营部门行为体如何运作的理论，它主要关注在制定和执行政策过程中，社会行为体如何与公共部门互动（B. 盖伊·彼得斯，2019）。

2. 治理的机制

治理最初产生于政治和公共管理领域，在20世纪末以后被经济学家和管理学家所关注，成为经济管理领域的热点问题之一。殷琦（2011）指出，治理在传媒领域的应用呈现出两种路径：一种是宏观层面的政治学和公共管理学领域的治理理论研究路径，另一种是微观层面上经济学与管理学领域的公司治理研究路径。

治理的机制主要有市场、法律、社会规范和代码等。在关于治理的研究中，威廉姆森（Williamson, O. E.）（2001）把治理视为制度框架，交易的完整性就是在这个框架中被决定的。他关注的是市场、混合体和科层制，认为这些都是核心的治理机构。他重点关注环境差异和协调挑战如何决定诸多备选治理机构中哪一个最有效。威廉姆森认为制度是治理的机制，公司内部旨在控制员工行为的制度可以被界定为"最低限度的可以被接受的行为"。法律是为社会提供法律指导的正式规则。市场是非正规的，但是消费者的集体选择优于少数人的决策。社会规范是一种被社会理解的非正式规则，虽然它并不具备法律约束力，也不受国家认可。在治理理论中识别的各种机制中，劳伦斯·莱斯格（Lawrence Lessig）（2004）增加了代码，他认为网络空间受到四种约束，分别是市场、法律、社会规范和架构。网络空间是由计算机代码所构筑或编制的，因此也受到计算机代码的约束。"架构实际是由代码组成——或者是软件、架构、协议，设置了这些特性；这些代码是代码作者的选择，通过使一些行为可行与否来约束另外一些行为。代码蕴含了某些价值，或者说，代码使另外一些行为难以实现。在此意义上，代码就像现实空间的架构，也是一种治理。"①

### 3. 全球治理的中国方案

当今世界正面临百年未有之大变局，并且治理赤字、信任赤字、和平赤字和发展赤字的凸显已成为这一变局的基本特征之一（徐秀军，2019）。在此背景下，面对西方资本主义"西方中心"和"国强必霸"的逻辑，中国政府的一系列举措，向世界推出了新型全球治理的"中国方案"："中国坚持权利和义务相平衡，积极参与全球经济治理"，"推动国际秩序朝着更加公正合理的方向发展，为世界和平稳定提供制度保

---

① 劳伦斯·莱西格：《代码》，李旭、姜丽楼、王文英译，中信出版社，2004年，第10页。

障","倡导更具包容性、更加强调共赢发展的新型全球化","倡导构建人类命运共同体,促进全球治理体系变革"等思想①。全球治理的"中国方案"已经受到世界普遍关注,"构建人类命运共同体"理念已经被写入联合国决议中②。

## 二、互联网治理理论

互联网治理是一般治理理论在特定领域的具体应用。互联网在全球范围的快速普及引发了技术、经济和政治方面的很多问题,因而互联网治理成为国际治理议程上的焦点话题。互联网治理涉及的两个基本问题:一是我们希望生活在什么样的政府权威下,是一个国家权威还是多个国家的集体权威?二是治理的决策是如何做出的,是由一个拥有既定的绝对权力的权威还是由同行产生并集体决定结构做出?Mueller(2010)认为这些问题对于互联网治理如何演化是非常关键的。鲁传颖(2016)指出:"与全球治理理论从'以国家为中心'转向'多元、多层次的治理'趋势不同,网络空间全球治理是从'没有政府的治理'回归至'以国家为中心的多元治理模式'。"③

### 1. 互联网治理的概念

本书采用的是联合国下属的互联网治理工作小组所给出的工作定义。该定义虽然只是一个工作定义,但它是目前认可度最高的关于互联网治理的概念。联合国下属的互联网治理工作小组于 2005 年将互联网治理界定为:"互联网治理是政府、私营部门和民间社会根据各自的作用制定和实施的,旨在规范互联网发展和使用的共同原则、准则、规

---

① 杨依军、潘洁:《关于全球治理,习近平有哪些深刻阐述》,新华网,2016 年 9 月 30 日,http://www.xinhuanet.com//world/2016.08.30/c – 129263290.htm。
② 《联合国决议首次写入"构建人类命运共同体"理念》,新华网,2017 年 2 月 11 日,http://www.xinhuanet.com//world/2017 – 02/11/c_1120448960.htm。
③ 鲁传颖:《网络空间全球治理与多利益攸关方的理论与实践探索》,华东政法大学博士论文,2016 年,第 42 页。

则、决策程序和方案"(WGIG, 2005)。

2. 相关概念

与互联网治理的概念不同,网络空间治理则是一个更加宽泛的概念,它是"包括网络空间基础设施、标准、法律、社会、文化、经济、发展等多方面内容的一个范畴"①。网络空间是一个更广泛的领域,它不仅包括互联网,还包括网络中传输的数据、网络的用户以及现实社会与虚拟社会的交互等。按照联合国机构国际电信联盟(ITU)的定义,网络空间是指"由以下所有或部分要素创建或组成的物理或非物理的领域,这些要素包括计算机、计算机系统、网络及其软件支持、计算机数据、内容数据、流量数据以及用户"。②美国政府和社会学大师纽曼尔·卡斯特将网络空间定义为"包括互联网、电信网络、计算机系统和嵌入式处理器组成的相互依赖的信息基础设施"③。网络空间治理从原先互联网治理所强调的专业性、技术性领域转向更广泛的政治、安全和经济范畴,政府和政府间组织在网络空间治理中的重要性也日益凸显。

另一个与互联网治理相关联的概念是"网络综合治理"。这个概念是在党的十九大报告中提出来的,是我国对于国内网络管理所采用的概念,以区别于国际社会的"互联网治理"概念。网络综合治理是指国家有不受他国或组织干涉的独自处理国内网络空间事务的最高管理权力(黄旭,2018)。综合治理的核心要素主要包括:治理主体的多元化、治理手段的多样化、治理结构的网络化和合作治理与多中心治理的萌芽(吕晓莉,2005)。

互联网治理的概念也有别于20世纪初公共管理学提出的"网络治理"

---

① Yannakogeorgos, Panayotis A., "Internet Governance and National Security", *International Strategic Studies Quarterly*, Vol. 6, No. 3, 2012, p. 103.

② "ITU Toolkit for Cybercrime Legislation", p. 12, http://www.itu.int/cybersecurity.

③ 曼纽尔·卡斯特:《千年终结》,夏铸九、黄慧琦等译,北京:社会科学文献出版社2003年版,第504页。

# 第一章 绪 论

概念,"网络治理"是"通过网络手段和工具,对关键资源拥有者(网络结点)的结构优化、制度设计,并通过自组织和他组织实现目标的过程"①。

正确地认识互联网治理、网络空间治理、网络治理等相关概念对于参与全球互联网治理具有非常重要的意义。微软首席研究及战略官克瑞格·蒙迪(Craig Mundie)在第七届中美互联网论坛上就曾指出,"中美双方在网络空间的误解很大程度上是由于对'互联网治理'和'网络空间治理'两个概念的混淆所导致"②。

### 3. 互联网治理的内容

互联网治理涉及的内容主要包括:治理议题、参与主体及相互关系、行动的原则或模式、治理的范围和区域等基础问题(章晓英、苗伟山,2017)。劳拉·迪娜蒂斯(2013)依据功能、任务和行为体分别归纳了互联网资源控制、标准设定、网络接入、网络安全治理、信息流动、知识产权保护等六个治理内容,见表1-1。

表1-1 互联网治理的功能、任务和行为体

| 功能区域 | 任务 | 主要行为体 |
| --- | --- | --- |
| 关键互联网资源 | 域名与地址的中央监管 | ICANN、IANA、美国商务部 |
| | IP地址的技术及设计 | IETF |
| | 域名分配 | 互联网注册机构 |
| | 根区文件监管 | 美国国家通信管理局 |
| | IP地址分配 | IANA、RIRs、LIRs、NIRs、ISPs |
| | 管理根区文件 | IANA |
| | 自动数字分配系统 | IANA、RIRs |
| | 互联网根服务器运营 | 威瑞信、cogent和其他 |
| | DNS查询 | 注册运营商 |

---

① 李维安、林润辉、范建红:《网络治理研究前沿与述评》,载《南开管理评论》,2014年第5期,第44页。

② 参见克瑞格·蒙迪于2014年12月4日在华盛顿召开的"第七届中美互联网论坛"上发言。

(续表)

| 功能区域 | 任务 | 主要行为体 |
| --- | --- | --- |
| 设立互联网标准 | 协议数字分配 | IANA |
|  | 核心互联网标准设计 | IETF |
|  | 核心网页标准设计 | W3C |
|  | 其他通信标准 | ITU、IEEE、MPEG、JPEG、ISO |
| 接入和连接协调 | 多层网络互联 | 互联网交换机中心、网络运营商、内容网络、CDN |
|  | 设定互联标准 | IETF |
|  | 网络管理 | 私营网络运营商 |
|  | 终端用户接入政策 | 私营网络运营商 |
|  | 接入管理 | 国家政府 |
| 网络安全治理 | 网络基础设施安全 | ISPS、运营商 |
|  | 加密标准设计 | 标准设定机构 |
|  | 网络安全管理、执法 | 国家政府、多边协定 |
|  | 软件安全漏洞修复 | 软件公司 |
|  | 软件补丁管理 | 终端用户 |
|  | 安全事故响应 | CENRT/CSIRTs |
|  | 路由、地址和DNS安全 | 运营商、IETF和注册商 |
|  | 网站安全认证 | 认证机构 |
| 信息传输 | 商业交易机构 | 电商 |
|  | 内容审查 | 搜索引擎、社交媒体、门户网站 |
|  | APP审核 | 智能手机服务商 |
|  | 私营政策 | 社交网络、服务商 |
|  | 网络谣言 | 内容提供商 |
|  | 管理隐私、名声、言论 | 法律和宪法 |
|  | 政府收集个人信息、仲裁 | 内容服务商、运营商 |

# 第一章 绪 论

(续表)

| 功能区域 | 任务 | 主要行为体 |
| --- | --- | --- |
| 架构基础的知识产权执法 | 域名商标争端解决 | ICANN、认可争端解决机构 |
| | 侵犯版权内容 | 内容服务商 |
| | 算法排名监管 | 搜索引擎公司 |
| | 禁止侵权用户 | 运营商、ISPS |
| | 域名知识产权保护 | 注册机构 |
| | 在线知识产权保护 | 国家政府和国际条约 |
| | 标准专利政策 | 标准设定委员会 |
| | 商业内容保密 | 搜索引擎、声誉引擎 |

资料来源：鲁传颖根据劳拉·迪娜蒂斯（2013）制作，参见鲁传颖：《网络空间全球治理与多利益攸关方的理论与实践探索》，华东政法大学博士论文，2016年，第61—63页。

从上表1－1中，我们可以看出互联网治理主要涉及的三大类行为体：①私营部门：如ICANN、威瑞信、注册运营商、网络运营商等；②社会组织：如IETF、W3C、IEEE、ISO等；③政府及政府间组织：美国商务部、美国国家通信管理局、国家政府和国际条约、ITU等。

4. 互联网治理的中国道路

面对以美国为首的西方国家在网络空间中的霸权和我国在全球互联网治理中的实际状况，按照推进全球互联网治理体系变革的"四项原则"、共同构建网络空间命运共同体的"五点主张"和"四个目标"等重要思想，面向建设网络强国的战略目标，运用经济学中的"协同演化""制度变迁"等理论，本书拟提出如下我国推动全球互联网治理体系变革研究框架，见图1－1。

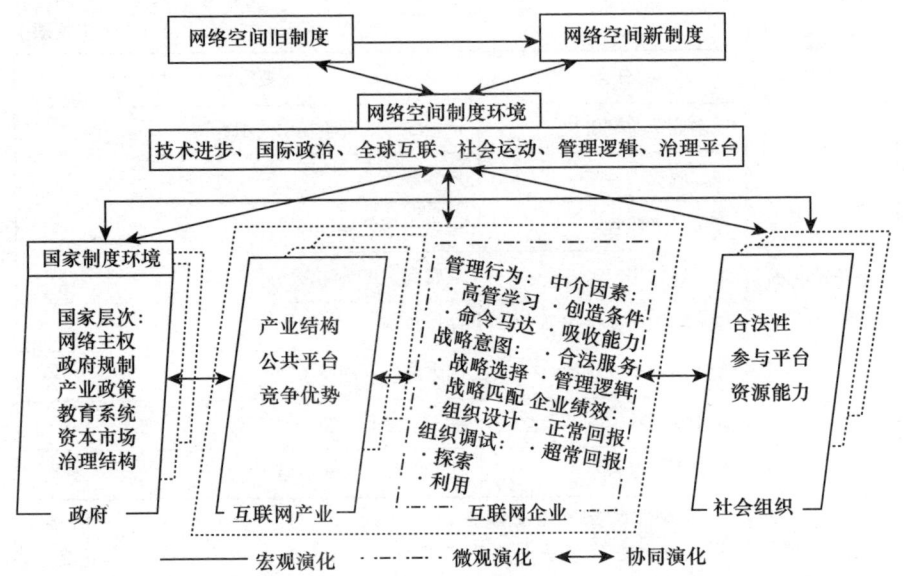

图 1-1　全球互联网治理的中国道路

资料来源：在 Lewin 等（1999）的基础上修订。

该框架体现如下内容：①在国际互联网治理开启"多方"模式，我国积极参与全球互联网治理进程的大背景下展开。②国际互联网治理存在三大主体：政府、互联网企业和市民社会。互联网企业处于互联网发展与安全的第一线，在与政府和市民团体的沟通协调中处于核心枢纽地位。③基于网络主权，通过"协同演化"和"制度变迁"的视角研究我国携手各国共建网络空间命运共同体，推进全球互联网治理体系变革，重建全球传播秩序。

5. 互联网治理的层次

互联网是一套镶嵌的社会技术体系（sociotechnical systems，STS）（Geels，2004）。Brooks（2015）将互联网治理分成三个层级，包括宏观过程、中观过程和微观过程。他认为民族国家也是一种组织，民族国家的治理也属于组织治理层面。本书认为 Brooks 的分类是有意义的，但是民族国家和互联网公司毕竟不同。大型互联网公司在有些时候可以超越民族国家，但是它们终究要接受主权国家的管理。有鉴于此，本书在 Brooks（2015）的基础上将互联网治理划分为四个层次，宏观层面的互联网治理、次宏观层面的国家治理、中观层面的组织治理和微观层面的个人治理，见图 1-2。

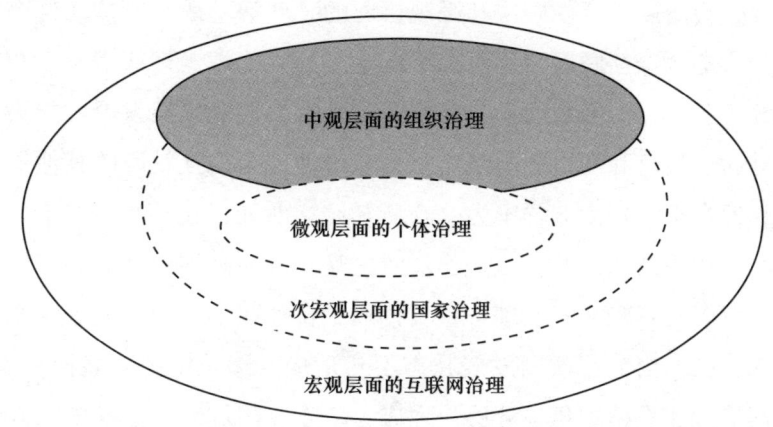

**图 1-2 互联网治理的四个层面**

资料来源：在 Brooks（2015）三个层面的基础上修订。阴影部分是本书重点关注的治理层面。

宏观层面是一些关于如何分配和协调顶级域名和数据分享协议的规则。这些规则我们每个个体和组织虽然不会感觉到它们的存在，但是其影响却无处不在。在网络空间中，主权国家在很长一段时间发挥的作用十分有限，网络用户在各种技术标准和服务使用合同的基础上的自律成为网络空间有序运行的基础。为了应对各种不断增多的网络安全威胁，从 20 世纪 90 年代后期开始，主权国家越来越多地参与到网络空间治理中，从而导致了网络空间"国家回归"的态势（刘建伟，2015；丹尼尔·W. 德雷兹内，2016）。主权国家可以运用国家权力限制某些互联网公司的运作。中间层是由具有影响宏观层面协调的组织所组成，这个层面的组织有时可以参与宏观过程的形成，但也可以在微观层面与个人发生接触，组织还可以创建影响微观层面互动的正式治理机制。大型的跨国组织比如美国的 FAAMG（Facebook，Apple，Amazon，Microsoft，Google）、中国的 BAT（Baidu，Alibaba，Tencent）这样的互联网技术公司在互联网治理的宏观和中观层面发挥作用。例如，由于其庞大的规模和广泛的能力，谷歌能够通过改变搜索算法而影响大范围内的互联网公正。这个层次的变化会限制或者使中层和微观层面的某些活动成为可能。这个层次的参与者把全球互联网治理更高层次建立的规则视为理所当然。个体使用者处于互联网的微观层面，他们的确具有协调互联网发展的能力，这主要是通过规范和网络规则来实现的，这种行为与互联网的其他层次相协调，但在很大程度上并不为公众所知晓。然而，在某些情况下，比如限制对某些网站的访问，公众非常清楚互联网的制约因素是如何影响他们的。我国对互联网的治理一直实行的是自上而下、行政命令为主的管理模式，已与当前互联网发展状态不相适应。随着中国互联网的发展，互联网治理注重精细化、分层治理成为趋势（陶贤都、符露文，2018）。

互联网是一个高度自我管理的网络世界（安德鲁·查德威克，2010）。私营部门借助行业自调节和企业自调节在其中发挥着独特的作用。互联网企业参与治理的优势见图1-3。蔡翠红（2019）认为，网络空间出现了权力流散，不同主体拥有不同类型的权力：国际组织借助制定国际机制拥有体系性权力，国家借助其国家机器和在国际社会中的地位拥有结构性权力，而代表市场的私营部门和技术精英则因掌控网络空间的基础

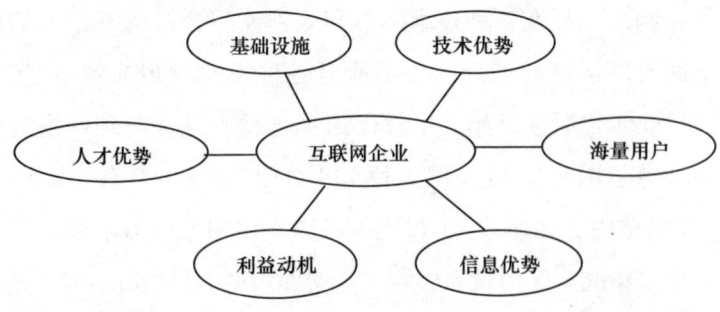

**图1-3 互联网企业参与互联网治理的优势**

资料来源：笔者根据相关文献总结、绘制。

设施技术规范而拥有元权力。

具体而言，互联网企业参与互联网治理具有如下优势：第一，互联网企业掌握着互联网的基础设施和网络应用，拥有庞大的消费群体。第二，互联网企业掌握着海量的信息，具有信息优势。第三，互联网企业的规则通常有更好的民意基础。第四，互联网企业掌握着互联网赖以发展的技术和标准，可以游刃有余地施展其影响。劳伦斯·莱斯格（2004）认为，"网络企业决定规制某种行为，如果需要在法律规则、社会规范、价格和架构中选择一种时，架构通常是最有效的"①。第五，从形成有效激励的角度看，互联网企业往往是有关制度的最终获益者，有动力去建构良好的互联网发展秩序。本书之所以关注组织层面的互联网治理是因为组织层面的治理在互联网治理中处于承上启下的位置，更重要的是互联网企业是互联网发展和技术创新的主要推动力量，它们的治理行为在技术规范的制定与协调、互联网基础设施管理及资源分配等公共服务、商业活动的运营支持、网络秩序维持和网络安全维护等方面发挥着不可替代的作用。

## 三、主要概念界定

### 1. 互联网企业的概念

伴随着互联网的普及和推广，产生了很多与互联网相关的概念（如互联网思维、互联网＋、互联网产业等），本书这里拟探讨的互联网企业就是其中最常用的概念之一。私营部门拥有大量的资金、技术、人才及资源，在全球治理中的作用至关重要。私营部门和技术精英因掌控网络空间的基础设施、技术规范而拥有元权力（蔡翠红，2019）。鲁传颖认为："在很多情况下，网络空间全球治理表面上是政府之间在理念、

---

① 劳伦斯·莱西格：《代码》，李旭、姜丽楼、王文英译，北京：中信出版社2004年版，第89页。

政策上的冲突和矛盾，但在背后发挥主要力量的往往是私营部门企业。"① 虽然互联网企业的概念经常被使用，但是对于什么是互联网企业在学术上的界定还不是特别的清晰和规范（金定海、顾海伦，2016；顾海伦，2017）。

根据金定海和顾海伦（2016）和顾海伦（2017）的分析，目前对于互联网企业的定义主要有四种方法：①从生产要素的角度定义互联网企业，认为以互联网技术作为主要生产要素的企业就是互联网企业；②根据企业提供的商品或服务的内容来定义互联网企业，认为只要是经营的四类业务[互联网信息服务业务（ICP）、互联网接入服务业务（ISP）、互联网数据中心业务（IDC）及在线数据处理与交易处理业务]的企业就是互联网企业；③从企业销售渠道的角度定义互联网企业，认为主要通过互联网渠道销售产品的企业就是互联网企业；④从企业经营理念的角度来定义互联网企业，认为利用互联网思维来经营管理的企业就是互联网企业。在此基础上，他们对于互联网企业做了如下界定：必须依附于互联网产业而存在的，以互联网技术为核心竞争力的，以互联网接入服务、信息服务、数据服务、在线处理服务等为主要业务，为互联网产业的存在提供基础服务的企业（金海定、顾海伦，2016；顾海伦，2017）。

本书这里采用的是工信部和中国互联网协会对于互联网企业的界定："持有工业和信息化部颁发的增值电信业务经营许可证，经营互联网信息服务业务（ICP）、互联网接入服务业务（ISP）、互联网数据中心业务（IDC）及在线数据处理与交易处理业务等业务中的一种或多种业务，主要收入来源地或运营总部位于中国大陆，同时营业收入主要通过互联网实现的企业。"可以看出，该定义属于上述四种分类中的第二种，用企业获利的产品或服务作为衡量和判断的主要对象，更加通俗、直

---

① 鲁传颖：《网络空间全球治理与多利益攸关方的理论与实践探索》，华东政法大学博士论文，2016年，第85页。

观，四种类型的互联网业务全面覆盖了当今社会所需要的所有互联网产品和服务，具有比较全面的优点。

本书采用的互联网企业的定义在概念内涵上比较接近西方学界的私营部门（Private Sector），但也有一定的差异。在西方，私营部门主要是以私营企业和企业协会组织为主（鲁传颖，2016）。这主要是因为在西方，市场经济的微观组织是私营企业，互联网的基础设施主要是归私人企业所有，而在我国国有企业是国民经济发展的中坚力量，中国的互联网基础设施主要由国有企业运营。

2. 互联网企业治理行为的概念

要理解互联网企业治理行为的概念，首先必须理解什么是企业行为。所谓企业行为是企业为了实现经营目标和经济利益，在特定的经济环境中，对外部经济做出的常规性反应（余东华，2006）。企业是以盈利为导向的经济组织，企业的行为既包括技术研发、推出新产品或服务等市场性行为，也包括与政治、社会领域的主要利益相关者如政府、社会团体、媒体等沟通、协调的非市场行为（田志龙、邓新明、Taeb Hafsi，2007）。由于互联网主要基础设施主要隶属于私营部门，互联网企业有着复杂的利益诉求：吸引用户、追逐利润、安全经营，在互联网治理方面更为积极，起着枢纽和纽带的作用。

"治理"一词被引入经济学和管理学之后，产生了"公司治理"（Corporate Governance）的概念，指的是企业制度层面的一种制度设计。公司治理有狭义和广义之分（李维安、常永新，2003）：在狭义上公司治理是指股东对于经营者的一种监督与制衡机制，公司的"三权"（决策权、执行权、监督权）和"四会"（股东大会、董事会、经理会、监事会）之间的分权和制衡，目的是保证股东权益的最大化，防止经营者对所有者利益的背离；广义上的公司治理则不限于股东对经营者的制衡，而是涉及广泛的利益相关者，包括股东、债权人、供应商、雇员、政府等与公司有利害关系的各方。在狭义上，公司治理仅仅局限于公司的内部,而在广义上,公司治理则包括了公司的内部治理和外部治理。"治理"一词在传媒行业的应用清晰地呈现出两种研究路径:其一是宏观层面的政治学和公共管理学领域的治理理论研究路径;其二是微观层面上经济学与管理学领域的公司治理研究路径。涉及议题主要聚焦于三个方面:传媒行业治理、互联网的全球治理以及传媒集团的公司治理(殷琦,2011)。传媒行业在微观层面的公司治理研究主要是狭义上的公司治理,而不是广义上的公司治理。而且,传媒行业对于治理研究的两条路线是相互割裂的,宏观层面的政治学和公共管理学领域的研究通常主要关注的是政府主体,而微观层面的公司治理则只关注传媒集团的内部治理结构。有鉴于此,本书提出互联网企业治理行为的概念,用来描述互联网企业为了塑造良好的外部环境以及满足外部利益相关者的期望而进行的治理活动。基于联合国下属的互联网治理工作小组对互联网治理的界定,本书将企业的互联网治理行为界定为:为更好地使用和发展互联网,互联网企业根据自身的角色和作用,在企业经营过程中就技术标准、资源分配、网络用户行为规范和公共政策制定等问题与政府和民间社会沟通协调,达成共同的原则、准则、规则、决策程序和方案,以实现互联网有序运作、造福大众的目的。互联网的治理是去中心化的,涉及政府、企业、技术团体、国际组织、网民等诸多主体,这些主体在全球范围内结成网络化的集团。通过这一概念,本书将"治理"在传媒行业的两条相互割裂的研究路径关联了起来。

李维安和常永新(2003)提出了传媒集团的"三级治理"模式:政府治理、外部治理、内部治理相结合。本书提出的互联网治理行为有别于广义上的"公司治理",主要指的是互联网公司的外部治理,但是外部治理主体是互联网企业,互联网治理行为是互联网企业对于外部利益相关方期望的回应,不同于李维安和常永新(2003)所说的"外部治理",他们对外部治理的界定是"包括一般少数股东以及潜在股东、资本市场、股票交易所,以及经理市场、产品市场、社会舆论监督和国家

# 第一章 绪 论

法律法规等外部力量对企业管理行为的监督"[1],其治理主体是外部利益方。此外,王哲(2017)提出应进一步明确企业社会治理的定义,但是他并没有对此概念进行明确界定,只提出了认定的标准:"凡是将实现社会效益、而非股东利益最大化作为目标的企业行为都可被认定为社会化治理行为。"[2] 他提出应明确定义企业社会治理行为的观点无疑是有远见的,但是他把股东利益最大化和社会效益最大化看作是对立的观点则是错误的。

本书对于互联网企业治理行为的界定与西方学界"组织治理(Organizational Governance)"的概念存在一定的差异。在广义上,西方学界的组织治理概念指的是"企业、政府和非盈利实体采用的协调内部和外部活动以达到特定目的的正式或非正式的机制"[3]。在广义上,他们所指的组织不仅仅指企业,而且还包括了政府和非盈利组织。在狭义上,组织治理有时是指"企业用来协调经济活动的机制"[4],有时是指"被组织的利益相关者代表用来监督管理层管理风险和控制过程的程序"[5]。

### 3. 互联网企业治理绩效的概念

所谓绩效是一定时期内的工作行为、方式所产生的结果及实际影响。对于绩效(perforamnce),《牛津现代高级英汉双解词典》的释义为

---

[1] 李维安、常永新:《中国传媒集团公司治理模式探析》,载《天津社会科学》,2003年第1期,第78页。

[2] 王哲:《推动社会发展:全球互联网企业的新角色》,载《互联网经济》,2017年第8期,第59页。

[3] Brooks, Brandon A., *Effectsof Organization-level Internet Governance: A Mixed Method Case Study Approach to Social Medial Governance*, Michigan State University, 2015, pp. 22 – 23.

[4] Thornton, P. H., Jones, C. & Kury, K., "Institutional Logics and Institutional Change in Organizations: Transformation in Accounting, Architecture, and Publishing", in *Research in the Sociology of Organizations* (Vol. 23, 2005, pp. 125 – 170, p. 127), Bingley: Emerald (MCB UP), Retrieved from http://www.emeraldinsight.com/10.1016/S0733 – 558X (05) 23004 – 5.

[5] Hermanson, D. R. & Rittenberg, L. E., "Internal audit and organizational governance," in A. D. Bailey, A. A. Gramling & S. Ramamoorti (Eds.), *Research opportunities in internal auditing*. Altamonte Springs, Fla: Institute of Internal Auditors Research Foundation, 2003, pp. 25 – 71, p. 27.

"执行、履行、表现、成绩"。Bates 和 Holton（1995）指出："绩效是一个多维建构，观察和测量的角度不同，其结果也会不同。"① 因此，要想测量和管理绩效，首先必须明确其概念的内涵和外延。在管理学上，企业的绩效有财务绩效、市场绩效和社会绩效的区分。由于互联网是一套镶嵌的社会技术体系（sociotechnical systems，STS）（Geels，2004），本书的治理绩效接近于管理学上社会绩效的概念。Wood（2010）将社会绩效界定为，一个商业组织所具备的企业社会责任原则、企业社会响应过程以及与企业社会关系相关的政策、纲领和可观测结果的构架。

作为一种理论或视角，治理所面临的重大挑战是产生可检验的假设，与之相伴的还有附带出现的测量难题。然而，到目前为止，治理更擅长于描述种种类型，而不是提出解释（B. 盖伊·彼得斯，2019）。对应于互联网企业的治理行为，本书将互联网企业的治理绩效界定为互联网企业的治理行为所产生的结果。利益相关者理论认为，企业可以通过处理、平衡和满足消费者、员工、股东、供应商、政府、社会公众等利益相关者的要求，改进组织工作效率以适应外部环境变化（弗里曼，2006）。由于利益相关者建立对企业治理绩效的期待，所以可以把互联网企业的治理绩效看作是互联网企业对社会责任的履行情况及其表现，在以后的研究中，本书将从不同的利益相关群体出发衡量互联网企业的治理绩效。

## 第四节　研究方法和数据来源

本书从多个学科和领域对我国互联网经济的发展、互联网企业治理行为以及治理行为与治理绩效之间的关系进行探索性分析，运用互联网

---

① Bates, R. A., E. F. Holton, "Computerized Performance Monitoring: A Review of Human Resource Issues", *Human Resource Management Review*, Vol. 5, No. 4, 1995, pp. 267–288.

企业官网新闻资料、上市公司季报、半年报和年报等数据，采用文献研究、内容分析法、大样本统计研究与案例研究等研究方法得出有关研究结论。

## 一、采用的研究方法

### 1. 文献研究方法

作为伴随互联网的产生和普及所产生的理论和现实问题，互联网治理涉及国际关系、新闻传播学、法学、管理学、经济学等多个学科门类，这些学科在该领域的已有研究和最新发展都为本书的研究提供了理论上的铺垫。

本书首先通过文献研究的方法，梳理了国内外学术界关于互联网治理的研究脉络和最新进展，总结和归纳出现有文献研究的薄弱环节，即在推进全球互联网治理体系变革的过程中，我国互联网企业在构建政府主导的立体协同治理架构中的地位和作用。基于对现有文献的分析，本文首先提出了企业互联网治理行为和治理绩效的概念，综合企业非市场、市场行为和策略研究中各种理论学派的观点，对我国互联网企业治理行为和策略进行了分类，并根据利益相关者理论分析了我国互联网企业治理绩效的类型。其次，建立了互联网企业治理行为和治理绩效的关联模型以及相关假设。此外，本书力图将前人的相关文献理论贯穿起来，形成互联网企业治理行为/策略与治理绩效关联性的研究思路。

### 2. 内容分析法

内容分析法是对已经存在的文本进行分析的一种研究方法，它的研究对象是先于研究而存在的文本。根据周翔（2014）的研究，学术界公认的最早给出内容分析法定义的学者是伯纳德·贝雷尔森（Berelson, B.），他把内容分析法界定为"一种对传播的显性内容进行客观的、系统的和定量描述研究技巧"①。本书之所以选择内容分析法,是因为该方法具有客观性、系统性、定量性、描述性和显明性五个方面的特点(迈克尔·辛格尔特利,2000)。周翔(2014)认为该方法还具有非介入性、对非结构性资料的可接受性、语境敏感性和可以处理大批量文本等特点。借助 NVivo12 Pro 分析工具,运用内容分析的方法,本书对 36 家互联网企业长达三年时间(2016 年 7 月—2019 年 6 月)企业官网公布的新闻动态进行了分析,揭示出我国互联网企业参与互联网治理的主要行为类型和绩效类型,并说明我国互联网企业是如何进行互联网治理的。

3. 案例研究方法

案例研究法是选择一个或者几个场景为对象,按照一定的设计逻辑,系统地收集数据和资料,进行深入的研究,用以探讨某一现象在实际生活环境下的状况。案例研究法是当研究者无法设计准确、直接又具系统性控制的变量时,回答"是什么"、"为什么"以及"结果如何"等研究问题的一种重要的探索性研究方法。

本书以知名度和关注度都比较高的百度、阿里和腾讯(简称 BAT)为案例研究对象,运用内容分析的方法,对这三家企业官网上长达三年的企业新闻资料进行了深入的剖析,比较分析它们之间在治理行为和治理绩效上的不同特点,说明了我国互联网企业是如何参与互联网治理的。案例研究的结论不仅对这些企业的治理活动具有重要的指导意义,而且也对其他互联网企业具有重要的借鉴意义。同时,也为后续的大规模统计分析奠定了理论基础。

4. 大样本统计分析

现有文献认为相对于西方企业,我国互联网企业参与全球互联网治理和规则制定的行为非常有限,存在根本动力不足的问题,但这些论断

---

① Berelson, B., *Content Analysis in Communications Research*, New York: Hafner, 1952, p. 18.

并没有实证研究的结论做支撑。本书建立了我国互联网企业治理行为和治理绩效关系概念模型，为了找出研究框架中各变量之间的因果或相关联系，本书借助 SPSS22.0 等分析工具，对 36 家互联网企业长达三年时间（2016 年 7 月—2019 年 6 月）通过内容分析法得到的 4783 篇文本资料和对应的企业财务数据，充分运用方差分析法、相关性分析、多元回归分析、时间序列分析以及结构方程等数理统计方法，对我国互联网企业治理行为与治理绩效的关联性进行数据处理和分析，并验证相关的假设和模型，澄清了一些理论认识的误区，发现了一些有普遍意义的规律，使得理论分析和描述建立在对可靠经验数据进行统计分析的基础之上。

5. 历史演绎和横向比较的方法

历史演绎法是从历史发展的角度对事物发展变化的规律进行分析的一种方法，而横向比较法则是对同一历史时期不同地区、不同研究对象发展变化的差异性进行分析的一种方法。历史演绎的方法可以把握事物演变的历史轨迹，推演事物发展变化的趋势，横向比较法则用来揭示事物之间发展变化的差异性。

本书运用历史演绎的方法对我国连续 7 年（2013—2019 年）的互联网百强排行榜进行了分析，揭示出我国互联网产业演变的基本规律和发展趋势，对不同省份、不同行业和企业之间的横向比较反映出我国互联网产业发展的区域不平衡性。此外，在用内容分析法分析互联网企业的新闻动态时，本书也充分体现了历史演绎和横向比较的思想。

## 二、数据资料来源

科学研究必须建立在翔实可靠的资料基础之上，这样通过科学规范的分析方法得出的结论才具有可信性。本书的研究资料和数据主要来自如下三个方面：

### 1. 百强企业官网上的新闻动态

由于互联网企业边界模糊、数量众多，难以进行大规模样本调查，本书选择了工信部和中国互联网协会2013—2019年每年持续公布的互联网百强（7 * 100 = 700 家）作为研究对象，统计分析的结果显示这七年共有269家企业上榜，2013—2019年互联网百强排行榜见附录1—7。鉴于本书涉及财务数据的分析，本书从中选择了公开上市的企业共116家，随后按照企业官网新闻资料披露是否充分的原则最终确定了36家企业作为研究对象。由于互联网的普及和企业信息化水平的提高，企业大都建立了自己的官方网站，并利用这一平台展示企业的产品和服务，向社会、员工通告自身的日常活动和取得的成绩，以提高自身的透明度和知名度，得到社会公众的认可与支持。本书所选择的这36家企业在官网上都设有企业动态（具体名称有企业新闻、新闻动态、阿里足迹等）栏目，定期或不定期地向外界公布本企业的活动动态。为了保证内容的一致性，本书排除了这些企业官网转载的其他媒体对这些企业的新闻报道。以2016年7月—2019年6月为研究周期，以这些新闻动态为分析对象，本书通过内容分析的方法来揭示我国互联网企业是如何参与互联网治理的。

### 2. 上市公司的半年报和年报数据

由于本书选择的都是上市公司，会定期披露季报、半年报和年报，所需的财务数据可以通过同花顺iFinD金融数据库来获得。鉴于在香港上市的企业只有公布半年报和年报的要求，加之这些互联网公司公布自身新闻动态的历史都不长，本书以半年为时间段来采集相关数据。

### 3. 报刊、杂志和专业网站

各企业的官方网站提供了大量关于本企业基本情况和经营管理方面的详细信息，这些信息是我们了解企业基本情况的基础性资料。此外，本书还广泛地收集报刊、杂志和主要门户网站上发表的二手资料。报刊、杂志和主要的门户网站及时、详细地报道了大量现实生活中发生的和本书研究主题相关的事例，这些事例为本书的研究补充了丰富的素材。

4. 企业高层访谈

为了了解互联网企业治理的具体状况，笔者还对阿里、京东、央视、新华网、人民网、新华网、一点资讯、趣头条等互联网企业的十余名企业高层进行了访谈（访谈问卷见文末附录9）。通过这些访谈，笔者对于互联网企业经营管理、内容过滤等方面的情况有了深入的了解，这些资料主要是作为了解互联网企业运作的背景资料来使用的。

## 三、可能的创新之处

国外学者对于互联网治理的研究已经取得了许多有意义的研究成果，但这些研究主要是对现有机制的完善和修补，而国内学者的研究则侧重于提供全球治理的中国方案。由于互联网企业数量众多，行业边界模糊，企业资料不全，国内外的现有文献对于我国参与全球互联网治理的研究主要是从宏观层面展开的，很少涉及微观层面如互联网企业治理行为和治理绩效之间的关系这样复杂而又艰巨的任务。与国内外该领域已有的研究相比，本书可能的创新之处主要表现在如下几个方面：

首先，针对学界对于我国互联网企业治理活动缺乏了解的状况，提出了互联网企业治理行为和治理绩效的概念，通过实证研究发现我国互联网企业存在大量的治理行为并取得了丰硕的成果，揭示出我国互联网企业治理行为和治理绩效的具体类型，说明了我国互联网企业是如何参与治理的。

当前全球互联网的治理涉及多个学科（Weber，2013；Pigoni，2014）和宏观、中观、微观三个层面（Brooks，2015）。正如一般治理理论方面的研究对于集体行为的协调效果还没有详细地探讨（Mayntz，2003），互联网治理领域的研究学者主要关注了宏观层面的过程，考察了一些国际性的组织以及这些组织的架构，对于中观和微观层面的研究却很少（Van Eeten & Mueller，2012）。国内已有文献更多的是国际政治、新闻传播、法律等学科的研究，缺乏经济学、管理学等学科的参与；更多地是比较宏观的思辨分析，缺乏在微观层面更加细致、深入的实证研究（Arsène，2016）。学界普遍认为，不同类型的主体之间的互动对于塑造全球治理可产生更为显著的影响（王明国，2015），然而在网络空间治理的研究中，探讨哪些主体参与治理进程并发挥实际作用的研究最为薄弱（李艳，2017；方兴东等，2017）。组织在互联网治理中的角色应该被囊括到互联网治理的研究中，研究的困难在于如何将宏观层面的理论概念应用到中观甚至是微观层面的互动中去（Brooks，2015）。本书选择互联网企业作为研究对象，互联网企业的协调行为因其发生在更高层和更底层之间，从而能够把互联网治理的更高层和中层联系起来，因而是最合适的研究对象。本书通过对BAT的案例研究揭示出我国互联网企业治理行为的五种类型（市场服务行为、结盟合作行为、社会宣传行为、政治关联行为、环保公益行为），并回答了我国互联网企业参与全球互联网治理的四个基础性问题，本书的研究是对上述学者指出的研究不足的响应。

其次，针对互联网治理在测量和效果评估方面的难题，以及国内学术界认为我国互联网企业在互联网治理方面存在根本动力不足的问题，建立了互联网企业治理行为和治理绩效的理论模型，提出了有关假设，通过大样本统计分析的方法，对于我国互联网企业的治理行为与治理绩效以及财务绩效关联性进行了实证检验，发现我国互联网企业的治理行为与企业绩效之间存在正相关关系。

作为一种理论或视角，治理所面临的重大挑战是产生可检验的假设，与之相伴的还有附带出现的测量难题。到目前为止，治理更擅长于描述种种类型，而不是提出解释（B.盖伊·彼得斯，2019）。尽管现有的互联网治理理论有很多潜在的用武之地,互联网治理理论依旧是概念性的,对于治理行为和治理结果之间的关系缺乏实证检验(Brooks,2015)。本书提出了关于互联网企业治理行为和治理绩效的系列假设和相关的测量方法,通过实证的方法对这些假设进行了验证。研究结果表明,我国互联网企业五种治理行为可以进一步划分为社会结盟行为和服务沟通行为。我国互联网企业治理行为与治理绩效及企业财务绩效之间存在显著的相关性,相关研究结论对于改变学术界的现状、指导互联网企业参与治理都具有重要的理论和现实意义。

## 四、技术路线和结构安排

### (一)技术路线

技术路线是引导本研究从选题、构思、收集资料、分析资料,到最终得出研究结论的总体性研究规划。本书的研究基本遵循着从理论研究到实证研究,从中观产业到微观企业的基本逻辑。具体而言,本书所采用的技术路线可以归纳如下,见图1-4。

### (二)结构安排

本书的研究架构是在围绕互联网企业治理行为及其与企业绩效的关系而逐步深入的,按照图1-4所示的技术路线,本书的结构安排主要分为五大部分,第一部分即第一章绪论,通过分析研究的现实背景和文献综述提出研究问题;第二部分即第二章,主要分析我国互联网产业的历史演变和发展趋势;第三部分即第三章,主要说明我国互联网企业是如何参与互联网治理的;第四部分即第四章,主要说明我国互联网企业的治理状况;第五部分即第五章,主要是基于以上篇章的分析得出最后的研究结论和展望。各章节的具体内容如下:

第一章绪论,主要是对本书的研究问题、文献综述、相关概念的界

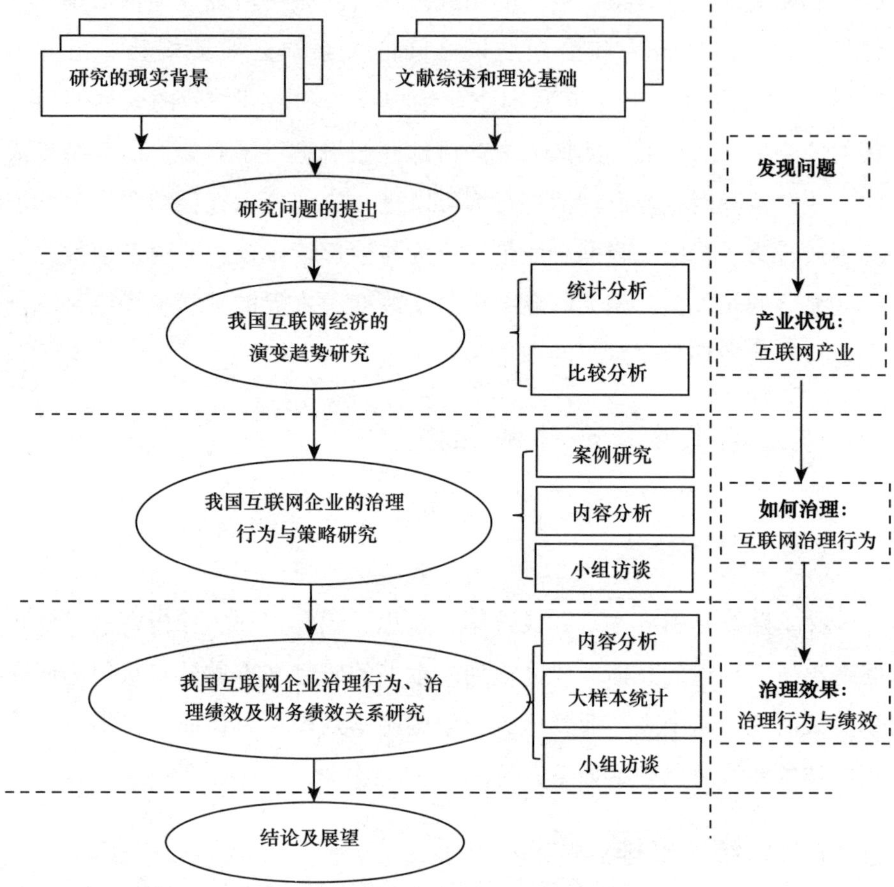

图1-4 本书采用的技术路线框架图

定、数据来源、研究方法、技术路线、结构框架以及可能创新之处做简要概括,为本书的研究提供了一个基本的研究思路。文献部分首先概述了国内外学者关于互联网治理历史阶段的划分;其次阐述了学界对于全球互联网治理机制、面临的挑战及对现有治理模式的反思;接着综述了关于全球互联网治理参与主体的研究,包括国家是治理主导力量、非政府主体是主导力量和多种力量平衡几种观点。次之概述了学界关于中国参与全球互联网治理的研究进展。最后总结了现有研究存在的不足

# 第一章 绪 论

之处。

第二章我国互联网产业的历史演变轨迹及发展趋势研究，本章通过对工信部和中国互联网协会从 2013—2019 年每年持续公布的互联网百强排行榜中的上榜企业及特征（业务收入、营业利润、研发投入、成立时间、企业总部所在地、上市地点、上市时间、企业性质、业务类型等）的分析，揭示出我国互联网产业的整体演变状况。其次，通过分析七年间不同频次上榜企业的状况，揭示出不同企业的变化情况，最后总结了研究的主要结论。

第三章我国互联网企业的治理行为与策略研究，本章以百度、阿里和腾讯（BAT）为案例研究对象，在概念界定和类别建构的基础上，运用内容分析的方法对这三家案例企业长达三年的新闻动态进行分析，揭示出我国互联网企业治理行为的五种类型和四种治理绩效，并通过描述性统计分析辨析了这三家企业治理行为与治理绩效的差异性。

第四章我国互联网企业治理行为、治理绩效及财务绩效关系研究，本章建立了我国企业互联网治理行为与治理绩效、财务绩效之间的理论模型，结合我国互联网企业治理行为主要特征及影响变量，提出了 11 个理论假设，然后采用结构性内容分析法对我国 36 家互联网上市企业的新闻动态数据进行分析，并运用频数统计、逐步回归、时间序列和相关性分析等方法分析我国互联网企业治理行为与企业绩效之间的关联性。

第五章研究结论及其展望，主要是对上述各章中主要的研究结论进一步归纳整理，并简述了本书研究的不足之处以及后续研究工作的方向和建议。

# 第二章 我国互联网行业的历史演变及发展趋势研究

互联网是1969年在美国发明的,我国于1994年接入了全球互联网,此后互联网在我国的发展如火如荼,对我国社会的方方面面产生了巨大的影响,单就经济发展而言,数字经济已成为中国经济增长的新引擎。我国庞大的消费人口和世界领先的互联网产业为我国参与全球互联网治理提供了经济基础和产业基础,因此,本书首先回顾了我国互联网产业的发展轨迹,并对我国互联网产业的发展趋势进行了展望。

## 第一节 引言

作为20世纪最伟大的发明之一,互联网自1994年引入中国以来,经历了20多年的飞速发展,已经成为我国国家信息基础设施的重要组成部分。根据互联网女皇2019年发布的报告,我国占据了21%的全球互联网用户,远超印度的12%和美国的8%(玛丽·米克尔,2019)。我国的互联网消费已比肩美国,早在2016年我国的互联网消费已达到了9670亿美元,仅次于美国的11330亿美元(波士顿顾问公司等,

2017)。2015 年,我国政府正式提出"互联网+"战略行动计划,推动互联网与工业、商业、金融业等服务业全面融合。"互联网+"行动推动了中国经济的互联网化,2016 年我国的 eGDP 比例就达到了 6.9%,超过美国的 5.4%,仅次于韩国的 8.0%,位于世界第二,见图 2-1。第六届世界互联网大会发布的《中国互联网发展报告 2019》显示,2018 年中国数字经济规模达 31.3 万亿元,占国内生产总值的比重达 34.8%(中国网络空间研究院,2019)。

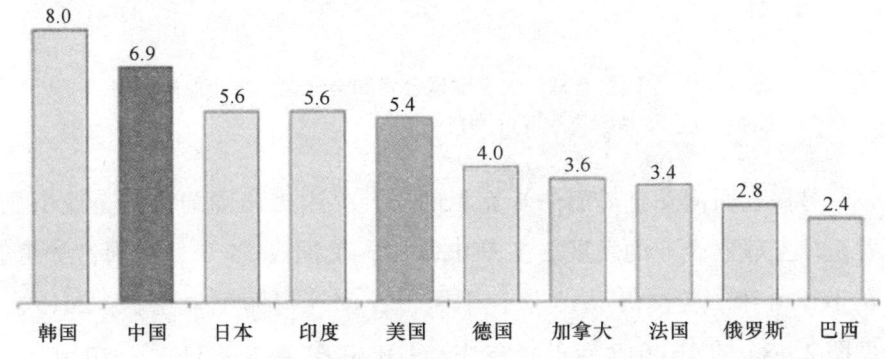

**图 2-1 世界各国 eGDP 在总体 GDP 中的占比**
来源:波士顿顾问公司等(2017)。

在庞大的消费群体和政府政策的推动下,我国互联网的各种应用服务蓬勃发展,涌现出一批知名的互联网企业,形成了具有一定国际影响力和竞争力的互联网产业格局。2017 年中国在全球十大互联网上市公司中占据了五席(阿里、腾讯、百度、京东、网易),中国独角兽企业数量占全球的近三成,市值占全球独角兽企业的 41%,见图 2-2。据 CB Insights 公布的 2019 年全球独角兽企业名单(共 326 家公司上榜),美国独角兽企业共 159 家,占比为 48%;中国独角兽企业数量排名第二,共 92 家,占 28%(中国网络空间研究院,2019)。

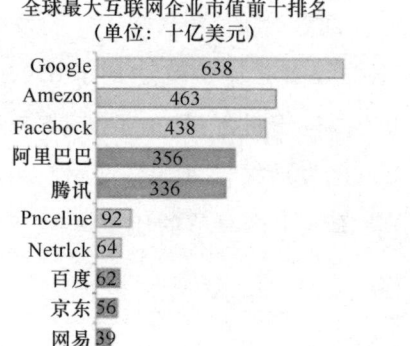
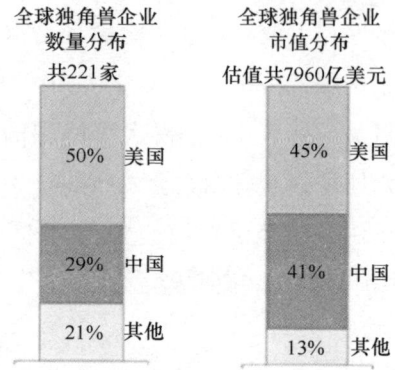

图2-2 中国占全球十大互联网公司和全球独角兽企业的比例
资料来源：波士顿顾问公司等（2017）。

另据互联网女皇玛丽·米克尔的研究，中美两国的科技企业引领着全球互联网企业的发展。在TOP30中，美国占18个，中国占7个，在TOP20中，美国占了15家，中国占5家（玛丽·米克尔，2019），见图2-3。在其2018年的报告中，TOP20中美国占11家，中国占9家。而在2013年，中国只有2家，美国有9家（玛丽·米克尔，2018）。从趋势上看，中国在全球互联网中的地位与美国的差距正在进一步缩小。

根据中国网络空间研究院的研究，从世界范围来看，中国互联网应用、创新能力和产业发展较为突出，分别居第1位、第2位、第2位。在网络治理方面（居第2位），基础设施和网络安全能力建设还有较大的发展空间，分别居第28位、第20位[1]，见图2-4。

鉴于我国互联网经济的蓬勃发展以及互联网企业在全球所占据的重要位置和产生的巨大影响力，对我国互联网企业发展现状和发展趋势进行跟踪式研究，把握互联网经济发展的特点和规律，探索互联网行业的

---

[1] 陈锐海、曹露浩：《2019年48国互联网发展水平排名出炉中国位列第二》，央广网嘉兴，2019年10月20日，http：//news.cnr.cn/dj/20191020/t20191020_524823405.shtml。

第二章　我国互联网行业的历史演变及发展趋势研究

| 2019排名 | 公司 | 地区 | 市值（美元） | | 变化（%） |
|---|---|---|---|---|---|
| | | | 2019-6-7 | 2016-6-7 | |
| Microsoft | | 美国 | 10078 | 4108 | 146% |
| 2 | Amazon | 美国 | 888 | 343 | 159% |
| 3 | Apple | 美国 | 875 | 540 | 62% |
| 4 | Alphabet | 美国 | 741 | 497 | 49% |
| 5 | Facebook | 美国 | 495 | 340 | 46% |
| 6 | 阿里 | 中国 | 402 | 195 | 106% |
| 7 | 腾讯 | 中国 | 398 | 206 | 93% |
| 8 | Netfllix | 美国 | 158 | 43 | 266% |
| 9 | Adobe | 美国 | 136 | 50 | 174% |
| 10 | Paypal | 美国 | 134 | 46 | 190% |
| 11 | Saleforce | 美国 | 126 | 56 | 123% |
| 12 | Booking.com | 美国 | 77 | 67 | 15% |
| 13 | Uber | 美国 | 75 | — | — |
| 14 | Recruit Holdings | 日本 | 52 | 20 | 167% |
| 15 | ServiceNow | 美国 | 51 | 12 | 316% |
| 16 | Workday | 美国 | 48 | 16 | 197% |
| 17 | 美团点评 | 中国 | 44 | — | — |
| 18 | 京东 | 中国 | 39 | 32 | 22% |
| 19 | 百度 | 中国 | 38 | 60 | 36% |
| 20 | Activision Blizzard | 美国 | 35 | 26 | 25% |
| 21 | Shopify | 加拿大 | 34 | 2 | 1297% |
| 22 | NetEase | 美国 | 33 | 23 | 44% |
| 23 | eBay | 美国 | 33 | 28 | 19% |
| 24 | Atfassian | 澳大利亚 | 32 | 5 | 509% |
| 25 | MarcadoLibre | 阿根廷 | 30 | 6 | 388% |
| 26 | Twitter | 美国 | 29 | 11 | 173% |
| 27 | Square | 美国 | 29 | 3 | 808% |
| 28 | Electronic Arts | 美国 | 29 | 23 | 25% |
| 29 | 小米 | 中国 | 28 | — | — |
| 30 | Spotify | 瑞典 | 25 | — | — |

图 2-3　全球互联网 30 强

资料来源：玛丽·米克尔：《2019 年互联网趋势报告》。

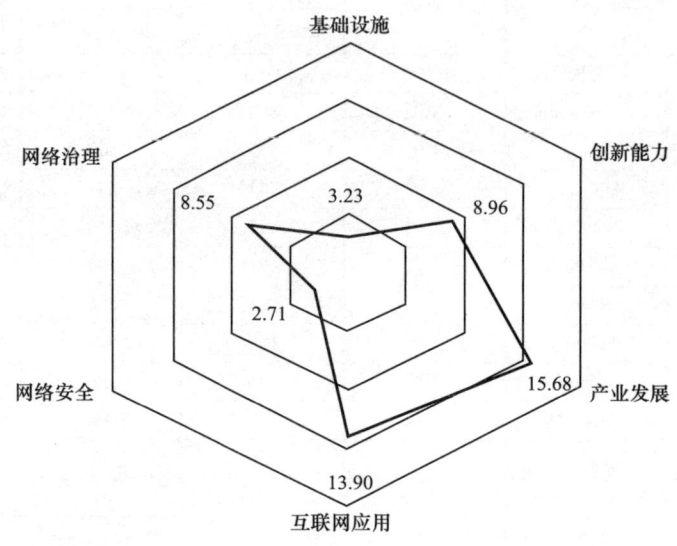

图 2-4 中国互联网发展指数图
资料来源：陈锐海、曹露浩（2019）。

发展趋势变得重要而有意义。由于互联网企业数量众多，业务繁杂，对我国所有的互联网企业进行整体分析显然是一项不可能完成的任务。庆幸的是，工信部和中国互联网协会评选的"中国互联网100强"为本研究提供了一个分析我国互联网头部企业的绝佳窗口。该榜单是具有公正性和权威性的互联网企业评价榜单，评价指标采用多维度综合评价法，将企业经营的合规性和社会效益纳入评价范围，综合考虑企业规模、盈利、创新、成长性、影响力和社会责任六大维度，始终坚持公平公正、客观中立。由于互联网行业具有典型的头部效应，通过该榜单能够对我国互联网行业企业的发展状况进行比较全面、系统的分析。

## 第二节 数据收集和研究方法

### 一、研究对象和数据收集

#### 1. 研究对象

在工信部信息中心的指导下,中国互联网协会从 2013 年开始发布 "中国互联网 100 强"报告,迄今共发布了 7 份互联网企业百强排行榜, 互联网企业百强的评价单位、评价指标和数据来源见表 2–1。对于互联 网企业 100 强的评价对象,中国互联网协会的定义是:持有工业和信息 化部颁发的增值电信业务经营许可证,经营互联网信息服务业务 (ICP)、互联网接入服务业务(ISP)、互联网数据中心业务(IDC)及 在线数据处理与交易处理业务等业务中的一种或多种业务,主要收入来 源地或运营总部位于中国大陆,同时营业收入主要通过互联网实现的企 业。对于存在集团公司与集团公司的全资子公司或控股子公司(含附属 公司)的,需以集团总公司的名义统一参评。

表 2–1 2013—2019 年"互联网百强"评价单位、评价指标和数据来源

| 年份 | 评价单位 | 评价指标 | 数据来源 |
|---|---|---|---|
| 2013 | 中国互联网协会和工信部信息中心 | 年度营收、在线业务(以网站为主)访问量和访问速度体验三项指标 | 上市互联网企业公布的 2012 年财务报告和中国互联网协会、第三方调查机构的数据调查结果 |
| 2014 | 中国互联网协会和工信部信息中心 | 企业规模、技术创新、社会责任与影响四个维度,选取 9 个指标来代表企业收入和业务规模、成长能力、带动就业、发展质量、社会责任和技术研发等方面,通过加权平均计算得出综合得分,作为企业的最终得分 | 数据来源以企业申报数据为主,上市公司财务报告等公开数据为辅 |

(续表)

| 年份 | 评价单位 | 评价指标 | 数据来源 |
| --- | --- | --- | --- |
| 2015 | 中国互联网协会和工信部信息中心 | 企业规模、社会影响、发展潜力和社会责任四个维度,选取了8个指标来代表企业收入和业务规模、技术研发、盈利和成长能力、社会责任及人力成本等方面,通过加权平均计算得出综合得分 | 数据来源以企业申报数据为主,上市公司财务报告等公开数据为辅 |
| 2016 | 中国互联网协会和工信部信息中心 | 采用综合分析方法,设置8个指标代表企业成长能力、技术研发、盈利能力、业务规模、社会影响与责任等方面,加权平均计算生成综合得分 | 以企业自主申报数据为基础,并使用上市公司财务报告、拟上市公司招股说明书、企业审计报告、所得税纳税申报表、第三方研究报告、第三方数据平台监测数据等多种渠道的数据进行审核验证和补充 |
| 2017 | 中国互联网协会和工信部信息中心 | 评价指标综合考虑企业规模、盈利、创新、成长性、影响力和社会责任等六大维度的7类核心指标,对我国互联网行业领军企业的发展状况进行综合研究,采用综合评价分析,经过加权平均计算生成综合得分作为企业的最终得分 | 数据来源以企业申报数据为主,上市公司财务报告等公开数据为辅 |
| 2018 | 中国互联网协会和工信部信息中心 | 综合考虑企业规模、盈利、创新、成长性、影响力和社会责任等六大维度的8类核心指标,将企业经营的合规性和社会效益纳入评价范围。2017年互联网业务营业收入大于1亿元 | 数据来源以企业申报数据为主,上市公司财务报告等公开数据为辅 |
| 2019 | 中国互联网协会和工信部信息中心 | 综合考虑企业规模、盈利、创新、成长性、影响力和社会责任等六大维度的8类核心指标,将企业经营的合规性和社会效益纳入评价范围。2018年互联网业务营业收入大于1亿元 | 数据来源以企业申报数据为主,上市公司财务报告等公开数据为辅 |

资料来源:2013—2019年工信部信息中心、中国互联网协会百强分析报告。

## 2. 资料收集

为了科学、客观评价互联网企业发展现状,认识、理解互联网发展的特点和规律,有效探索互联网行业发展趋势,根据工信部和中国互联网协会连续 7 年发布的中国互联网百强排行榜，本书通过企业官网、年报、天眼查等途径检索到的信息，分别对这些企业的业务收入、营业利润、研发投入、成立时间、企业总部所在地、上市地点、上市时间、企业性质、业务类型等信息进行了系统、细致的分析，以了解我国领先互联网企业的发展动态和变化趋势。

## 二、研究方法

由于本章的任务是总结我国互联网产业的演变轨迹和发展趋势，因此拟采用描述性统计的方法。借助 Excel 分析软件，我们将 2013—2019 年的互联网百强排行榜（7 * 100 = 700）分别录入，通过合并之后发现共有 269 家企业上榜，其中有上市公司 116 家。然后采用横截面分析、时间序列分析和比较分析、频数分析、系列分析、案例研究等方法对我国互联网行业的历史演变及未来趋势进行描述和归纳。

# 第三节　2013—2019 年互联网企业百强的整体情况

## 一、业务收入总规模及增速

首先，从互联网百强的互联网业务收入总规模来看，2013 年互联网百强的业务总收入规模超过 2000 亿，此后逐年增长，到 2019 年百强的互联网业务收入总规模增长到 27500 亿元，7 年间增长了 13.75 倍。从增长速度上看，百强的互联网业务收入在经历了快速回落后重新上升，平均速度达到了 55.8%，见图 2-5。

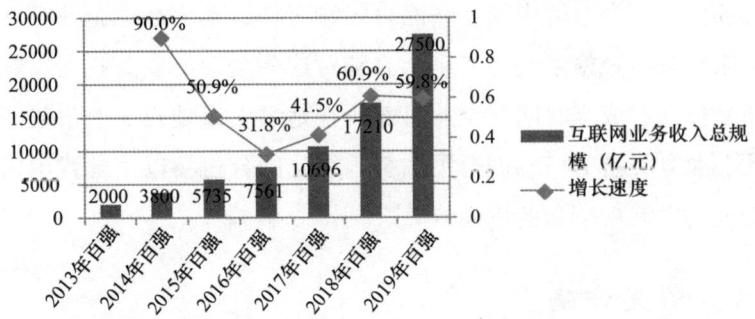

图2-5  2013—2019年互联网百强的互联网业务收入总规模

注：2013年的统计口径与此后不同，2013年统计的是企业营收总规模，而此后统计的是互联网业务收入总规模。

资料来源：数据从历年互联网百强分析报告中摘录，图为笔者所做。

## 二、营业利润及增速

从百强的营业利润来看，2014年为621.68亿元，到2018年增长到2707.1亿元，6年间增长了4.35倍。从年平均营业利润率来看，呈先下降后上升趋势，2014年最高，为15.82%，此后逐年下降，到2016年下降到6.20%，之后开始回升，到2018年升至15.60%，利润平均增长速度为11.6%，见图2-6。

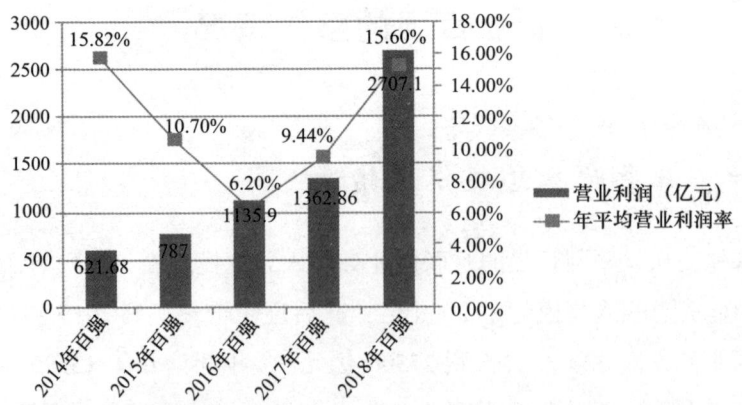

图2-6  2014—2018年互联网百强的营业利润和年平均营业利润率

注：2013年没有统计营业利润，2019年的营业利润没有公布。

资料来源：数据从历年互联网百强分析报告中摘录，图为笔者所做。

## 三、研发投入

从研发投入来看，百强的研发投入金额呈逐年递增趋势。2014年为238.6亿元，到2018年增长到1060.1亿元，5年间增长了4.44倍，与营业利润的增长基本保持同步。从研发投入的增长速度来看，2014—2018年百强呈现出先下降后上升的趋势，2015年增长最快，增速高达96.6%，2016年下降到8.3%，到2017年和2018年回升到40%以上，企业研发投入平均增速为48.5%，见图2-7。

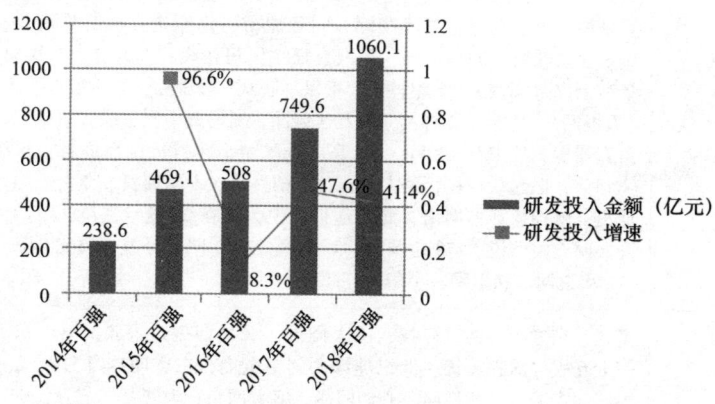

**图2-7　2014—2018年互联网百强的研发投入金额和增长速度**

资料来源：数据从历年互联网百强分析报告中摘录，图为笔者所做。

## 四、上榜公司所在省份

本书统计了2013—2019年评选的269家互联网百强的总部所在地，排在前几位的省份分别是北京93家（35%）、上海62家（23%）、广东（不含深圳）22家（8%）、浙江17家（6%）、福建17家（6%）、深圳16家（6%），江苏13家（5%），见表2-2、图2-8。其中，北上广深所产生的互联网百强占到整个登榜企业总数的72%。在我国，尚有新疆、西藏、陕西、甘肃、青海、宁夏、天津、吉林、河北、内蒙古、山西等省级行政区没有产生过互联网百强企业。经济发达的地方产生的互联网百强多,经济落后的地方产生的互联网百强少,这表明互联网经济与一个地区的经济发达程度密切相关。

表2-2 2013—2019年互联网百强所在省份

| 省份 | 互联网公司简称 |
| --- | --- |
| 北京<br>(93家) | 百度、京东、三六零、搜狐、小米、汽车之家、新华网、房天下、美团点评、昆仑万维、人民网、易车公司、二六三、凤凰网、联动优势、58集团、央视网、竞技世界、第一视频、世纪互联、暴风集团、智联招聘、咪咕、完美世界、中钢网、金山软件、宜人贷、六间房、当当网、乐居、乐视、云游、空中信使/空中网、今日头条/字节跳动、用友网络、猎豹移动、光环新网、百合在线、慧聪国际、同程旅游、优酷土豆、聚美优品、艺龙、中国金融在线、同程艺龙、花椒直播、亿玛在线、人人贷、欢聚时代、山景科创(赶集网)、掌趣科技、正保、联众、漫游谷、光宇游戏、天极传媒(天极网)、网秦、千橡网景、凡客诚品、亚马逊中国、映客直播、好未来、贝壳找房、拉卡拉、OFO小黄车、爱酷游、风行、首都信息、梆梆安全、飞信信、亿起联科技、美大科技、小桔科技、寺库商贸、蓝港、数码信息、蓝汛、触控、赛尔网络、北纬通信、中关村在线/爱卡汽车、中国天气网、开心网、美丽说、178游戏网、豆瓣网、2345网址导航、酷我音乐、瑞星、17k小说网、和讯网、中华网、武神 |
| 上海<br>(62家) | 携程、东方网、网宿科技、巨人网络、二三四五、游族网络、东方财富、三七互娱、前程无忧、世纪佳缘、钢银电商、东方明珠(百视通)、米哈游、波克城市、找钢网、心动网络、盛大网络、大智慧、起凡、哔哩哔哩、创蓝253、恺英网络、连尚网络、驴妈妈、沪江、陆金所、帝联、大众点评、号百、37玩、世纪天成、绿岸在线、拼多多、盛趣游戏、优刻得、珍岛、小红书、凡普金科、饿了么、塑米、晨之科、上海誉点、钢富电子、拍拍贷、格瓦、银联商务、钢之家、迅付、车团、国美在线、淘米、上海钢联、易娱、汇付、PPS网络电视、MSN、Pplive、第九城市、麦考林、51.com、快钱、虎扑体育 |
| 广东<br>(不含深圳)<br>(22家) | 腾讯、网易、新浪、迅雷集团、唯品会、多益网络、梦网科技、欢聚时代、创梦天地、思贝克、酷狗音乐、珍爱网、摩拉、百奥家庭互动(广州百田)、房多多、21CN、中手游、趣丸网络、有米科技、博雅、中青宝、汇量科技、金蝶软件、荔枝、腾邦国际、游爱网络、创思信息、捷旅、易讯天空、科通芯城、久邦、走秀、动景、太平洋电脑网、56、39健康网、菲音、维动网络 |
| 浙江<br>(17家) | 阿里、顺网科技、金华比奇、边锋网络、泰一指尚、天鸽互动、蘑菇街、微贷网、公众信息、斯凯、蚂蚁金服、平治信息、齐聚科技、国技、同花顺、电魂、银泰电子商务 |

(续表)

| 省份 | 互联网公司简称 |
|---|---|
| 福建<br>(17家) | 四三九九、网龙、美图、吉比特、美柚、趣游、利嘉电商、三五互联、乐游网络、翔通动漫、游龙网络、点击网络、新中冠、绿网天下、中金在线(天信投资)、天翼阅读、天盟 |
| 深圳<br>(16家) | 腾讯、迅雷集团、梦网科技、创梦天地、思贝克、珍爱网、房多多、中手游、博雅、中青宝、金蝶软件、腾邦国际、捷旅、易讯天空、科通芯城、走秀 |
| 江苏<br>(13家) | 苏宁控股、途牛、蜗牛数字、三六五网、焦点科技、华云数据、汇通达、艾德无线、不锈钢交易中心、运满满、好享购物、炫彩互动、八爪鱼在线 |
| 湖南<br>(5家) | 快乐阳光、拓维信息、竞网、草花互动、大汉电子/大大买钢 |
| 湖北<br>(4家) | 斗鱼直播、盛天网络、换车网、奇米 |
| 山东<br>(4家) | 开创集团、浪潮、海看、山东广电 |
| 安徽<br>(2家) | 科大讯飞、百助网络 |
| 贵州<br>(2家) | 朗玛信息、满帮 |
| 海南<br>(2家) | 易建科技、天涯 |
| 河南<br>(2家) | 锐之旗、悉知 |
| 重庆<br>(2家) | 猪八戒网、秒银 |
| 四川<br>(2家) | 鹏博士、艾普网络 |
| 黑龙江<br>(1家) | 龙采科技 |
| 江西<br>(1家) | 中至集团 |
| 辽宁<br>(1家) | 东软集团 |
| 云南<br>(1家) | 九机网 |

资料来源：笔者根据历年排行榜查询、统计。

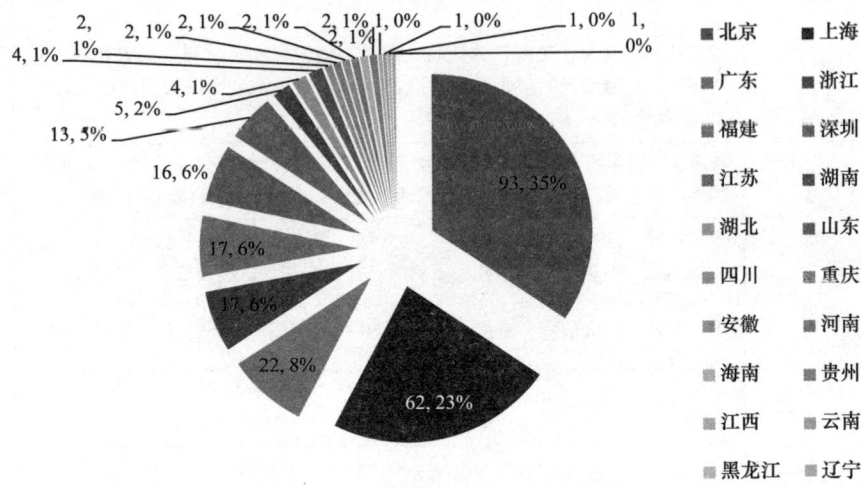

图2—8 2013—2019年互联网百强所在省份

资料来源：笔者根据历年排行榜查询、统计。

本书也统计了每一年互联网企业百强总部所在地的分布，见表2—3。从累计次数和均值来看，产生百强最集中的地方是北京（39%）、上海（21%）、广东（含深圳）（14%）、浙江（6%）、福建（6%）、江苏（6%）。从时间变化来看，互联网百强在全国各个省、市、自治区的分布呈日益广泛的趋势，从2013年的9个扩展到2019年的17个，最高值出现在2017年，分布范围达到了19个，见图2—9、图2—10、图2—11。分地区来看，除了北京之外，其他地区所产生的互联网百强数量基本稳定。北京产生的百强数量总体呈下降趋势，2013年北京所产生的互联网百强达53个，占全国的一半多，随后呈快速下降趋势，2016—2018年基本维持在30多个。

表 2-3  2013—2019 年互联网百强总部所在地分布

| | 2013 | 2014 | 2015 | 2016 | 2017 | 2018 | 2019 | 累计次数 | 均值 |
|---|---|---|---|---|---|---|---|---|---|
| 北京 | 53 | 49 | 45 | 31 | 32 | 34 | 32 | 276 | 39 |
| 上海 | 23 | 18 | 20 | 20 | 20 | 23 | 21 | 145 | 21 |
| 广东 | 10 | 8 | 7 | 8 | 7 | 6 | 8 | 54 | 8 |
| 浙江 | 4 | 6 | 5 | 9 | 8 | 5 | 4 | 41 | 6 |
| 福建 | 3 | 5 | 3 | 8 | 7 | 6 | 7 | 41 | 6 |
| 深圳 | 3 | 6 | 8 | 4 | 4 | 8 | 8 | 39 | 6 |
| 江苏 | 2 | 6 | 5 | 6 | 5 | 6 | 4 | 34 | 6 |
| 湖南 | 1 | 1 | 3 | 3 | 3 | 2 | 3 | 16 | 3 |
| 湖北 | 0 | 0 | 0 | 2 | 3 | 2 | 2 | 9 | 3 |
| 山东 | 0 | 0 | 0 | 1 | 2 | 0 | 3 | 6 | 1 |
| 四川 | 0 | 0 | 2 | 2 | 1 | 1 | 1 | 7 | 1 |
| 重庆 | 0 | 0 | 0 | 1 | 1 | 1 | 0 | 3 | 1 |
| 安徽 | 0 | 0 | 0 | 0 | 1 | 2 | 1 | 4 | 0 |
| 河南 | 0 | 1 | 1 | 2 | 1 | 0 | 1 | 6 | 1 |
| 海南 | 1 | 0 | 0 | 0 | 1 | 1 | 0 | 6 | 0 |
| 贵州 | 0 | 0 | 0 | 1 | 1 | 1 | 2 | 5 | 0 |
| 江西 | 0 | 0 | 0 | 0 | 1 | 0 | 1 | 2 | 0 |
| 云南 | 0 | 0 | 0 | 1 | 0 | 0 | 0 | 1 | 0 |
| 黑龙江 | 0 | 0 | 1 | 1 | 1 | 1 | 1 | 5 | 0 |
| 辽宁 | 0 | 0 | 0 | 0 | 1 | 1 | 1 | 3 | 0 |
| 总计 | 100 | 100 | 100 | 100 | 100 | 100 | 100 | 700 | —— |
| 分布省份 | 9 | 9 | 11 | 16 | 19 | 16 | 17 | | |

注：上述广东省的数据不包含深圳市的数据。
资料来源：笔者根据历年排行榜查询、统计。

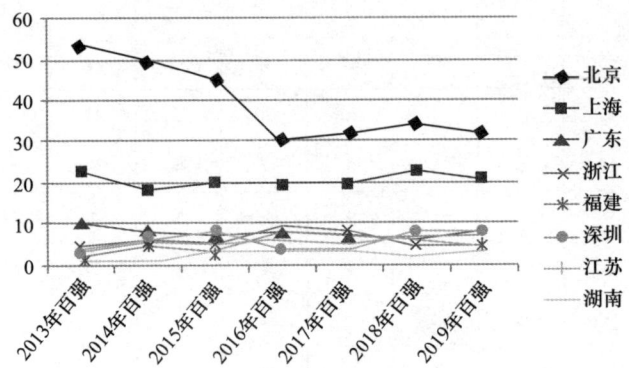

图 2-9 2013—2019 年百强集中地区的变化情况

资料来源：笔者根据历年排行榜查询、统计。

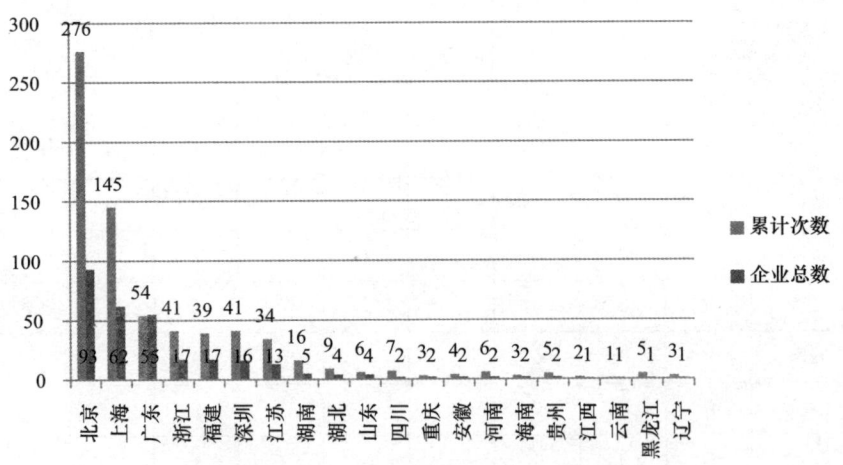

图 2-10 2013—2019 年百强的累计分布和企业总数

资料来源：笔者根据历年排行榜查询、统计。

第二章 我国互联网行业的历史演变及发展趋势研究

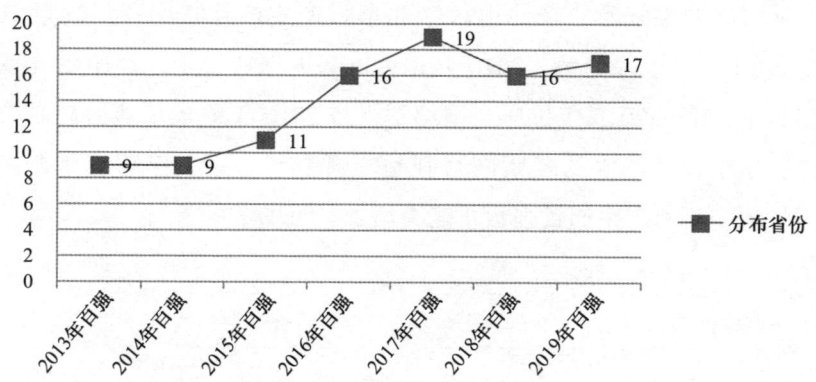

图 2-11 2013—2019 年百强在全国各省市自治区的分布变化情况
资料来源：笔者根据历年排行榜查询、统计。

如果从地理区域来看，累计产生百强最多的地区是华东六省一市，所占比例为38%，每个省都有登榜的企业，尤其以上海、浙江、福建、江苏最多。其次是华北四省一市，所占比例为31%，但华北的互联网企业完全集中在北京市，天津、河北、山西、内蒙古没有产生过一家百强企业。再次是华南三省，所占比例为24%。排在最末的是西北五省，7年间没有产生一家百强企业，见图2-12。

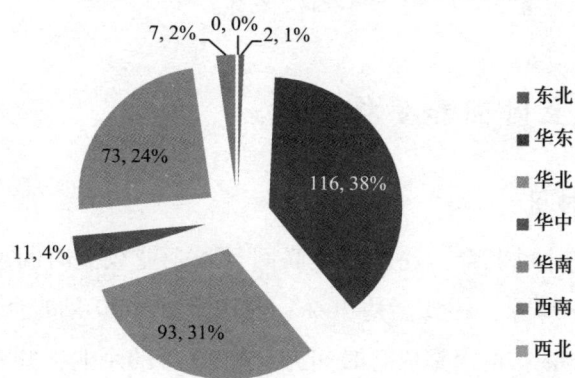

图 2-12 全国不同地区产生的互联网百强数量及比例
资料来源：笔者根据历年排行榜查询、统计。

从时间顺序来看，华北地区（北京）产生的互联网百强数量2013年到2015年呈下降趋势，2016—2019年基本保持稳定，产生的互联网百强数量2013—2015年位居全国第一，自2016年被华东地区超越位居第二；华东地区产生的互联网百强呈上升趋势，近几年略有下降。华南、华中、西南产生的百强数量略有增加，见图2-13。

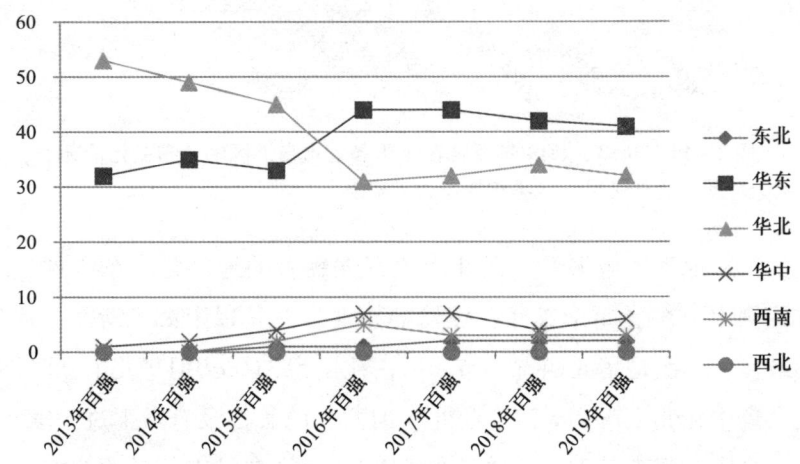

图2-13 2013—2019年全国不同地区产生的百强企业数量
资料来源：笔者根据历年排行榜查询、统计。

## 五、成立时间和登榜时间

### 1. 成立时间

从成立的时间来看，登榜的互联网百强企业成立时间为11—15年的最多，共有96家，占比高达36%；其次是26—30年的企业，共有67家，占比为25%；再次是成立时间为16—20年的企业，共有49家，占比为18%，见图2-14。综合排名前50位的企业大多是在20世纪90年代末和21世纪前几年成立的，这说明该段时间是互联网企业创立的黄金期，这些企业成为中国互联网产业的中坚力量。

## 第二章 我国互联网行业的历史演变及发展趋势研究

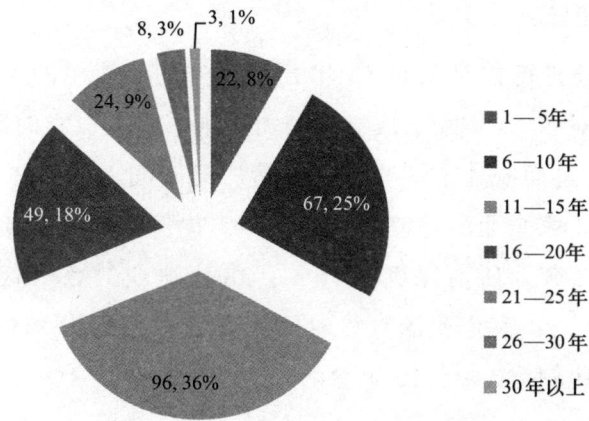

**图 2-14　2013—2019 年互联网百强的成立时间**

资料来源：笔者根据历年排行榜查询、统计。

从时间顺序来看，2013—2019 年，成立时间在 26—30 年和 30 年以上的企业数量在增加，成立时间在 21—25 年和 11—15 年的企业在减少，成立时间在 6—10 年和 1—5 年的企业在增加，见图 2-15。这表明，一方面一些成立时间比较长的企业（25 年以上）在重新焕发活力，另一方面近些年新成立的企业（10 年以内）发展非常迅速。

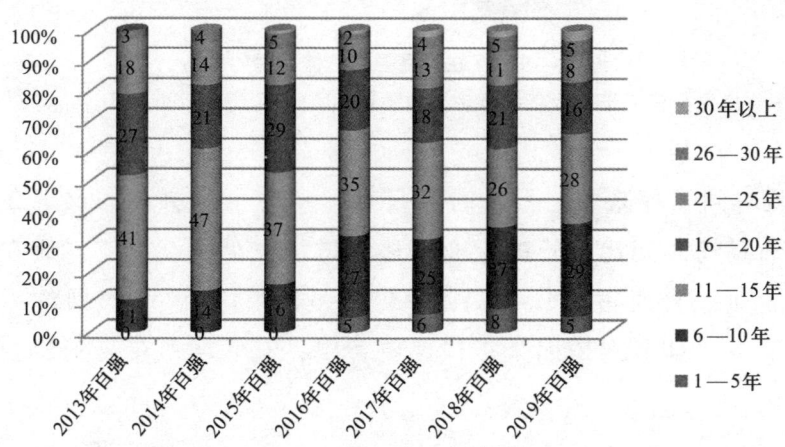

**图 2-15　2013—2019 年上榜企业成立时间变化**

资料来源：笔者根据历年排行榜查询、统计。

## 2. 登榜时间

由于百强排行榜是从2013年开始评选的，使用的是2012年的数据，所以对2013年之前成立的公司，本书将其成立时间统一设定为2012年，进而统计了这些企业上榜所需时间，见图2-16。统计发现，有104家企业的登榜时间为1年，比例为39%；42家企业的登榜时间为2年，所占比例为16%；38家企业的登榜时间为4年，比例为14%；29家企业的登榜时间为5年，比例为11%；15家企业为6年，比例为5%；10家企业为7年，比例为4%。

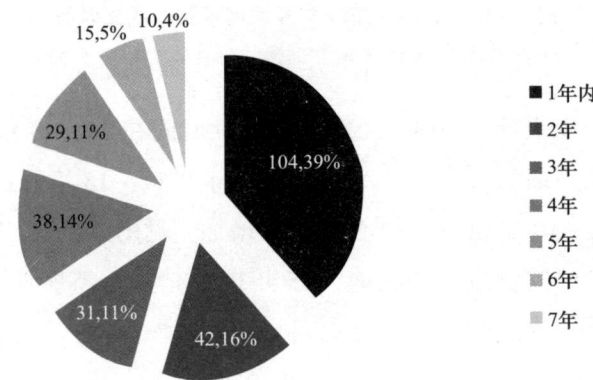

**图2-16 互联网百强的总体登榜时间**

资料来源：笔者根据历年排行榜查询、统计。

从时间顺序来看，登榜时间只有一年的企业所占的比重在减少，而登榜时间比较长的企业在逐年增加，见图2-17。成立一年的企业登榜所占的比重高达35%—64%，这说明我国的互联网新服务、新业态依旧处于快速更替中，互联网所带来的机会依旧巨大。

# 第二章 我国互联网行业的历史演变及发展趋势研究

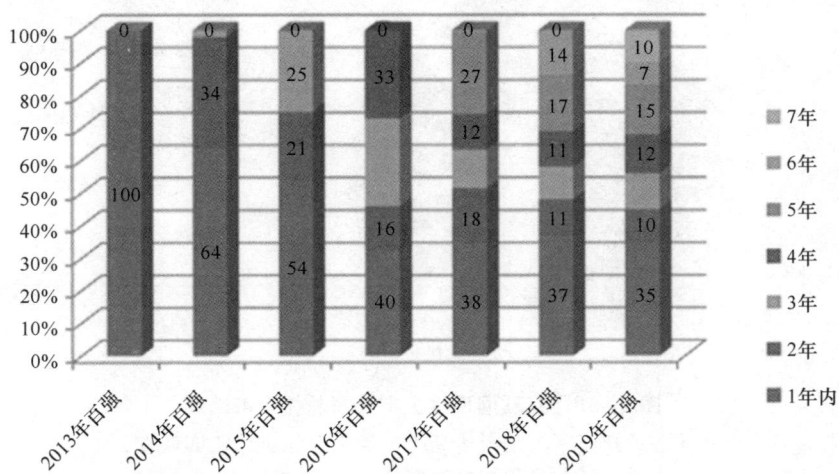

图 2-17 2013—2019 年互联网百强的登榜时间
资料来源：笔者根据历年排行榜查询、统计。

## 六、上市地点

在 269 家上榜的企业中，上市公司共有 116 家，占所有上榜企业总数的 43%，没有上市的企业共有 153 家，占所有上榜企业总数的 57%。上市公司中，在深交所上市的企业数量有 32 家（12%），在香港上市的有 22 家（8%），在美国纳斯达克上市的有 19 家（7%），在美国纽交所上市的有 16 家（6%），在新三板上市的有 14 家（5%），在上交所上市的有 13 家（5%），见图 2-18。此外，还有 7 家公司从纳斯达克退市（完美世界、世纪佳缘、盛大网络、艺龙、斯凯、久邦、麦考林），有 5 家从纽交所退市（巨人网络、三六零、当当网、聚美优品、淘米），其中巨人网络退市后在深交所重新上市，三六零退市后在上交所重新上市。

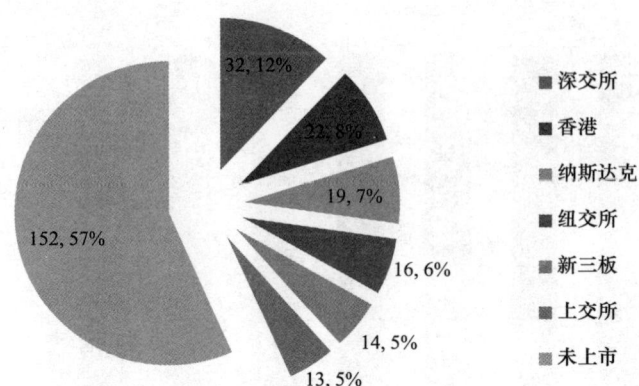

**图 2-18　互联网百强上市公司总体上市地点**

注：本图中统计的纽交所和纳斯达克上市情况不包含已经退市的企业。
资料来源：笔者根据历年排行榜查询、统计。

从时间顺序来看，2013—2019 年登榜企业中上市公司的数量在总体上呈上升趋势，从 2013 年百强中的 43 家上升到 2019 年的 58 家，其中高峰期出现在 2015 年，上市公司的数量达到了 83 家，见图 2-19。分年度来看，在纽交所上市的呈减少趋势，在纳斯达克上市的呈先下降再回升趋势，在上交所和深交所上市的呈增加趋势，在香港上市的呈先下降再回升趋势，在新三板上市的呈上升趋势，见图 2-20。

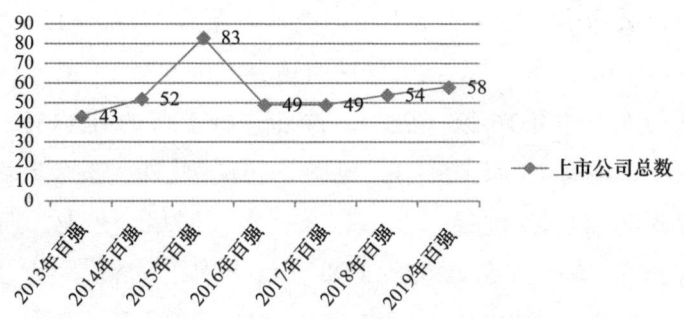

**图 2-19　2013—2019 年互联网百强上市公司数量变化**

注：本图中统计的上市地点是指上榜当年的上市情况。
资料来源：笔者根据历年排行榜查询、统计。

第二章 我国互联网行业的历史演变及发展趋势研究

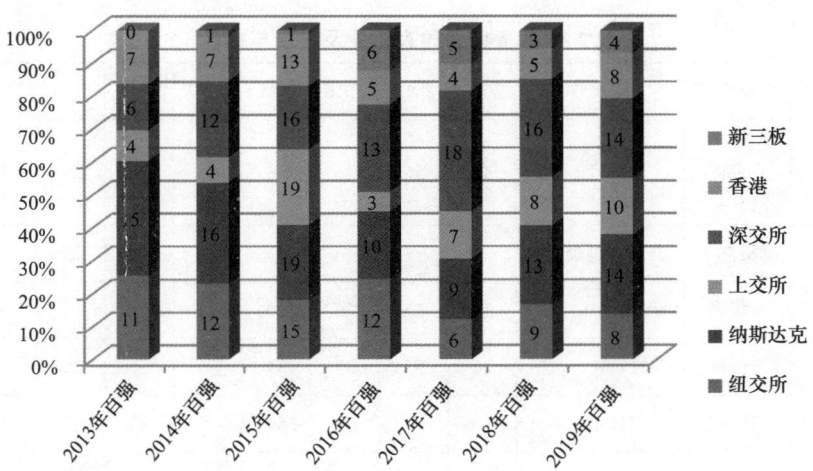

**图 2－20　2013—2019 年互联网百强上市公司年度上市地点分布**

注：本图中统计的上市地点是指上榜当年的上市情况。

资料来源：笔者根据历年排行榜查询、统计。

## 七、企业性质

在登榜的企业中，民营企业所占的比重远远超越了国企。在 7 年排行榜中出现的 269 家企业中，共有国企 16 家，所占比例为 6%，民营企业 254 家，所占比例为 94%，见图 2－21。登榜的 16 家国有企业及其历年排名见表 2－4。

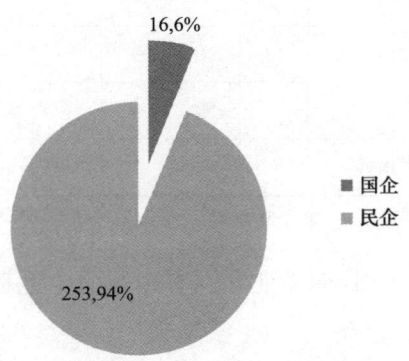

**图 2－21　互联网百强排行榜中的国企和民企分布**

资料来源：笔者根据历年排行榜查询、统计。

75

表 2-4 上榜的国有企业及其历年排名

| 编号 | 企业简称 | 控股方 | 2013 | 2014 | 2015 | 2016 | 2017 | 2018 | 2019 | 次数 |
|---|---|---|---|---|---|---|---|---|---|---|
| 1 | 央视网 | 中央广播电视总台 | 34 | 56 | — | — | 53 | 33 | 22 | 5 |
| 2 | 浪潮 | 山东省国资委 | — | — | — | — | — | — | 25 | 1 |
| 3 | 新华网 | 新华社 | 25 | 55 | 36 | 20 | 17 | 18 | 27 | 7 |
| 4 | 人民网 | 中宣部 | 26 | 53 | 37 | 35 | 54 | — | 28 | 6 |
| 5 | 咪咕 | 中国移动 | — | — | — | 64 | 45 | 22 | 33 | 4 |
| 6 | 东方明珠 | 上海文广（SMG） | — | — | 30 | — | 16 | 26 | 38 | 4 |
| 7 | 21CN | 中国电信 | — | — | — | — | — | 46 | 66 | 2 |
| 8 | 东方网 | 上海市国资委 | 80 | 92 | 91 | 67 | 43 | 71 | 91 | 7 |
| 9 | 联动优势 | 中国移动和中国银联 | 39 | 28 | 27 | 36 | 31 | 76 | — | 6 |
| 10 | 公众信息 | 中国电信 | — | — | — | 89 | 82 | — | — | 2 |
| 11 | 首都信息 | 北京市国资委 | — | — | — | — | 86 | — | — | 1 |
| 12 | 银联商务 | 中国银联 | — | — | — | — | 76 | — | — | 1 |
| 13 | 炫彩互动 | 中国电信 | — | — | 84 | — | — | — | — | 1 |
| 14 | 号百 | 中国电信 | 19 | 20 | — | — | — | — | — | 2 |
| 15 | 赛尔网络 | 教育部 | — | 59 | — | — | — | — | — | 1 |
| 16 | 海看 | 山东省国资委 | — | — | — | — | — | — | 100 | 1 |

资料来源：笔者根据历年排行榜查询、统计。

从时间顺序来看，民营企业和国有企业的比重基本保持稳定，民营企业在排行榜中的比重在 91—95 家浮动，均值是 93 家，国有企业的比重在 5—9 家浮动，均值是 7 家，见图 2-22。

第二章 我国互联网行业的历史演变及发展趋势研究

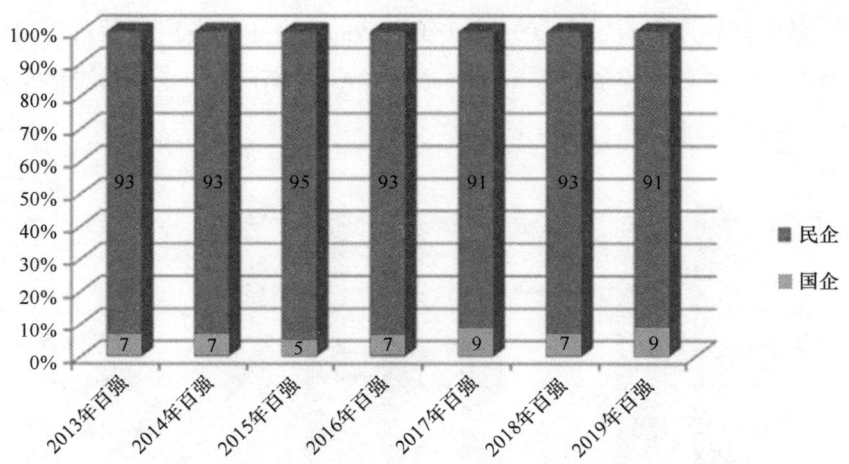

图 2-22 2013—2019 年互联网百强中不同性质企业分布

资料来源：笔者根据历年排行榜查询、统计。

## 八、业务类型

对于互联网企业业务类型的划分，本书采用了综合业务、互联网媒体、互联网基础服务、交流娱乐和商务应用五种类型的分法。从总体来看，上榜的 269 家互联网企业中绝大多数属于商务应用型，所占比例高达 51%，其次是交流娱乐型，所占比例为 31%，再次为基础服务型，所占比例为 9%，最后是互联网媒体型占 7% 和综合业务型占 2%，见图 2-23。

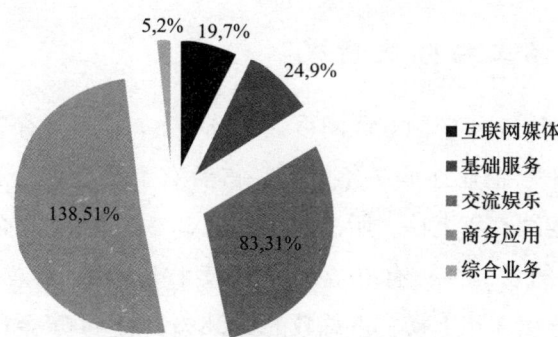

图 2-23 上榜企业的业务类型分类

资料来源：笔者根据历年排行榜分类、统计。

从时间顺序来看，2013—2019年上榜的企业中商务应用型所占比例呈逐年增多趋势，交流娱乐型和基础服务型略有下降，互联网媒体型和综合业务型基本维持稳定，见图2-24。

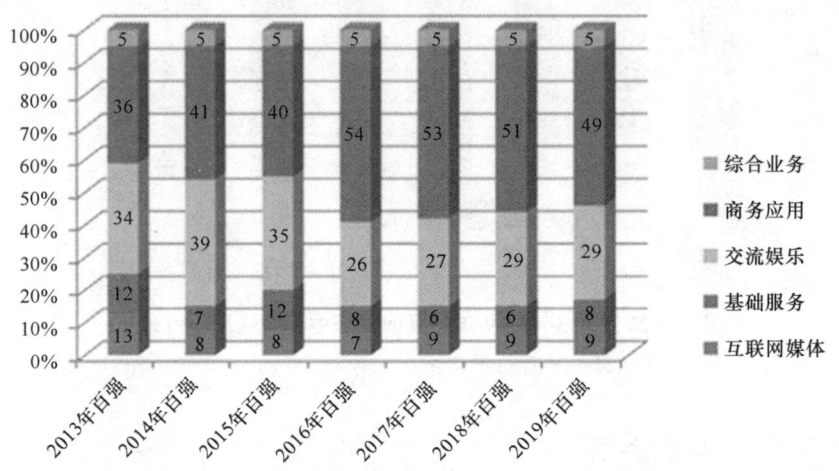

**图2-24　2013—2019年上榜企业的业务类型变化**

资料来源：笔者根据历年排行榜分类、统计。

## 第四节　历年上榜百强企业分析

### 一、总体上榜频次情况

在2013—2019年中国互联网百强评选中，7年间共有269家企业上榜，其中有18家企业连续7年上榜，占所有上榜企业总数的6.69%；有15家企业连续6年上榜，所占比例为5.58%；有17家企业连续5年上榜，占总数的6.32%；有19家企业连续4年上榜，占总数的7.06%；有38家企业连续3年上榜，占总数的13.8%；有44家企业连续2年上榜，占总数的16.36%，有118家企业只上榜1次，占总数的43.87%。见下表2-5、图2-25、表2-6。

## 第二章 我国互联网行业的历史演变及发展趋势研究

表2-5 上榜企业次数

| 上榜次数 | 7次 | 6次 | 5次 | 4次 | 3次 | 2次 | 1次 |
|---|---|---|---|---|---|---|---|
| 企业数量 | 18 | 15 | 17 | 19 | 38 | 44 | 118 |
| 上榜企业总数 | 269 | 269 | 269 | 269 | 269 | 269 | 269 |
| 所占比例 | 6.69% | 5.58% | 6.32% | 7.06% | 13.8% | 16.36% | 43.87% |

资料来源：笔者根据历年排行榜查询、统计。

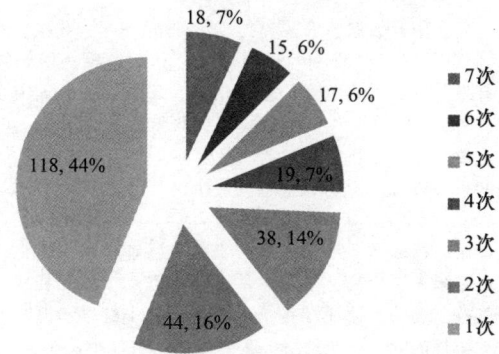

图2-25 各频次上榜企业占总数的比例

资料来源：笔者根据历年排行榜查询、统计。

表2-6 各频次登榜企业列表

| 上榜次数 | 企业简称 |
|---|---|
| 登榜7次（18家） | 阿里、腾讯、百度、京东、网易、三六零、新浪、搜狐、苏宁控股、小米、携程、汽车之家、新华网、迅雷集团、四三九九、网龙、房天下、东方网 |
| 登榜6次（16家） | 美团点评、唯品会、昆仑万维、人民网、网宿科技、巨人网络、易车公司、多益网络、二三四五、游族网络、锐之旗、二六三、东方财富、凤凰网、联动优势、同程旅游 |
| 登榜5次（17家） | 58集团、快乐阳光、央视网、三七互娱、朗玛信息、鹏博士、龙采科技、竞技世界、前程无忧、顺网科技、途牛、第一视频、蜗牛数字、拓维信息、世纪佳缘、世纪互联、暴风集团 |
| 登榜4次（19家） | 智联招聘、咪咕、钢银电商、东方明珠新媒体（百视通）、完美世界、梦网科技、竞网、中钢网、金山软件、宜人贷、六间房、当当网、乐居、三六五网、金华比奇、乐视、焦点科技、云游、空中信使/空中网 |

(续表)

| 上榜次数 | 企业简称 |
|---|---|
| 登榜3次<br>（38家） | 今日头条/字节跳动、用友网络、猎豹移动、斗鱼直播、欢聚时代、米哈游、波克城市、东软集团、科大讯飞、光环新网、美图、创梦天地、边锋网络、吉比特、开创集团、盛天网络、百合在线、我钢网、美柚、思贝克、泰一指尚、慧聪国际、天鸽互动、同程旅游、蘑菇街、酷狗音、乐心动网络、珍爱网、摩拉、趣游、百奥家庭互动/广州百田、优酷土豆、盛大网络、大智慧、聚美优品、艺龙、起凡、中国金融在线 |
| 登榜2次<br>（44家） | 同程艺龙、华云数据、房多多21CN、哔哩哔哩、花椒直播、中手游、创蓝253、恺英网络、微贷网、连尚网络、猪八戒网、驴妈妈、趣丸网络、沪江、有米科技、利嘉电商、公众信息、亿玛在线、人人贷、陆金所、艾普网络、帝联、欢聚时代、山景科创、掌趣科技、博雅、正保、联众、斯凯、大众点评、三五互联、中青宝、漫游谷、光宇游戏天极传媒、号百、网秦、千橡网景、37玩、凡客诚品亚马逊中国、世纪天成、绿岸在线 |
| 登榜1次<br>（118家） | 蚂蚁金服、拼多多、浪潮、映客直播、盛趣游戏、优刻得、汇通达、汇量科技、好未来、珍岛、金蝶软件、草花互动、贝壳找房、拉卡拉、乐游网络、荔枝、满帮、翔通动漫、中至集团、小红书、海看、凡普金科、百助网络、腾邦国际、游龙网络、艾德无线、OFO小黄车、平治信息、爱酷游、不锈钢交易中心、风行、饿了么、易建科技、塑米、晨之科、运满满、游爱网络、首都信息、换车网、上海誉点、梆梆安全、飞利信、亿起联科技、山东广电、点击网络、美大科技、新中冠、创思信息、小桔科技、寺库商贸、钢富电子、拍拍贷、齐聚科技、格瓦、奇米、银联商务、悉知、九机网、钢之家、大汉电子/大大买钢、迅付、好享购物、绿ราน下、车团、秒银、国技、中金在线（天信投资）、天翼阅读、捷旅、同花顺、易讯天空、蓝港、国美在线、科通芯城、数码信息、炫彩互动、淘米、久邦、上海钢联、蓝汛、触控、电魂、天盟、赛尔网络、易娱、走秀、北纬通信、汇付、动景、八爪鱼在线、太平洋电脑网、PPS网络电视、中关村在线/爱卡汽车、MSN、Pplive、56、中国天气网、开心网、第九城市、美丽说、178游戏网、豆瓣网、2345网址导航、酷我音乐、麦考林、51.com、瑞星、银泰电子商务、17k小说网、天涯、快钱、和讯网、虎扑体育、39健康网、中华网、菲音、维动网络、武神 |

注：以上顺序按照每年榜单名次均值从小到大排序，某年没有登榜排名名次统一按111计算。

资料来源：笔者根据历年排行榜查询、统计。

按照年度来看，除了连续7年上榜的18家企业维持不变之外，2013—2019年，每年的排行榜中连续6次上榜的企业所占比例基本维持稳定，均值为13；连续5次上榜的企业所占比例呈上升趋势，2019年略有下降,均值为 12,连续 4 次上榜的企业所占比例呈先上升再下降的态势,均值为 11;连续 3 次、连续 2 次和 1 次上榜企业所占比例波动比较大,均值分别为 17、13 和 17,见表 2-7、图 2-26、图 2-27。

表 2-7  2013—2019 年不同频次上榜企业情况

|  | 7 次 | 6 次 | 5 次 | 4 次 | 3 次 | 2 次 | 1 次 | 总计 |
| --- | --- | --- | --- | --- | --- | --- | --- | --- |
| 2013 | 18 | 11 | 7 | 9 | 15 | 12 | 28 | 100 |
| 2014 | 18 | 14 | 9 | 11 | 17 | 19 | 12 | 100 |
| 2015 | 18 | 15 | 14 | 12 | 12 | 18 | 11 | 100 |
| 2016 | 18 | 13 | 13 | 14 | 11 | 8 | 23 | 100 |
| 2017 | 18 | 12 | 14 | 11 | 21 | 9 | 15 | 100 |
| 2018 | 18 | 12 | 14 | 9 | 20 | 15 | 12 | 100 |
| 2019 | 18 | 13 | 12 | 8 | 20 | 8 | 21 | 100 |
| 均值 | 18 | 13 | 12 | 11 | 17 | 13 | 17 | 100 |

注:美团收购大众点评后保留美团,大众点评不复存在;同程和艺龙合并后成立新公司同程艺龙,原同程和艺龙不复存在;百合收购世纪佳缘后保留百合,世纪佳缘不复存在。每一年的上榜企业数都是 100 家。

资料来源:笔者根据历年排行榜查询、统计。

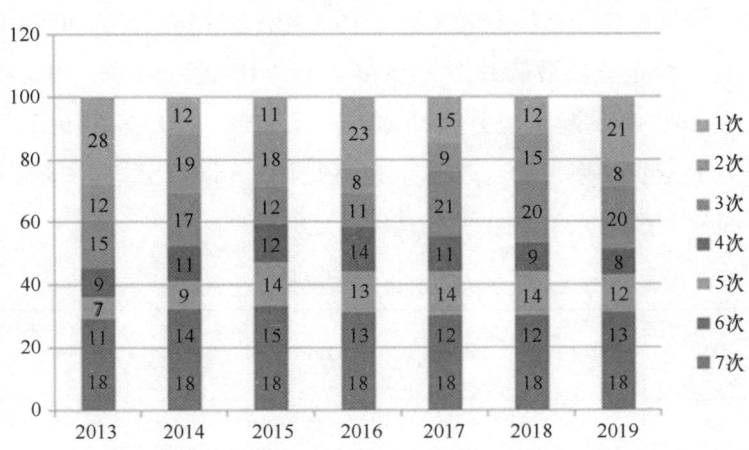

图 2-26  2013—2019 年不同频次企业上榜情况

资料来源:笔者根据历年排行榜查询、统计。

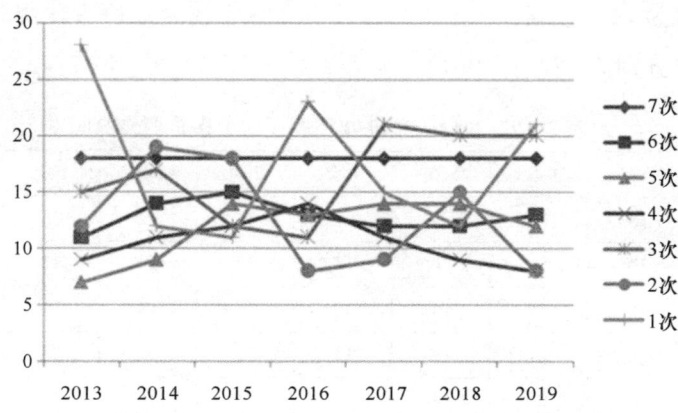

图 2-27 2013—2019 年不同频次企业上榜比例

资料来源：笔者根据历年排行榜查询、统计。

## 二、新登榜企业情况

互联网百强是从 2013 年开始连续评选的，本书统计了每年相对于上一年的新入榜企业数，见表 2-8、图 2-28。2014—2019 年，百强排行榜上新入榜企业数最低的是 2015 年，新入榜企业 30 家，占比 30%，最高的是 2017 年，新入榜企业 42 家，占比 42%，2013—2019 年百强排行榜上的企业更替率平均为 37%。也就是说，相对于上一年的排行榜，新一年的排行榜有 63% 的企业是基本稳定的。

表 2-8 2013—2019 年百强排行榜更替率

| 年份 | 2014 | 2015 | 2016 | 2017 | 2018 | 2019 | 平均 |
|---|---|---|---|---|---|---|---|
| 总数 | 36 | 30 | 43 | 42 | 33 | 30 | 37 |
| 比例 | 36% | 30% | 43% | 42% | 33% | 30% | 37% |

第二章 我国互联网行业的历史演变及发展趋势研究

(续表)

| 年份 | 2014 | 2015 | 2016 | 2017 | 2018 | 2019 | 平均 |
|---|---|---|---|---|---|---|---|
| 新上榜公司 | 乐居、途牛、网宿科技、云游、蓝汛、触控、博雅、电魂、欢聚时代、天盟、漫游谷、第一视频、赛尔网络、天鸽互动、正保、摩拉、恺英网络、斯凯、游族网络、锐之旗、百奥家庭互动、易娱、走秀、三四五、二纬通信、景科创、顺网科技、掌趣、蜗牛数字、三五、汇付、三五景联、八爪鱼在线、中青宝 | 鹏博士、三七互娱、东方明珠、方财富、创梦天地、58集团、东方财富、创梦天地、捷旅、陆金所、人人贷、顺、爱普网络、亿玛在线、蓝港、世纪佳缘、快乐阳光、国美在线、联众、芯城、科通信息、炫彩互动、淘米、龙采科技、帝联、大众点评、光宇游戏、竞网、上海钢联 | 美大科技、途牛、同程旅游、驴妈妈、宜人贷、钢银电商、新锋中冠、思信息、蘑菇街、利嘉电商、小桔科技、寺库商贸、电子、梦玛朗、开创拍拍、六间房、猎豹移动、咪咕、齐聚科技、有米科技、珍爱网、奇米、数码银联商务、悉知、九泰一指尚、金华比奇、钢之家、公众信息、大汉电子/大大买钢、迅雷、好享购物、绿网天下、车团、秒银、国技、中金在线、天翼阅读 | 美团点评、用友网络、东方明珠、饿了么、软集团、昆仑万维、今日头条、连尚网络、吉比特、央视网、波克城市、信息、拓维互联、微贷网、米哈游、光环新网、易建科技、猪八戒网、塑米、斗鱼、科大讯飞、思贝克、晨之科、中至集团、酷狗音乐、游爱网络、首都信息、沪江、换车网、亿玛在线、上海普点、飞利信、亿起联科技、美柚、趣丸网络、山东广电、点击网络 | 58集团、金山软件、欢聚时代、唯品会、车车科技、凡普金科、哔哔哩、巨人网络、猎豹移动、同程艺龙、21CN、慧聪国际、百助网络、腾邦国际、前程无忧、花椒直播、好未来、游龙网络、艾德无线、中云手游、华云、游爱网络、黄车、创梦天地、平安、驴妈妈、当当网、天鸽互动、创蓝253、爱酷游、不锈钢交易中心、风行、优刻得、OFO小黄车、首都信息、房多多、信息、梆梆安全 | 蚂蚁金服、拼多多、浪潮、智联招聘、人民网、完美世界、映客直播、盛趣游戏、顺网科技、汇通达、汇量科技、益动网络、青岛、金蝶软件、边锋网络、珍网、竞网互动、草花互动、贝壳找房、六三、拉卡拉、乐游网络、荔枝、满帮集团、开创翔通、漫动视频集团、第一中至、小红书、百合在线、海看 | |

注：新入榜公司是指在上一年排行榜上没有出现的公司。
资料来源：笔者根据历年排行榜查询、统计。

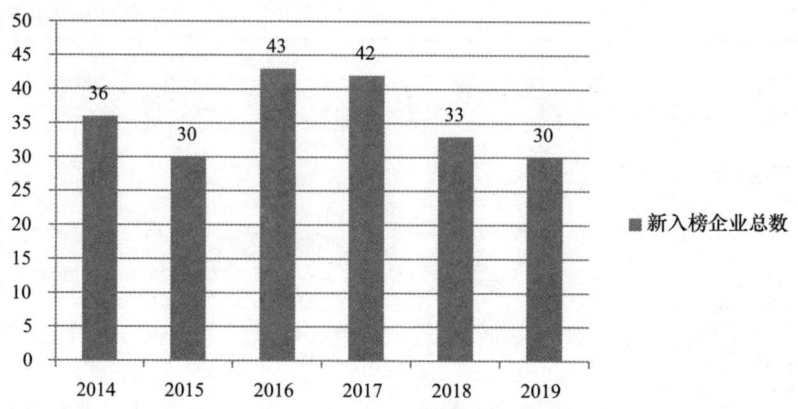

图 2-28　2014—2019 年互联网百强排行榜新入榜企业

资料来源：笔者根据历年排行榜查询、统计。

## 三、连续登榜企业情况

### （一）连续 7 年上榜的企业情况

连续上榜的企业意味着经营业绩领先，且比较稳定。据统计，连续 7 年上榜的企业有 18 家，包括阿里、腾讯、百度、京东、网易、搜狐、三六零、新浪、携程、苏宁、小米、新华网、汽车之家、四三九九、房天下、迅雷、网龙、东方网。这些企业历年的排名情况见表 2-9。从历年排名的变化情况来看，这些企业的名次比较稳定，名次越靠前排名越稳定，见图 2-29。

表 2-9　2013—2019 年连续 7 年上榜的互联网企业

| 公司简称 | 2013 | 2014 | 2015 | 2016 | 2017 | 2018 | 2019 | 均值 |
| --- | --- | --- | --- | --- | --- | --- | --- | --- |
| 阿里 | 2 | 2 | 1 | 1 | 2 | 1 | 1 | 1 |
| 腾讯 | 1 | 1 | 2 | 2 | 1 | 2 | 2 | 2 |
| 百度 | 3 | 3 | 3 | 3 | 3 | 3 | 3 | 3 |
| 京东 | 11 | 4 | 4 | 4 | 4 | 4 | 4 | 5 |
| 网易 | 4 | 8 | 7 | 7 | 5 | 5 | 6 | 6 |

(续表)

| 公司简称 | 2013 | 2014 | 2015 | 2016 | 2017 | 2018 | 2019 | 均值 |
|---|---|---|---|---|---|---|---|---|
| 搜狐 | 5 | 5 | 6 | 6 | 7 | 7 | 12 | 7 |
| 三六零 | 7 | 6 | 5 | 5 | 10 | 9 | 9 | 7 |
| 新浪 | 6 | 10 | 8 | 14 | 6 | 6 | 10 | 9 |
| 携程 | 13 | 15 | 9 | 8 | 9 | 15 | 16 | 12 |
| 苏宁控股 | 17 | 9 | 19 | 10 | 12 | 19 | 14 | 14 |
| 小米 | 91 | 7 | 18 | 13 | 11 | 10 | 15 | 24 |
| 新华网 | 25 | 55 | 36 | 20 | 17 | 18 | 27 | 28 |
| 汽车之家 | 47 | 40 | 21 | 25 | 33 | 20 | 19 | 29 |
| 四三九九 | 16 | 43 | 25 | 22 | 37 | 34 | 42 | 31 |
| 房天下 | 38 | 19 | 10 | 16 | 34 | 72 | 65 | 36 |
| 迅雷集团 | 37 | 35 | 36 | 28 | 42 | 59 | 40 | 40 |
| 网龙 | 44 | 39 | 43 | 27 | 47 | 36 | 58 | 42 |
| 东方网 | 80 | 92 | 91 | 67 | 43 | 71 | 91 | 76 |

资料来源：笔者根据历年排行榜查询、统计，均值四舍五入保留整数。

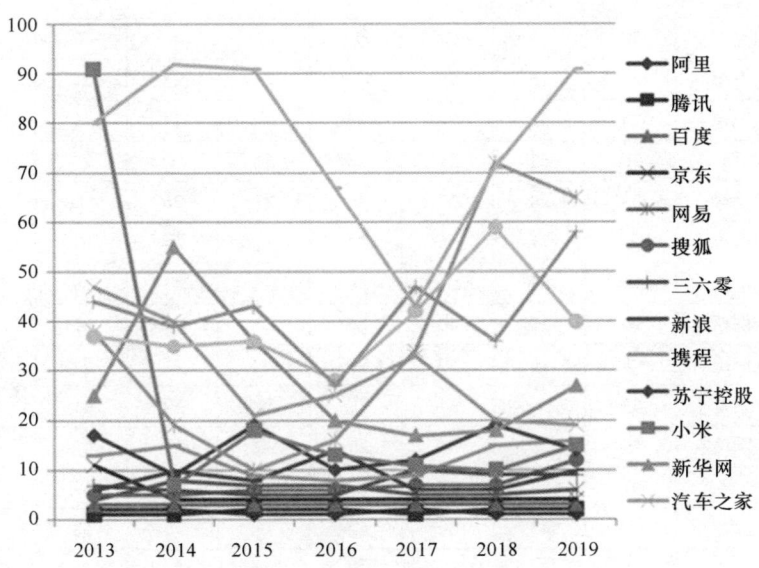

图2-29　2013—2019年连续7年上榜的互联网企业

注：因显示问题，这里只展示了13家。

资料来源：笔者根据历年排行榜查询、统计。

## （二）连续6年入榜的企业情况

本书对连续6年上榜的企业根据其2013—2019年排名计算均值并按照均值大小排序，见表2-10、图2-30。这些企业包括唯品会、网宿科技、凤凰网、美团点评、昆仑万维、易车公司、四三九九、人民网、联动优势、二三四五、同程旅游、多益网络、巨人网络、东方财富、游族网络、二六三、世纪佳缘、锐之旗。排名一直比较平稳的企业其排名的均值会比较小，而排名起伏比较大的企业排名的均值会比较大。

表2-10 连续6年上榜企业排名及均值

| 年份<br>简称 | 2013 | 2014 | 2015 | 2016 | 2017 | 2018 | 2019 | 均值 |
| --- | --- | --- | --- | --- | --- | --- | --- | --- |
| 唯品会 | 28 | 11 | 14 | 9 | 111 | 32 | 21 | 32 |
| 网宿科技 | 111 | 18 | 28 | 12 | 14 | 12 | 32 | 32 |
| 凤凰网 | 14 | 33 | 26 | 46 | 22 | 24 | 111 | 39 |
| 美团点评 | 32 | 79 | 52 | 111 | 8 | 8 | 7 | 42 |
| 昆仑万维 | 52 | 16 | 39 | 111 | 28 | 27 | 24 | 42 |
| 易车公司 | 24 | 51 | 20 | 23 | 111 | 29 | 41 | 43 |
| 人民网 | 26 | 53 | 37 | 35 | 54 | 111 | 28 | 49 |
| 联动优势 | 39 | 28 | 27 | 36 | 31 | 76 | 111 | 50 |
| 二三四五 | 111 | 77 | 55 | 24 | 21 | 16 | 64 | 53 |
| 同程旅游 | 74 | 54 | 111 | 31 | 26 | 43 | 29 | 53 |
| 多益网络 | 94 | 27 | 40 | 26 | 25 | 111 | 61 | 55 |
| 巨人网络 | 9 | 45 | 59 | 90 | 111 | 41 | 34 | 56 |
| 东方财富 | 67 | 111 | 34 | 19 | 36 | 50 | 81 | 57 |
| 游族网络 | 111 | 66 | 54 | 39 | 30 | 51 | 67 | 60 |
| 二六三 | 97 | 26 | 57 | 77 | 59 | 111 | 79 | 72 |
| 锐之旗 | 111 | 72 | 60 | 62 | 78 | 96 | 68 | 78 |

注：以上顺序按照每年榜单名次均值从小到大排序，某年没有登榜排名名次统一按111计算，均值四舍五入保留整数。

资料来源：笔者根据历年排行榜查询、统计。

第二章 我国互联网行业的历史演变及发展趋势研究

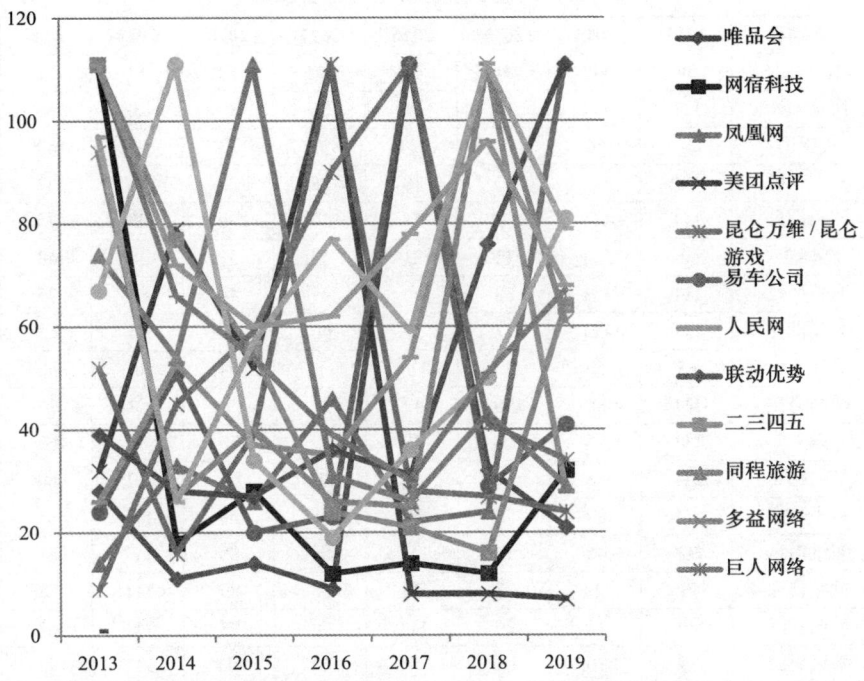

图2-30 2013—2019年连续6年上榜的互联网企业

资料来源：笔者根据历年排行榜查询、统计。

## （三）连续5年入榜的企业情况

本书对连续5年上榜的企业根据其2013—2019年排名计算均值并按照均值大小排序，见表2-11、图2-31。这些企业包括58集团、快乐阳光、央视网、三七互娱、朗玛信息、鹏博士、龙采科技、竞技世界、前程无忧、顺网科技、途牛、第一视频、蜗牛数字、拓维信息、世纪佳缘、世纪互联、暴风集团。排名一直比较平稳的企业其排名的均值会比较小，而排名起伏比较大的企业排名的均值会比较大。

表 2-11　连续 5 年上榜企业排名及均值

| 企业简称 | 2013 | 2014 | 2015 | 2016 | 2017 | 2018 | 2019 | 均值 |
|---|---|---|---|---|---|---|---|---|
| 58集团 | 59 | 111 | 31 | 17 | 111 | 13 | 13 | 51 |
| 快乐阳光 | 111 | 111 | 79 | 55 | 56 | 30 | 20 | 66 |
| 央视网 | 34 | 56 | 111 | 111 | 53 | 33 | 22 | 60 |
| 三七互娱 | 111 | 111 | 23 | 18 | 18 | 23 | 23 | 47 |
| 朗玛信息 | 111 | 111 | 111 | 57 | 50 | 39 | 35 | 73 |
| 鹏博士 | 111 | 111 | 11 | 21 | 13 | 31 | 36 | 48 |
| 龙采科技 | 111 | 111 | 88 | 86 | 49 | 44 | 39 | 75 |
| 竞技世界 | 111 | 111 | 47 | 37 | 40 | 49 | 45 | 63 |
| 前程无忧 | 43 | 50 | 33 | 111 | 111 | 64 | 46 | 65 |
| 顺网科技 | 111 | 86 | 56 | 49 | 24 | 111 | 54 | 70 |
| 途牛 | 111 | 17 | 111 | 30 | 29 | 78 | 80 | 65 |
| 第一视频 | 111 | 58 | 38 | 38 | 111 | 111 | 90 | 80 |
| 蜗牛数字 | 111 | 89 | 75 | 78 | 48 | 68 | 111 | 83 |
| 拓维信息 | 92 | 46 | 71 | 111 | 58 | 88 | 111 | 82 |
| 世纪佳缘 | 21 | 111 | 73 | 72 | 68 | 89 | 111 | 78 |
| 世纪互联 | 46 | 14 | 29 | 111 | 60 | 98 | 111 | 67 |
| 暴风集团 | 89 | 90 | 64 | 48 | 64 | 111 | 111 | 82 |

注：以上顺序按照每年榜单名次均值从小到大排序，某年没有登榜排名名次统一按 111 计算，均值四舍五入保留整数。

资料来源：笔者根据历年排行榜查询、统计。

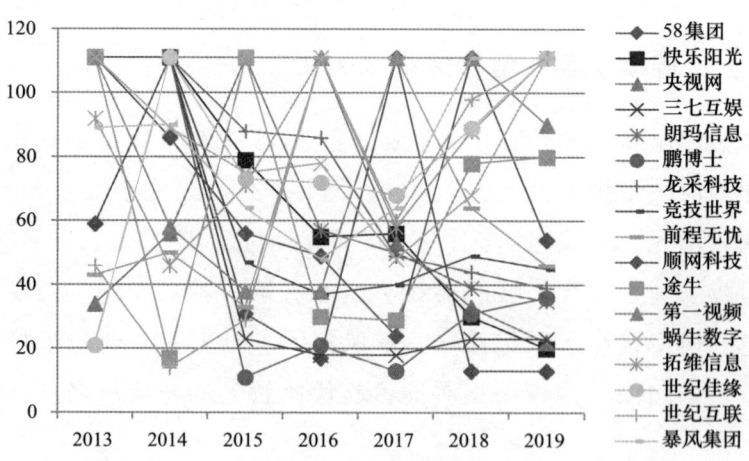

图 2-31　2013—2019 年连续 6 年上榜的互联网企业

资料来源：笔者根据历年排行榜查询、统计。

第二章 我国互联网行业的历史演变及发展趋势研究

## 四、仅登榜一次的企业情况

在 2013—2019 年的排行榜中，仅出现一次的企业数量高达 118 家，占所有登榜企业总数（269 家）的 43.9%，见表 2-12。从趋势上看，仅上榜一次的企业所占比例呈下降趋势，最高值出现在 2013 年，所占比例为 27%，最低值出现在 2018 年，所占比例为 6%，均值为 13%，见图 2-32。这些企业中有些仅仅是昙花一现，有些则有较大可能出现在后续的排行榜中，比如蚂蚁金服。

表 2-12 仅上榜一次的企业数量

|  | 2013 | 2014 | 2015 | 2016 | 2017 | 2018 | 2019 | 平均 |
|---|---|---|---|---|---|---|---|---|
| 仅出现一次 | 27 | 11 | 10 | 20 | 14 | 6 | 17 | 15 |
| 企业简称 | 太平洋电脑、PPS网络电视、中关村在线/爱卡汽车、MSN、PPLIVE、56、中国天气网、开心网、第九城市、美丽说、178游戏网、豆瓣网、2345网址导航、酷我音乐、麦考林、瑞星、银泰电子商务、17k小说网、天涯、快钱、和讯网、虎扑体育、39健康网、中华网、菲音、维动网络、武神 | 蓝汛、触控、电魂、天盟、赛尔网络、易娱、走秀、通信、汇付、动景 | 捷旅、同花顺、易迅天空、国美在线、科通芯城、数码信息、炫彩互动、淘米、上海钢联、八爪鱼在线 | 新中冠、创思信息、小桔出行、寺库商贸、钢富电子、拍拍贷、齐聚科技、格瓦、银联商务之家、大汉电子/大买钢迅付、好享购物、绿网天下、车团、秒银、国技、中金在线、天翼阅读 | 饿了么、易建科技、塑米、晨运、满满、游爱网络、首都信息、换车网、椰椰安全、飞利信、亿起联科技、山东广电、秒击网络 | 艾德无线、OFO小黄车、平信息、酷游、不锈钢交易中心 | 蚂蚁金服、拼多多、浪潮、映客直播、盛趣游戏、汇通达、汇量科技、珍岛、金蝶软件、草花互动、贝壳找房、乐游网络、荔枝、满帮、翔通动漫、小红书、海看 |  |

资料来源：笔者根据历年排行榜查询、统计。

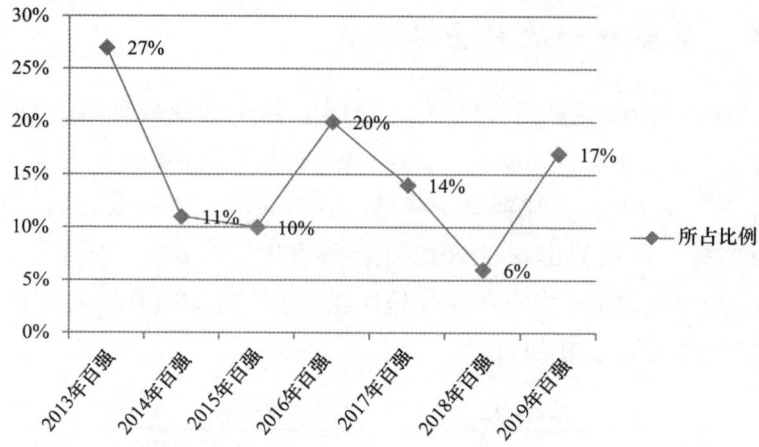

图 2-32 2013—2019 年仅上榜一次的互联网企业所占比例

资料来源：笔者根据历年排行榜查询、统计。

## 第五节 主要结论

通过对 2013—2019 年互联网百强排行榜上榜企业背景信息系统的、定量的分析，可以得出如下结论：

第一，在国家政策的强力推动下，我国的互联网行业在增长速度上经历了短暂下降后重新进入快速增长，我国的互联网行业依旧处于高速增长期。

从绝对值来看，百强的互联网业务收入、营业利润和研发投入都处于持续快速增长中；从增长的速度来看，经历了一个快速回落然后再上升的过程。国家的"互联网+"行动计划提出时间是 2015 年，回落的低点出现在 2016 年，这说明在国家"互联网+"政策的强力引导和推动下，我国的互联网行业依旧处于高速增长期。

第二，互联网产业的发展与经济发展水平密切相关，北上广深等经

# 第二章　我国互联网行业的历史演变及发展趋势研究

济发达地区孕育的互联网百强数量在全国占有绝对优势,华东是我国产生百强最集中的地区。

按照省份来看,百强的分布范围呈现从北上广深发达地区向次发达地区逐步扩展的态势。按照区域来看,华东、华北和华南产生的百强数量占据了全国的大多数,华东超越了华北(北京)成为产生百强数量最多的地区。

第三,我国互联网产业创立的黄金期是 21 世纪前几年和 20 世纪 90 年代末,一些成立时间比较长的老企业也通过向互联网转型重新焕发了生机。成立时间短的企业在历年的排行榜中比重比较大,说明我国的互联网行业新服务、新业态依旧处于快速更替中,互联网产业的机会依然巨大。

第四,上市公司在登榜企业中所占比重接近一半,每年排行榜中的上市公司数量呈递增趋势,这些公司上市的偏好依次是深交所、纳斯达克、纽交所、新三板和上交所。登榜公司对美国证券市场的青睐程度在降低,多家公司在美国证券市场上市后退市,一些企业开始回归国内证券市场。

第五,互联网百强中民营企业在数量上占据主导地位,国有企业所占的比重较低。

第六,在业务类型上,上榜企业所占比重较大的是商务应用型、交流娱乐、互联网基础服务和互联网媒体。

排行榜上的头部企业为综合多业务类型。从时间上看,商务应用型所占比重呈增加趋势,交流娱乐型和互联网基础服务型有所下降。

第七,百强排行榜上的企业更替率较高,上榜的头部企业优势明显。排名居于前列的头部企业基本维持稳定,综合排名越靠后的企业变动越频繁,这说明,我国的互联网产业依旧处于高速发展之中。

# 第三章　我国互联网企业的治理行为与策略研究

百度、阿里和腾讯（简称 BAT）是我国互联网产业的三大"巨头"，它们不但本身体量庞大，而且通过地毯式的收购或投资控制了移动互联、游戏、社交、电商、视频、支付、互联网金融、搜索、地图、美食、购物、影视产业、医疗健康等领域的众多企业。在国内，BAT 占据中国互联网市场价值的三分之二左右，且新兴企业也正在被超级平台瓜分，每年风险投资总额，BAT 三家就占据半壁江山（方兴东，2019）。本章以 BAT 为案例研究对象，通过内容分析的方法来揭示以 BAT 为代表的中国互联网企业是如何进行治理的。

## 第一节　引言

作为我们这个时代的"最大变量"，互联网的高速发展和快速普及催生了人类生活的第五空间——网络空间。随着信息化的快速推进，现实世界越来越多地映射到网络空间，网络空间与世界各国的政治、经济、社会结构深度嵌套并广泛互动，产生越来越大的影响，迫切需要建构一套完整的治理体系确保网络空间的健康和良性发展。互联网治理有三大主体：政府、私营部门和民间社会。由于互联网主要由私人网络组成，是由私人拥有和管理的网络空间（弥尔顿·穆勒，2017），从全球范围来看，互联网管理权力的博弈主角事实上是私人部门和公民团体。互联网企业有着复杂的利益诉求：吸引用户、追逐利润、安全经营，这使其在互联网治理方面更为积极，起着枢纽和纽带的作用。就我国的情况而言，我国的互联网治理正在由政府监管逐渐向多元主体共同参与的分层治理机制转变，政府、互联网企业、互联网社会组织、互联网用户成为我国互联网治理的利益相关方和多元治理主体（陶贤都、符露文，2018）。同时私人部门有资源、动机、能力和利益，可以采取合作治理的方式对多层次治理体系起到促进作用（敬乂嘉等，2018）。

目前，学界关于我国互联网治理的研究主要集中在政府层面，主要关注国家和政府层面应该如何参与全球互联网治理，较少有学者关注我国的互联网企业是如何参与互联网治理的，尤其是翔实的实证和案例研究。在我国的互联网经济蓬勃发展和互联网产业已经崛起的背景下，通过实证和案例的方式分析我国互联网企业参与互联网治理的行为和策略，对于我们了解互联网企业在互联网治理中的角色和任务、构建多层次的治理体系具有重要的理论和现实意义。

## 第二节　研究方法和设计说明

### 一、分析对象及研究方法

#### 1. 研究对象

本节选取阿里巴巴（中国）有限公司（简称阿里）、深圳市腾讯计算机系统有限公司（简称腾讯）、百度公司（简称百度）三家公司（以下简称为BAT）作为案例研究的对象，并基于这三家企业官方网站的新闻动态①进行内容分析。案例选取的理由是：（1）BAT 在 2013—2019 年的中国互联网百强排行榜中始终处于前三甲的位置，其中阿里在 7 次排名中有 4 次第一、3 次第二；腾讯有 3 次第一、4 次第二；而百度在 7 次排名中始终是第三。其他企业排名跌宕起伏，只有这三家企业稳如泰山、屹立不动。（2）由于互联网具有明显的头部效应，而 BAT 均各自在一个领域占据绝对主导型地位，即搜索（信息生产和分化）、电商（商品流通）和社交（人际互动），代表着中国互联网的三大"巨头"。中国的线上流量也呈现出百度、阿里以及腾讯三足鼎立的趋势，跨领域资源主要集中在这三个互联网生态中（BCG 等，2019）。尹彤（2017）通过社会网络分析的方法也得出了类似的结论，见图 3-1。（3）BAT 的企业官网新闻动态栏目比较健全，本书选择了 2016 年 8 月—2019 年 7 月三年的企业动态新闻报道②，长周期的跟踪研究有利于避免偶然事件造成的误差。

## 2. 分析方法

本书拟采用内容分析的方法以了解 BAT 的治理行为。该方法具有非介入性、对非结构性资料的可接受性、语境敏感性和可以处理大批量文本等特点（周翔，2014），具有问卷调查法所不具备的独特优势，能够揭示我国互联网企业是如何参与互联网治理的，因而非常适合本书的研究。

---

① 百度的新闻动态栏目为"新闻动态"（http://home.baidu.com/home/index/news_list）；阿里的新闻动态栏目为"阿里足迹"（https://www.alibabanews.com/latest-news/）；腾讯的新闻动态栏目为"公益新闻"（https://www.tencent.com/zh-cn/community_news.html）、"科技新闻"（https://www.tencent.com/zh-cn/articles/2000009.html）、"文化新闻"（https://www.tencent.com/zh-cn/cultural_news.html）。

② 百度的新闻动态是从 2000 年 11 月开始的，阿里的新闻动态是从 2016 年 10 月开始的，腾讯的新闻动态最早是 2018 年 4 月。由于百度和阿里的资料比较全，本研究开始时，百度已更新到 2019 年 7 月，腾讯则比较散，因而我们在时间节点上选择 2016 年 8 月—2019 年 7 月。由于本研究着重考察的是比例（相对值）而不是频数（绝对值），因此腾讯的官网数据也能在一定程度上说明问题。

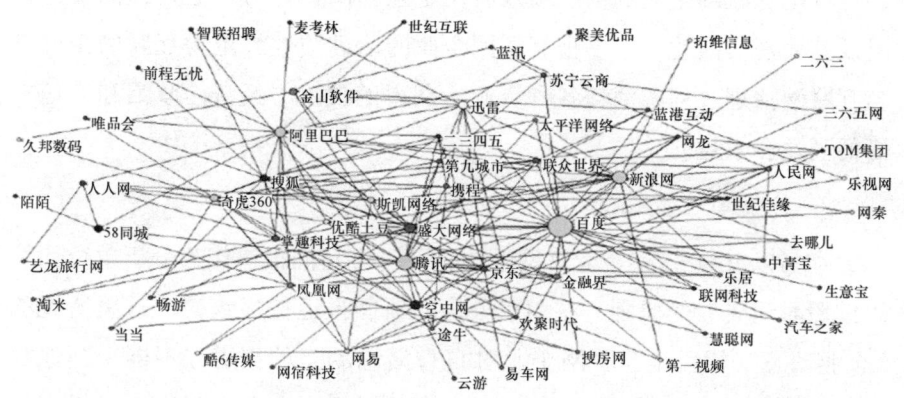

**图 3-1　基于中间中心度的中国互联网上市企业间合作关系网**

资料来源：尹彤：《互联网企业合作关系网络的结构、治理及演化研究》，大连理工大学硕士论文，2017 年，第 18 页。

## 二、概念界定、类别建构及编码

### 1. 概念界定

本书拟对我国互联网企业的治理行为及治理绩效进行分类。关于什么是互联网治理，目前全球接受程度最高的界定是联合国下属的互联网治理工作小组 2004 年给出的工作定义：互联网治理是政府、私营部门和民间社会根据各自的作用制定和实施旨在规范互联网发展和使用的共同原则、准则、规则、决策程序和方案。（WGIG，2005）所谓企业行为是企业为了实现经营目标和经济利益，在特定的经济环境中，对外部经济做出的常规性反应（余东华，2006）。基于这一定义，本书将互联网企业的治理行为界定为：为了更好地使用和发展互联网，互联网企业根据自身的角色和作用，在企业经营过程中就技术标准、资源分配、网络用户行为规范和公共政策制定等问题与政府和民间社会沟通协调，以达成共同的原则、准则、规则、决策程序和方案，目的是实现互联网有序运作，造福大众。由于利益相关者建立对企业治理绩效的期待，所以我们可以把互联网企业的治理绩效看作是互联网企业对社会责任的履行情况及其表现。因此，本书把互联网企业的治理绩效界定为互联网企业参与互联网治理过程中消耗各种资源所获得的技术、经济、政治和伦理方面的利益和效益。

### 2. 分析单位及编码

本书以 BAT 三家企业官网上的企业动态新闻报道作为分析单位，编码按照时间先后的原则，将用于分析的新闻报道按序编码。这里所说的"企业动态"栏目是互联网企业对自身活动动态的报道，不同于其他媒体对于企业的报道。① 前者报道的主体是互联网企业自身，后者报道的主体是媒体；前者是第一手的新闻，后者属于企业对媒体关于自身新闻报道的转载。

### 3. 预研究及修正

本书根据上述理论建构编写了专门的编码协议（见文末附录8），根据编码协议，对百度2017年1月—2019年7月共246篇新闻报道项目进行预研究，记录有关数据，利用 Excel 对它们进行归档处理，验证其可靠性和有效性。根据预研究的结果，决定是否修改或调整分类、编码等相关步骤。

## 三、数据收集与统计分析

### 1. 数据收集

对于 BAT 企业官网新闻动态栏目中披露的企业活动，首先要判断该活动是属于互联网治理行为还是属于治理绩效。基于对这些新闻报道的阅读和理解，本书从这些新闻报道中挑选出一些与互联网治理行为和治理绩效有关的关键词句，见表3-1，根据新闻报道是否出现这些关键词

---

① 有一些企业的官网既有"企业动态"栏目，也有"媒体报道"栏目，本书只分析"企业动态"栏目的新闻报道。

# 第三章 我国互联网企业的治理行为与策略研究

句判断该报道反映的是互联网治理行为还是属于治理绩效。为了使这些判断的关键词句能够反映我国互联网企业治理行为与治理绩效的实际情况,笔者邀请了2位管理领域的专家学者和2位互联网领域的业内人士对这些词句的准确性和代表性进行讨论,根据反馈的意见对这些关键词句进行了进一步的修订和完善。

表3-1 我国互联网企业新闻动态中反映网络治理行为
与治理绩效的关键词句

| 项目 | 关键词句 |
| --- | --- |
| 企业互联网治理行为 | ①发布新产品、新服务(技术)的行为,如产品、技术、服务、功能、推出、发布、升级、启动、提升、加强、新品、亮相等;②与行业内外的各种组织建立合作关系的行为,如签订协议、合作、入股、投资、联手、牵手、联盟、联合等;③与政府、政治性组织有关的行为,如联合国、WTO、政府、领导人、总统、总理、首相、倡议、发文、两会、提案等;④与社会进行沟通、宣传的行为,如出席、发布、出炉、宣布、公布、揭幕、亮相、演讲、官宣等;⑤涉及环保公益的行为,如新能源、文化、奥运、环保、捐款、资助、女性、教育、学生、绿色、员工、公益、免费、科普、青年等 |
| 企业互联网治理绩效 | ①反映先进程度的,如首家、首次、完成、领先、居首、刷新等;②反映绩效提升的,如减少、翻倍、增长、再创、激增、增至、蝉联、秒罄、高达、提升、突破、助力、订单量、成交额、销售额、营收、净利等;③反映社会认同的,如认可、成为、荣获、出任、入选、奖项、热潮、位列、勇夺、带动、赋能、排名、捐款、发布等;④反映关系进展的,如协议、扩大、联手、出席、参加、达成、主持、对话、点赞、签署、共建、共同发起、打造等 |

资料来源:笔者根据预研究和讨论的结果整理。

## 2. 统计分析

为了使统计数据科学准确,本书使用了NVivo12 Plus软件对互联网企业动态新闻报道进行编码,并对结构化的数据进行描述性统计分析以及交叉表格分析。

我国企业参与互联网治理研究

## 第三节 BAT 治理行为和治理绩效类型分析

### 一、互联网企业治理行为

基于上述对于企业互联网治理行为的界定，结合 BAT 企业官网新闻动态栏目的资料，运用"扎根理论"的方法，最终将我国企业的互联网治理行为细化为 4 种类型，见表 3-2。

表 3-2 BAT 互联网治理行为分类

| 行为类型 | 具体表现 | 频数 |
| --- | --- | --- |
| 市场服务行为 | 发布新产品、新服务（新技术）；上线新功能；推出新版本/系统；发布新方案；成立新机构；开放新平台；进入新领域；启用新项目/计划；推出新活动；打造新业态；平台/系统升级；能力提升、加强；开拓国际市场；新增店面；业务整合 | 156 |
| 结盟合作行为 | 开展合作；项目投资；签署合作协议；合作升级；入股；多方携手/联手；组建联盟；共同实践新模式；合资；加盟；合并；加入；增持股份；收购；成立联合实验室；联合推出 | 186 |
| 社会宣传行为 | 发布新观点/报告；出席活动/会议；发布内部/公开信；宣布新事项；建立新基金；宣布新任命；报道会议举办；发布比赛结果；公布战略布局；宣布新计划；发布新活动；公布技术蓝图；宣布新举措 | 187 |
| 环保公益行为 | 弘扬文化；出席环保公益会议；推动废弃物再循环；打假；成立环保基金；推动青年创业；向公益组织捐款；资助乡村教育发展；支持女性创业；保护水源和环境；答谢员工及其家人；资助外国学生访华；资助贫困学生；保护野生动物；减少碳排放；成立基金会支持女足发展；通过数字手段复原文物；通过人工智能打拐；利用 AI 科普；保护文化遗产；解救传销受困者；节日内容平台免费；向教育机构捐款；帮助残障儿童；用科技支持农村发展；维护网络安全 | 78 |

资料来源：笔者根据 BAT 官网企业动态栏目新闻报道整理。

1. 市场服务行为

作为一种经济组织，互联网企业的基本职责是为社会提供市场所需要的新产品、新服务（新技术），提供解决问题的新方案，而每一种新产品、新服务（新技术）的推出通常意味着某项技术标准或者规范的形成。为了更好地做好服务，互联网企业会不断地进行技术创新，推出新的产品、新服务（新技术），启用新的项目/计划，对现有的业务进行整合，进入新的业务领域，扩大服务的范围，不断开拓新的市场。

2. 结盟合作行为

为了更好地为市场提供服务，互联网企业需要在技术标准、资源分配、用户行为的规范等诸多方面与行业内外、产业上下游的商业伙伴以及社会机构进行沟通协调，以达成共同的原则、准则和方案等，因此，互联网企业普遍采取了签署战略/合作协议，成立联盟，共同实践新商业模式，以及通过投资、收购、合并、增持股份、联合研发等手段与商业伙伴和社会组织进行结盟合作。

3. 社会宣传行为

为了更好地与政府、社会进行沟通协调，互联网企业的领导人会通过参加一些论坛发布新观点，与别的研究机构合作发布研究报告，公布自己的战略计划和技术蓝图，以引导社会舆论和商业伙伴。同时，由于互联网本身具有媒体的属性，互联网企业也通过官网向社会宣布自己新的人事任命，宣告即将开展的新活动，宣布新措施等。

4. 环保公益行为

作为互联网行业的头部公司，BAT都非常重视承担社会责任，这既是互联网头部企业发展到一定程度的自觉行为，同时也是满足社会期望，获得社会合法性的重要手段。具体的形式包括推动废物再利用、支持青年/女性创业、资助贫困学生、帮助残障儿童、保护野生动物、保护文化遗产、支持农村发展、维护网络安全，以及利用自己掌握的先进技术进行科普、复原文化遗产、进行打拐等。

## 二、互联网企业治理绩效

治理绩效是互联网企业履行社会责任所取得的结果。参照 Caroll（1979）将企业的社会责任划分为经济责任、法律责任、伦理责任和其他责任四个层次，结合互联网企业的特点，本书将 BAT 企业动态栏目中所提到的治理绩效进行频数统计、归纳合并，最终细化为四个层次，见表 3-3。

表 3-3 BAT 治理绩效分类

| 绩效类型 | 具体表现 | 频数 |
| --- | --- | --- |
| 技术绩效 | 技术/服务获得认可；技术应用减少资源投入/效率提升；被评为最具价值技术品牌；获得权威机构荣誉称号/牌照；发布技术发展趋势；专利申请居首；产品入选创新成果；技术获奖；技术获得好评；技术刷新纪录 | 32 |
| 经济绩效 | 销售额/销量创纪录；利润提升；收入增加；收入/盈利超过市场预期；产品畅销；用户数创新高；成交量大幅增长；浏览量大增；票房夺冠；招商成绩良好；市场规模排名领先；订单量增加；顾客满意度提升 | 80 |
| 政治绩效 | 与政府签订合作协议；出任国际/国内政府组织高级职位；eWTP 在国外启动；与政府机构展开合作；主张得到政府支持；出席政府重要会议；获得国家领导人赞赏；项目得到政府支持；企业领导人获得政治荣誉称号；成为政府举办活动的合作伙伴 | 48 |
| 伦理绩效 | 举办感恩活动；领导人获得荣誉称号；扶贫投入；通过公开信或者活动感谢员工；创造就业机会；入选社会评级机构榜单；公益活动受益人数/花费金额；获得社会奖项；资助女性创业人数；受邀参加名誉论坛；扶贫的成绩；帮助老弱群体；为残障儿童募捐；发布有关报告 | 95 |

资料来源：笔者根据 BAT 官网企业动态栏目整理。

### 1. 技术绩效

即企业在技术领域所获得的来自消费者、学术团体、行业和政府的认可，主要表现为技术的应用减少了资源的投入或者提升了效率，获得权威机构的荣誉称号/牌照、获得学会/协会的认可、获得专利的数量等。百度的语音实时翻译技术、人脸技术、无人车技术在国际上都获得了广泛的认可。

### 2. 经济绩效

即企业履行经济责任的结果，既表现在产品畅销、用户数增加、浏览量大增、订单量增加、顾客满意度提升等间接指标上，也表现为销售量创纪录、收入/利润增加，或者收入/盈利超过市场预期等直接指标上。

### 3. 政治绩效

即企业政治行为所取得的成果，具体表现为获得政府/领导人的认可、与政府签订合作协议、出席政府重要会议、项目得到政府的支持、企业领导人获得政治荣誉称号等。

### 4. 伦理绩效

即企业对社会公众普遍期望的伦理责任的履行结果，社会公众要求企业行为正确、公正且合理，符合社会准则、规范和价值观，具体表现为在公众健康安全保护、节能减排、环境保护、扶贫、社会其他公益等方面举办的活动或者得到的认可，也包含企业自愿履行的社会责任，如慈善捐助、为员工及其家属提供生活设施、支持当地学校、支持文化体育活动等。

## 第四节 BAT 治理行为和治理绩效比较分析

### 一、BAT 治理行为和治理绩效的频数

BAT 的官网都设立了相关的栏目来报道企业动态，尤其是阿里成立

了专门的网站"阿里足迹——阿里资讯全接触"。百度的新闻动态栏目最早可以追溯到 2000 年 11 月,阿里可以追溯到 2014 年 10 月,而腾讯的新闻动态最早只能追溯到 2018 年 4 月,见表 3-4。从 2016 年 8 月到 2019 年 7 月这三年中,BAT 官网企业动态栏目共发新闻报道 930 篇,其中发文最多的是阿里,共发 603 篇,占三家总数的 64.8%,百度共发文 288 篇,占三家总数的 31%,腾讯共发文 39 篇,占 4.2%。在这些新闻报道中,百度有 195 篇(62.9%)属于治理行为,有 115 篇(37.1%)属于治理绩效;阿里有 459 篇(77%)属于治理行为,有 137 篇(23%)属于治理绩效;而腾讯有 18 篇(43.9%)属于治理行为,有 23 篇(56.1%)属于治理绩效。总体而言,共有 672 篇(71%)新闻属于互联网治理行为,275 篇(29%)属于互联网治理绩效,见表 3-5。

表 3-4  BAT 新闻动态栏目情况

| | 栏目名称 | 栏目内容 | 内容始于 | 网址 |
|---|---|---|---|---|
| 百度 | 新闻动态 | 无细分 | 2000 年 11 月 | http://home.baidu.com/home/index/news_list |
| 阿里 | 阿里足迹 | ①全球化;<br>②新零售与电商;<br>③科技创新;<br>④智能物流;<br>⑤金融服务;<br>⑥健康与公益 | 2014 年 10 月 | https://www.alibabanews.com/ |
| 腾讯 | ①新科技;<br>②新文化;<br>③社会责任;<br>④公司动态 | ①科技新闻;<br>②文化新闻;<br>③公益新闻;<br>④财务新闻 | 2018 年 4 月 | https://www.tencent.com/zh-cn/technology_news.html<br>https://www.tencent.com/zh-cn/cultural_news.html<br>https://www.tencent.com/zh-cn/community_news.html<br>https://www.tencent.com/zh-cn/dynamic_timeline.html |

资料来源:笔者根据 BAT 官网新闻动态栏目查询。

## 第三章 我国互联网企业的治理行为与策略研究

表3–5 BAT治理行为和绩效频数分析

| | | 百度 | 阿里 | 腾讯 | 合计 |
|---|---|---|---|---|---|
| 互联网治理行为 | 频数 | 195 | 459 | 18 | 672 |
| | 占比 | 62.9% | 77.0% | 43.9% | —— |
| 互联网治理绩效 | 频数 | 115 | 137 | 23 | 275 |
| | 占比 | 37.1% | 23.0% | 56.1% | —— |
| 合计 | 频数 | 310 | 596 | 41 | 940 |
| | 占比 | 100% | 100% | 100% | —— |

注：部分新闻被同时归为两类行为，因此这里的总数与此前的发文总数有差异。
资料来源：笔者根据BAT官网资料分类、统计。

从时间序列上来看，BAT对于自身活动报道的数量都在持续增加，见图3–2、图3–3。新闻报道数量的增加一方面说明BAT参与互联网治理的深度和复杂程度在增加，另一方面也说明随着BAT越来越多地介入到社会生活，需要更多地与社会沟通交流，提升自身的合法性。按月份来看，阿里每月的新闻数量最多，百度的新闻数量基本保持均衡，而腾讯的数量最少。相对于阿里和百度，腾讯不太注重通过官网报道自身活动，其新闻报道不但零散（分布在多个不同的栏目），而且数量非常少，总共只有39篇。此外，还可以看出，BAT的动态新闻呈现出明显

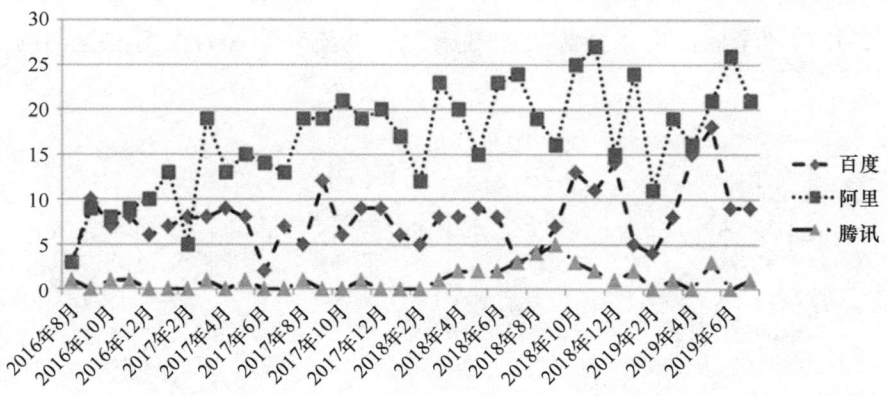

图3–2 BAT企业动态新闻数量（按月）增长情况
资料来源：笔者根据BAT官网资料分类、统计。

的"震荡"走势,即一个波峰之后紧跟着就是一个波谷,然后又是下一个波峰和波谷,其背后的原因可能是由新闻事件/活动的波动性造成的。

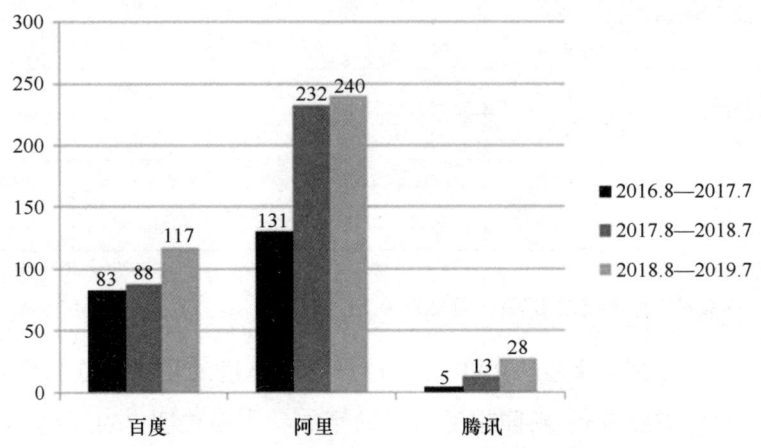

**图3-3 BAT企业动态新闻数量增长情况**

资料来源:笔者根据BAT官网资料分类、统计。

本书对BAT的940篇企业新闻分别按企业做了词频分析,见图3-4。百度新闻动态中出现最多的词为"技术"、"智能"、"合作"、"人工智能"、"驾驶"等,这与百度作为一家技术公司,近些年来在人工智能、自动驾驶等领域的布局是完全一致的。阿里新闻动态中出现最多的词为"科技"、"全球化"、"公益"、"健康"、"物流"、"全球"等,这与阿

**图3-4 BAT公司新闻的词汇云分析**

资料来源:笔者根据BAT官网资料统计分析。

里重视技术研发,成立达摩院、罗汉堂等研究机构,以及近几年重视推进全球化并在公益、健康方面频频发力是相符的。腾讯新闻动态中出现最多的词是"文化"、"合作"、"科技"、"数字"、"游戏"、"服务"、"互联网"等,这与腾讯近几年突出强调文化,希望将自己打造成一家以互联网为基础、能在科技和文化两个维度上提升人类生活品质的战略定位是一致的。

## 二、BAT治理行为和治理绩效的差异

在互联网治理行为方面,BAT之间的差异是非常明显的,见表3-6。第一,就市场服务行为而言,百度和阿里的占比在23—24%,非常接近,而腾讯只有5.6%。第二,在结盟合作行为方面,BAT的占比比较接近,都在22—29%之间。阿里的占比最高,为28.5%,百度为27.2%,腾讯为22.2%。第三,在社会宣传行为方面,百度的占比高达34.4%,其次是阿里的25.5%和腾讯的16.7%。第四,在政治关联行为方面,阿里的政治关联行为高达11.6%,其次是腾讯的5.6%和百度的4%。第五,在环保公益行为方面,腾讯占比高达50%,百度和阿里则比较接近,分别为11.3%和10.2%。

表3-6 BAT治理行为和治理绩效的具体表现

| | | 百度(频次)<br>百分比(%) | 阿里(频次)<br>百分比(%) | 腾讯(频次)<br>百分比(%) | 小计 |
|---|---|---|---|---|---|
| 企业治理行为 | 市场服务行为 | 45<br>23.1 | 110<br>24 | 1<br>5.6 | 156 |
| | 结盟合作行为 | 53<br>27.2 | 131<br>28.5 | 4<br>22.2 | 188 |
| | 社会宣传行为 | 67<br>34.4 | 117<br>25.5 | 3<br>16.7 | 187 |
| | 政治关联行为 | 8<br>4 | 54<br>11.6 | 1<br>5.6 | 63 |
| | 环保公益行为 | 22<br>11.3 | 47<br>10.2 | 9<br>50 | 78 |
| | 合计 | 195<br>100% | 459<br>100% | 18<br>100% | 672 |

(续表)

| | | 百度（频次）百分比（%） | 阿里（频次）百分比（%） | 腾讯（频次）百分比（%） | 小计 |
|---|---|---|---|---|---|
| 企业治理绩效 | 技术绩效 | 23<br>20 | 9<br>6.6 | 1<br>4.3 | 33 |
| | 经济绩效 | 16<br>13.9 | 64<br>46.7 | 13<br>56.5 | 93 |
| | 政治绩效 | 42<br>28.2 | 48<br>35 | 5<br>21.7 | 95 |
| | 伦理绩效 | 33<br>27.8 | 16<br>11.7 | 4<br>17.4 | 53 |
| | 合计 | 115<br>100% | 137<br>100% | 23<br>100% | 275 |

数据来源：笔者根据内容分析的结果统计。

在企业治理绩效方面，BAT之间也存在较大差异。第一，在技术绩效层面，百度的占比最高，为20%，其次是阿里的6.6%和腾讯的4.3%；第二，在经济绩效方面，腾讯最高为56.5%，阿里其次为46.7%，百度为13.9%；第三，在政治绩效方面，阿里最高为35%，百度其次为28.2%，阿里为21.7%；第四，在伦理绩效方面，百度最高为27.8%，腾讯其次为17.4%，阿里为11.7%。

## 三、BAT治理活动中所涉及的主要利益相关者

在国际互联网治理中，多利益相关者模式是一种被普遍认可的模式。美国商务部电信管理局助理局长Lawrence E Strickling（2013）提出了一个被广为引用的定义：多利益攸关方模式是在一个开放的、透明的和可问责的机制中，所有利益攸关者充分参与并以共识为基础进行决策和运作的进程。在这个模型中，利益攸关方是指在某一特定组织中有直接或间接利益或利害关系的个人、团体或组织，这些可能是企业、社会、政府、研究机构和非政府组织，而且这些相关方将被平等对待，特

别是政府并没有优先权可以主导问题的解决和政策的制定。① 本书将 BAT 所涉及的利益相关者划分为内部利益相关者和外部利益相关者。

1. 内部利益相关者

由于 BAT 都有多个业务部门,因此就涉及多个内部相关利益主体。根据本书的统计,百度共涉及 30 余个内部主体,主要有百度、Apollo、百度地图、百度金融、百家号、Duer OS、百度大脑等;阿里也涉及 30 余个内部主体,主要有天猫、淘宝、阿里云、阿里巴巴集团、蚂蚁金服/支付宝、阿里健康、阿里影业等;腾讯共涉及 17 个内部主体,主要有腾讯、微信及 WeChat、QQ 阅读、QQ、腾讯视频、腾讯动漫、腾讯云等。本书分别统计了这些内部主体在新闻动态中出现的频次,并按照次数多少进行了排序,见表 3-7、表 3-8、表 3-9。

表 3-7 百度新闻动态中涉及主体出现次数及比例

| 涉及主体 | 篇数及比例 | | 参考点及比例 | |
| --- | --- | --- | --- | --- |
| | 篇数 | 比例 | 参考点 | 比例 |
| 百度 | 288 | 100.00% | 8367 | 84.92% |
| 百度 Apollo | 92 | 31.94% | 676 | 6.86% |
| 百度地图 | 28 | 9.72% | 181 | 1.84% |
| 百度搜索 | 36 | 12.50% | 79 | 0.80% |
| 百度金融 | 14 | 4.86% | 75 | 0.76% |
| 百家号 | 16 | 5.56% | 64 | 0.65% |
| 百度 Duer OS | 16 | 5.56% | 64 | 0.65% |
| 百度大脑 | 60 | 20.83% | 60 | 0.61% |
| 人工智能助手小度 | 52 | 18.06% | 52 | 0.53% |
| 百度研究院 | 7 | 2.43% | 39 | 0.40% |
| 百度云计算 | 7 | 2.43% | 27 | 0.27% |

---

① Strickling, Lawrence E, "Moving Together Beyond Dubai", available at http://www.ntia.doc.gov/blog/2013/moving-together-beyond-dubai.

(续表)

| 涉及主体 | 篇数及比例 | | 参考点及比例 | |
|---|---|---|---|---|
| | 篇数 | 比例 | 参考点 | 比例 |
| 百度智能城市 | 9 | 3.13% | 19 | 0.19% |
| 百度金融学院 | 1 | 0.35% | 19 | 0.19% |
| 百度智能云 | 17 | 5.90% | 17 | 0.17% |
| 百度智能汽车 | 5 | 1.74% | 15 | 0.15% |
| 百度资本 | 4 | 1.39% | 13 | 0.13% |
| 百度公益基金会 | 6 | 2.08% | 12 | 0.12% |
| 百度风投 | 4 | 1.39% | 9 | 0.09% |
| 百度糯米 | 8 | 2.78% | 8 | 0.08% |
| 量子计算研究所 | 1 | 0.35% | 6 | 0.06% |
| 百度百科 | 6 | 2.08% | 6 | 0.06% |
| 百度内容安全中心 | 2 | 0.69% | 5 | 0.05% |
| 百度云计算技术（山西）有限公司 | 1 | 0.35% | 5 | 0.05% |
| 度小满支付 | 5 | 1.74% | 5 | 0.05% |
| 小度商城 | 5 | 1.74% | 5 | 0.05% |
| 百度国际事业部 | 1 | 0.35% | 4 | 0.04% |
| 百度网盘 | 4 | 1.39% | 4 | 0.04% |
| 百度视频 | 4 | 1.39% | 4 | 0.04% |
| 百度文库 | 4 | 1.39% | 4 | 0.04% |
| 百度知道 | 4 | 1.39% | 4 | 0.04% |
| 百度AI产业研究中心（BACC） | 1 | 0.35% | 3 | 0.03% |
| 百度音乐 | 1 | 0.35% | 1 | 0.01% |
| 百度阅读 | 1 | 0.35% | 1 | 0.01% |
| 总计 | 288 | 100.00% | 9853 | 100.00% |

注：总计中的数据"288"指的是百度新闻动态总篇数，"比例"为出现篇数/总篇数和参考点/总参考点数。

资料来源：笔者根据百度官网资料统计。

第三章 我国互联网企业的治理行为与策略研究

表 3-8 阿里新闻动态中涉及主体的出现次数及比例

| 涉及主体 | 篇数及比例 | | 参考点及比例 | |
|---|---|---|---|---|
| | 篇数 | 比例 | 参考点 | 比例 |
| 天猫 | 561 | 93.03% | 42469 | 30.83% |
| 阿里巴巴 | 603 | 100.00% | 35675 | 25.90% |
| 淘宝 | 564 | 93.53% | 19963 | 14.49% |
| 阿里云 | 578 | 95.85% | 13228 | 9.60% |
| 蚂蚁金融服务集团/支付宝 | 580 | 96.19% | 3241 | 2.35% |
| 阿里健康 | 475 | 78.77% | 2960 | 2.15% |
| 阿里影业 | 360 | 59.70% | 2917 | 2.12% |
| Lazada | 326 | 54.06% | 2246 | 1.63% |
| 优酷 | 439 | 72.80% | 1969 | 1.43% |
| 飞猪 | 551 | 91.38% | 1924 | 1.40% |
| 菜鸟网络 | 483 | 80.10% | 1629 | 1.18% |
| 饿了么 | 475 | 78.77% | 1593 | 1.16% |
| AlipayHK | 420 | 69.65% | 1572 | 1.14% |
| 聚划算 | 201 | 33.33% | 1152 | 0.84% |
| 钉钉 | 145 | 24.05% | 1080 | 0.78% |
| 盒马鲜生 | 228 | 37.81% | 1001 | 0.73% |
| 达摩院 | 142 | 23.55% | 824 | 0.60% |
| 阿里巴巴香港创业者基金 | 219 | 36.32% | 541 | 0.39% |
| 阿里巴巴人工智能实验室 | 140 | 23.22% | 353 | 0.26% |
| 罗汉堂 | 202 | 33.50% | 320 | 0.23% |
| 马云公益基金会 | 80 | 13.27% | 226 | 0.16% |
| 阿里妈妈 | 196 | 32.50% | 217 | 0.16% |
| 阿里巴巴国际交易市场 | 203 | 33.67% | 210 | 0.15% |
| 虾米音乐 | 137 | 22.72% | 159 | 0.12% |
| 阿里巴巴脱贫基金 | 82 | 13.60% | 118 | 0.09% |
| 大麦网 | 79 | 13.10% | 96 | 0.07% |
| 阿里巴巴平台治理部 | 18 | 2.99% | 48 | 0.03% |
| 阿里研究院 | 10 | 1.66% | 17 | 0.01% |
| 阿里巴巴量子计算实验室 | 4 | 0.66% | 7 | 0.01% |
| 阿里巴巴经济体技术公益委员会 | 2 | 0.33% | 5 | 0.00% |
| 总计 | 603 | 100.00% | 137760 | 100.00% |

注：总计中的数据"603"指是阿里新闻动态总篇数，"比例"为出现篇数/总篇数和参考点/总参考点数。

资料来源：笔者根据阿里官网资料统计。

表3-9 腾讯新闻动态中涉及主体的出现次数及比例

| 涉及主体 | 篇数及比例 | | 参考点及比例 | |
| --- | --- | --- | --- | --- |
| | 篇数 | 比例 | 参考点 | 比例 |
| 腾讯 | 38 | 97.4% | 911 | 49.3% |
| 微信及WeChat | 38 | 97.4% | 303 | 16.4% |
| QQ阅读 | 24 | 61.5% | 218 | 11.8% |
| QQ | 23 | 59.0% | 209 | 11.3% |
| 腾讯视频 | 15 | 38.5% | 33 | 1.8% |
| 腾讯动漫 | 5 | 12.8% | 33 | 1.8% |
| 腾讯游戏 | 9 | 23.1% | 26 | 1.4% |
| 腾讯云 | 11 | 28.2% | 25 | 1.4% |
| QQ音乐或腾讯音乐 | 8 | 20.5% | 17 | 0.9% |
| 阅文集团 | 3 | 7.7% | 15 | 0.8% |
| 腾讯影业 | 2 | 5.1% | 14 | 0.8% |
| 腾讯电竞 | 2 | 5.1% | 12 | 0.6% |
| QQ浏览器 | 8 | 20.5% | 10 | 0.5% |
| 腾讯公益慈善基金会 | 6 | 15.4% | 8 | 0.4% |
| 手机QQ | 5 | 12.8% | 6 | 0.3% |
| 微众银行 | 3 | 7.7% | 4 | 0.2% |
| 腾讯基金会 | 1 | 2.6% | 3 | 0.2% |
| 总计 | 39 | 100.0% | 1847 | 100.0% |

注：总计中的数据"39"指的是腾讯新闻动态总篇数，"比例"为出现篇数/总篇数和参考点/总参考点数。

资料来源：笔者根据腾讯官网资料统计。

本书以出现频次超过1%作为标准，将BAT的内部主体进行了单独的排序，见图3-5、图3-6、图3-7。从中首先可以看出，百度超过1%的内部主体只有3个，阿里则有13个，腾讯有8个。其次，还可以发现，阿里和腾讯的主要业务板块突出，其他业务板块在主要业务板块

第三章 我国互联网企业的治理行为与策略研究

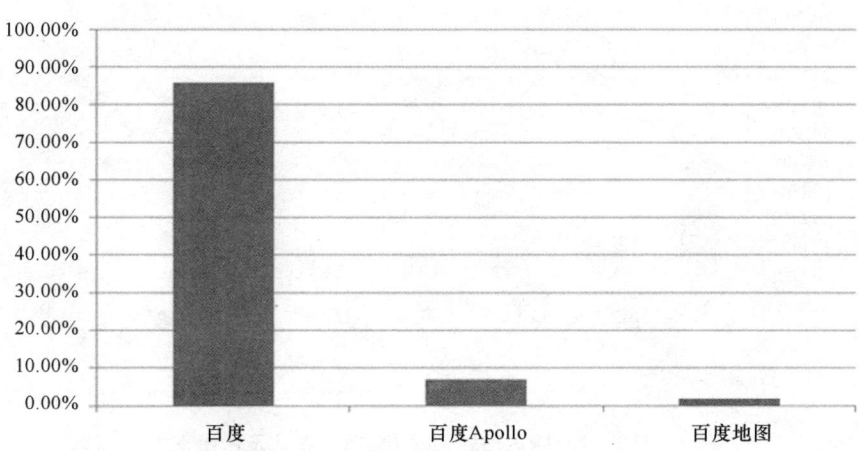

**图 3-5 百度出现频次 1% 以上主体及占比**

资料来源：笔者根据百度官网资料内容分析结果统计。

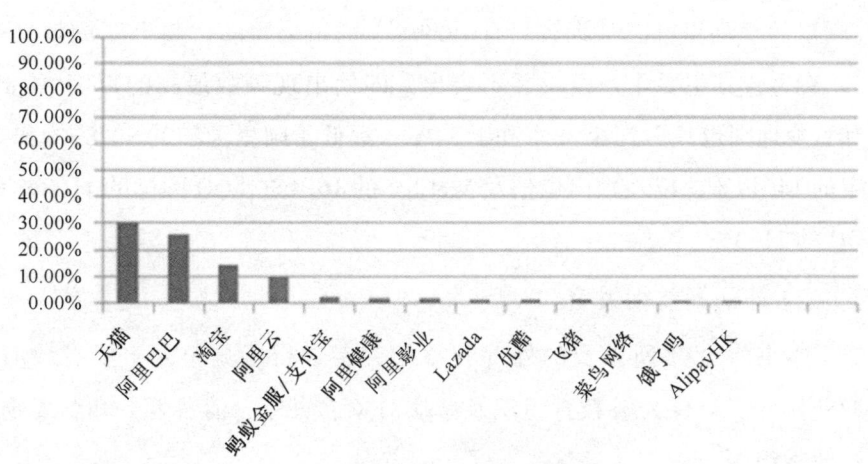

**图 3-6 阿里出现频次 1% 以上主体及占比**

资料来源：笔者根据阿里官网资料内容分析结果统计。

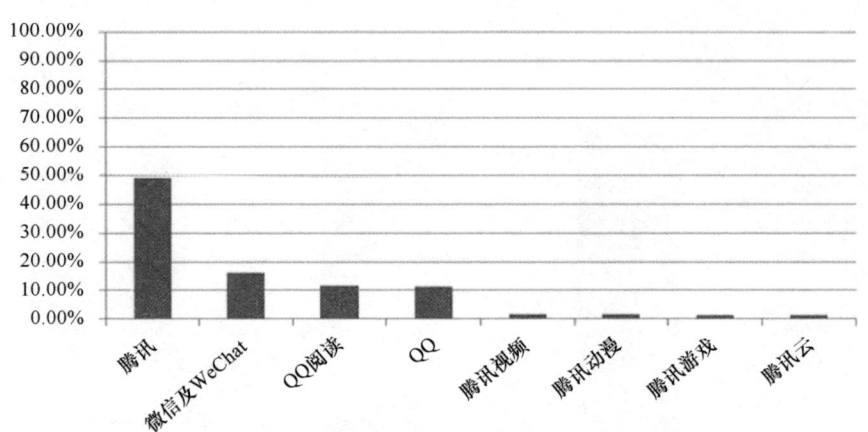

**图 3-7 腾讯出现频次 1% 以上主体及占比**

资料来源：笔者根据腾讯官网资料内容分析结果统计。

的带动下呈现出典型的"雁形"产业发展模式，这表明阿里和腾讯的内部业务发展比较合理，而百度公司的"百度"词频占比高达 85.13%（阿里的"阿里巴巴"词频只有 25.9%，腾讯公司的"腾讯"词频只有 49.3%），其主要业务板块并不突出，即使出现频数最高的百度 Apollo 和百度地图也只占到 6.88% 和 1.84%，远低于阿里天猫的 30.83% 和淘宝的 14.49%，以及腾讯微信及 WeChat 的 16.4%、QQ 阅读的 11.8% 和 QQ 的 11.3%。

2. 外部利益相关者

本书将 BAT 所涉及的外部利益相关者进行了分类，主要有政府、商业伙伴、环保公益教育组织及帮扶对象、媒体、消费者、知名人物、行业性组织。

首先就政府利益相关者而言，在国际组织层面，百度涉及 12 个国际组织及其领导人，阿里涉及 25 个国际组织及其领导人，腾讯新闻动态中提到了 1 个国际组织。在外国政府和机构层面，百度涉及 11 个外国政府、机构及其领导人，阿里涉及 100 余个外国政府、机构及其领导人，腾讯涉及 11 个外国政府、机构及其领导人。见表 3–10。

表 3–10　BAT 新闻动态中涉及的政府利益相关者

| | 百度 | 阿里 | 腾讯 |
|---|---|---|---|
| 国际组织 | 第73届联合国大会；博鳌亚洲论坛；博鳌亚洲论坛理事长、联合国第八任秘书长潘基文；前联合国教科文组织总干事、全球希望联合会主席伊琳娜·博科娃；二十国集团工商峰会；第二届彭博全球商业论坛；第十六届中日韩三国 IT 局长 OSS 会议暨东北亚开源软件推进论坛；世界知识产权组织；世界环保大会；联合国全球契约组织亚太局；联合国开发计划署；首届中日第三方市场合作论坛 | 联合国秘书长潘基文；联合国秘书长古特雷斯；联合国副秘书长、联合国环境署执行主任 Erik Solheim；联合国贸发会议秘书长基图伊；联合国教科文组织总干事伊琳娜·博科娃；联合国数字合作高级别小组；联合国贸易和发展会议；联合国世界粮食计划署；联合国环境署；世界银行行政总裁格奥尔基耶娃；世界贸易组织；WTO 总干事罗伯托·阿泽维多；世界贸易组织公共论坛；世界银行行长金墉；国际奥林匹克委员会主席巴赫；国际足联；瑞士达沃斯世界经济论坛；平昌冬奥；亚太经合组织工商领导人中国论坛；世界杯；国际奥委会；世界经济论坛和世界电子贸易平台（eWTP）；世界经济论坛董事会成员理查德·萨姆斯；世界经济论坛创始人兼执行主席克劳斯·施瓦布 | 联合国教科文组织（UNESCO） |

(续表)

| | 百度 | 阿里 | 腾讯 |
|---|---|---|---|
| 外国政府和机构 | 德国总理默克尔；南非总统祖玛、阿根廷总统马克里、加拿大总理特鲁多；以色列总理内塔尼亚胡；瑞士联邦主席于利·毛雷尔；美国加州；北欧四国旅游局（包括丹麦旅游局、芬兰旅游局、挪威旅游局、瑞典旅游局） | 美国总统特朗普；美国贸易代表办公室（USTR）；美国西点军校；非洲各个保护区；挪威国王哈拉尔五世、宋雅王后；约旦拉尼娅皇后；肯尼亚旅游及野生动物部；缅甸、尼泊尔、柬埔寨及苏丹等11个国家的使馆代表；非洲54个国家的公民；丹麦政府；加拿大总理 Justin Trudeau；乌兹别克斯坦；马来西亚；印度；英国；泰国；土耳其；德国联邦信息安全局；泰国总理巴育；马来西亚首相拿督斯里·莫哈末·纳吉·敦拉萨；挪威首相埃尔娜·索尔贝格；马来西亚数字经济发展局（MDEC）；马来西亚首相纳吉；阿根廷政府；墨西哥总统恩里克·佩纳·涅托；以色列总理内塔尼亚胡；卢旺达总统卡加梅；印度尼西亚总统佐科·维多多；比利时政府；比利时副首相兼就业、经济和消费者事务大臣彼特斯；比利时首相米歇尔；泰国政府；泰国副总理颂奇；比利时首相米歇尔；印度尼西亚通信与信息部部长 H. E. Rudiantara；荷兰马克西马王后；伦敦政治经济学院校长沙菲克；巴基斯坦中央银行行长 Tariq Bajwa；新加坡旅游局 | 英国国际贸易部；法国国家博物馆联合会；法国国家文化部国际事务顾问 Matthias GROLIER；法国国家博物馆联合会主席 Chris Dercon；法国吉美亚洲艺术博物馆主席 Sophie MAKARIOU；吉美博物馆管理委员会荣誉主席 Olivier Gérard；卢浮宫博物馆、蓬皮杜艺术博物馆、奥赛博物馆、毕加索博物馆等巴黎文博界的嘉宾 |

资料来源：笔者根据相关新闻报道整理。

通过和外部利益相关者的联系，BAT 深度地参与到全球的互联网治理和国家的社会治理当中。

首先，BAT 的三位创始人李彦宏、马云和马化腾经常参加国际和国内各级政府举办的会议，并发表主题演讲。如百度的李彦宏 2016 年 9 月在剑桥大学"剑桥名家讲堂"、2016 年 8 月在亚布力中国企业家论坛夏季峰会、2016 年 11 月和 2017 年 11 月在乌镇世界互联网大会、2016 年 12 月在中国文化产业峰会暨首届荆楚文创节、2018 年 8 月在首届中国国际智能产业博览会、2019 年 4 月在长沙岳麓峰会高峰论坛、2018 年 9 月在世界人工智能大会等发表演讲；马云 2017 年 1 月在瑞士达沃斯世界经济论坛、2017 年 4 月在 2017 年中国 IT 领袖峰会、2017 年 6 月在阿里巴巴·美国中小企业论坛、2018 年 10 月在世界贸易组织公共论坛、2018 年 9 月在 2018 天津夏季达沃斯论坛等发表演讲；马化腾 2018 年 8 月在首届中国国际智能产业博览会、2018 年 9 月在第十二届泛珠三角区域合作与发展论坛暨经贸洽谈会、2018 年 10 月在世界智能网联汽车大会等发表演讲。第二，利用在人工智能、云计算、大数据等技术优势，与北京市、上海市、重庆市、湖南省、云南省、海南省、长沙市、阳泉市、保定市、雄安新区、长春市、合肥市、宁波市、青岛市等数十个省市地区，在城市大脑、智能交通、智能制造、智能教育、智能政务、智能云等多个领域达成合作，参与社会治理。百度在北京与海淀区签订《建设海淀区"城市大脑合作备忘录"》，并与中海纪元等 45 家高科技企业共同成立海淀"城市大脑"科技产业联盟；与西北旺镇人民政府达成合作，通过百度人工智能、大数据、云计算等关键技术，共建"智慧西北旺"，构建中关村科学城新型城市形态；与上海市政府、上海市杨浦区、宝山区分别签订了战略合作框架协议，利用人工智能技术参与超大城市治理，打造新型智能城市；与湖南省、长沙市人民政府、湖南湘江新区管委会签订战略合作协议，在新型智慧城市、自动驾驶、传统产业智能化变革、"互联网+政务"等领域开展合作；与福州市、云南省开展合作,建设"数字中国建设示范城市"、开发"智慧云南"项目;等等。第三,BAT分别响应政府的号召,成立相关团队,协助政府打击网络诈骗,维护网络安全。百度组建了"互联网黑产打击"团队,打造"智能技术+百度安全+百家号"反诈三驾马车,对诈骗案例及不法分子的惯用伎俩集中传播,协助公安机关提升反电信网络诈骗工作的效率和力度。为了协同公安部重拳打击网络诈骗,百度还发布了"光明行动计划"。阿里巴巴于2015年成立了平台治理部,有2000多名员工全职负责打假,致力管理集团旗下电商交易平台的商品质量及知识产权保护之外,也积极通过政企联动及与品牌合作,打击制造及销售假货行为。2016年阿里提出成立"云剑联盟",联动政府部门一同打击假货。2017年8月,该联盟扩展到包括浙江、上海、江苏、安徽、江西、海南、广东、福建、云南、贵州、四川、广西及湖南等13个省市。腾讯成立了专门负责安全的部门——腾讯安全,并设有"腾讯安全反病毒实验室"。2017年5月,腾讯推出了腾讯举报平台,腾讯110根据用户举报线索,结合腾讯大数据分析,协助警方破获多起荐股等诈骗案。腾讯还通过维护一个全面及动态的反诈骗电话号码库以保护用户免受电话或短信的诈骗和骚扰。2018年5月,腾讯发布工业互联网平台——腾讯木星云。2018年10月,腾讯主办"关爱银发一族 守护家人幸福——中老年人上网保护'安知'项目"正式启动。

  其次是商业伙伴。BAT普遍采取和国内外商业伙伴进行结盟合作的策略,见表3-11。在这个方面,做得最好的是阿里。阿里的商业伙伴遍布全球,包括诸多世界著名企业。阿里每年举办的"618"和"双11",吸引了众多国内外商家的参与。2017年的天猫双11,全球超14万品牌参与庆典;2017年的天猫全球酒水节,50多个国家的上千个品牌参与;2018年的双11成为"品牌奥运会",18万品牌75个国家的商品参与。2018年中国国际进口博览会上,阿里宣布未来5年实现2000亿美元全球进口计划,涉及120个国家和地区。2019年淘宝天猫618,

第三章 我国互联网企业的治理行为与策略研究

表3-11 BAT新闻动态中涉及的商业伙伴

| | 百度 | 阿里 | 腾讯 |
|---|---|---|---|
| 国外商业伙伴 | 高通、ARM、博世、PayPal、希捷科技公司、大众汽车、福特中国、沃尔玛中国、微软、xPerception、TomTom、福特汽车、威马汽车、英伟达、夏普、Facebook、微软、戴姆勒、福特、宝马、大众、IDC、Canalys、Strategy Analytics；2016年百度世界大会、2017年百度世界大会、2019百度联盟生态合作伙伴大会、百度Moments商业峰会、2016百度云智峰会（ABC Summit）、Moments2017百度营销盛典、2017百度联盟峰会、百度AI开发者大会（Baidu Create 2017）、2017年度百度云智峰会（ABC SUMMIT）、AI开发者大会、百度Apollo第二届理事会、2018百度云ABC Inspire企业智能大会、2018百度联盟生态峰会、2018百度教育盛典、百度AI开发者大会（Baidu Create 2018）、2018百度世界大会、BAIDU WORLD @ LAS VEGAS 2018"（2018百度世界大会美场）、百度云ABC Summit 2018 Inspire智能物联网大会、2018 ABC SUMMIT百度云智峰会、"Baidu Create 2019"百度AI开发者大会、Apollo Meetup——Apollo2.5开放技术发布会、2019百度世界大会美国场、2019百度联盟生态合作伙伴大会、2019ABC INSPIRE百度云智峰会、首届WAVE SUMMIT 2019深度学习开发者峰会、与未来对话——百度大脑智能对话引擎及产品发布会、2019 ABC Inspire智能物联网峰会、海淀"城市大脑"科技产业联盟、OASES智能终端安全生态联盟、百家号2016内容生态大会、海淀城市大脑科技产业联盟 | Intel（英特尔）、Accenture（埃森哲）、Hashicorp、Ecritel、Altran（亚创）、Micropole（秘珀）、Linkbynet、MerlinNetwork、德国默克集团（Merck）、戴姆勒（DaimlerAG）、奥迪（Audi）、富豪汽车（Volvo）、西门子（Siemens）、MCM、Tiffany&Co、日本九州岛旅客铁道公司、本田、星巴克、新加坡航空、辉瑞制药（Pfizer）、阿迪达斯（Adidas）、欧莱雅（L'Oréal）中国、资生堂、WeWork、软银通信（上海）、波士顿咨询公司（BCG）、Costco、Valentino、玛莎拉蒂（Maserati）、Macy's、Intel、3M、IDEO、Microsoft（微软）、Radius、Brookstone、LOEWE、天梭、福特汽车、雷诺集团（GroupeRenault）、GUESS、万豪国际集团、Gartner、KPMG毕马威、AlfaRomeo、英皇电影、领英（Linkedin）、Netflix、NBA球队篮网队（Brooklyn-Nets）、玛氏皇家、IAATO成员「海达路德」、爱尔兰影院数据公司ShowtimeAnalytics、BOSE、拜耳（Bayer）、Pac-12、自然之宝、欧尚零售、欧莱雅集团、开云集团、宝马（BMW）中国、福特汽车公司、PANDORA潘多拉、星巴克、环球影业及索尼影视、地中海俱乐部（ClubMed）、三星、SWAROVSKI（施华洛世奇）、索尼、美泰（Mattel）、普华永道（PwC）、澳佳宝（Blackmores）、澳洲邮政、正大集团、雀巢健康科学（中国）、Lazada Group、塔塔通讯公司、西王集团、Vinexpo、国泰航空公司、万豪国际集团、长江和记实业有限公司、纽约时装周、历峰集团（Richemont）、KONGSBERG集团、美国琼森公司、Entertainment One、NFL职业橄榄球大联盟、IDG资本、LV路易威登、Burberry博柏利、P&G宝洁、Adidas阿迪达斯、UNIQLO优衣库、佳能、美国航空、ISPO、华特迪斯尼公司、美国STX Entertainment公司、雷诺（Renault）、马莎拉蒂（Maserati）中国、H&M、恩智浦半导体 NXP Semiconductors N.V.、富邑集团（Treasury Wine Estates）、澳洲天然护肤品牌KORA、雷诺（Renault）、美泰（Mattel）等 | 索尼音乐娱乐、沃尔玛中国、高通无线通信技术（中国）有限公司、首届中国国际智能产业博览会、首届全球数字生态大会、英国旅游局、英国广播公司（BBC）、英国时尚协会、施普林格·自然集团等 |

(续表)

| | 百度 | 阿里 | 腾讯 |
|---|---|---|---|
| 国内商业伙伴 | 紫光展锐、上海汉枫、故宫博物院、爱奇艺、蜻蜓FM、喜马拉雅、北京天坛医院、北京协和医学院、北京大学肿瘤医院、北京安贞医院、中南大学湘雅医院、北京宣武医院、北京同仁医院、首汽约车、金龙客车、北汽集团、长城汽车、长安汽车、奇瑞、中国一汽、长城汽车、华为、中国信息通信研究院、威马汽车、江淮汽车、厦门金龙、中软国际、北京小鱼儿科技、新华教育、海尔、美的、HTC、中国农业银行、首都机场、海航云商、海航基础股份（美兰机场）、新世相、中国宝武、网易云音乐、亚信科技、快手、WiFi万能钥匙、58同城、汽车之家、携程、万年历、猎豹移动、百度视频、宝宝巴士、卓易、创维、中国科学技术馆、中国移动、中国电信、中国联通、东软集团、腾讯音乐、复星集团、宽带资本、高瓴资本、北京环卫集团环卫装备有限公司、大唐电信集团、千方科技、首钢、银联商务、华数传媒、TCL、比亚迪、优信集团、中化农业、东方航空、南方电网、中信银行、中海投资、比特大陆、旷世科技、千方科技、商汤、中科寒武纪、佳讯飞鸿 | 圆通、中通、申通、韵达、百世、数码港、五粮液集团、香港交易所、香港科技园、中国移动、美的集团、vivo、日日顺、润泰集团、361度、银泰商业、百联集团、屈臣氏、湖北多美橙农业发展有限公司、香格里拉酒店集团、冯氏零售集团、太古地产、哔哩哔哩、富士康、小鹏汽车、小米、华为、苏泊尔、大润发、居然之家、商汤集团、招商证券、苏宁体育、和记电讯、分众传媒、莎莎国际、澳门咀香园、国家电网冀北公司、香港国际机场、上海汽车集团、快仓、易果生鲜、众多零售小店 | 故宫博物院、深圳华龙讯达信息技术股份有限公司、敦煌研究院、上海音乐学院、深圳地铁集团、深圳巴士集团、中国科学技术协会、新世界集团 |

资料来源：笔者根据相关新闻报道整理。

Burberry、Valentino、Bottega Veneta等111个奢侈品牌参与。百度也和国内外众多商业伙伴建立了合作关系。2017年11月6日，百度安全联合华为、中国信息通信研究院发起成立了"OASES智能终端安全生态联盟"（Open AI System Security Alliance，OASES），这是国内首个致力于AI时代提升智能终端生态安全的联盟组织。从2017年7月推出百度Apollo以来，百度已经与宝马、戴姆勒、福特、现代、捷豹路虎、拜腾、伟创力、法雷奥、雷沃重工、长安汽车、比亚迪、北京汽车、江淮汽车、红旗汽车以及奇瑞汽车等国内外知名企业达成合作，囊括了汽车产业链上下游，平台吸引了超过1.2万名开发者以及130位生态合作伙伴，成为全球最开放、最强大、最完整的自动驾驶生态。除了一对一建立战略合作，百度更多的是通过大会、峰会、联盟等形式与其他产业链上下游建立合作关系。根据本书的统计，从2016年8月到2019年7月，百度新闻动态中出现的各种大会、峰会、联盟多达31个，如百度世界大会、百度联盟生态合作伙伴大会、百度AI开发者大会、百度云智峰会、百家号内容生态大会、海淀城市大脑科技产业联盟、百度智能小程序开源联盟、百度大脑硬件生态联盟等。在美国圣何塞举办的2019OCP全球峰会上，百度宣布与Facebook、微软展开合作，联合制定OAM（OCP Accelerator Module）标准。该标准用于指导AI硬件加速模块和系统设计。腾讯在新闻动态中披露出来的商业伙伴相对于阿里和百度则比较有限。

第三是环保公益教育组织及帮扶对象。BAT都非常关注公益环保和教育，但是彼此的关注点不太一样。2013—2018年，百度连续五次发布《百度企业社会责任报告》，展示在员工发展与关怀、数据隐私保护、有害信息管控、节能环保、社会公益、技术创新、赋能合作伙伴等方面取得的成绩。从2010年开始，阿里每年将营业收入的千分之三拿出来做公益，号召每个员工每年都抽3个小时的时间去做公益。2019年5月，阿里巴巴集团发布首份经济体"公益财报"，截至2019年3月31日财年，阿里巴巴经济体直接产生公益捐赠超过91亿元，带动参与捐赠人数逾4.4亿。除了直接捐赠之外，用户还可以通过支付宝、闲鱼、饿了么、菜鸟及高德等阿里巴巴生态平台的多种方式来参与公益。如支付宝斥巨资打造的"蚂蚁森林"上线三年总用户量已经超过了5亿，累计节能减排792吨（支付宝2019年8月27日数据）。腾讯履行企业社会责任，投身社会公益，将生态保护视为至关重要的领域。依托在互联网产品、技术等方面的独特优势，腾讯多年来通过公益募捐、打击网络犯罪、环保公共服务、绿色建筑等具体行动，开展生态保护实践，并将进一步担负起数字科技助力生态保护的探路者角色。以腾讯2018年举办的99公益日活动为例，9月7日—9日期间，共有超2800万人次爱心网友通过腾讯公益平台捐出善款8.3亿元，超过2000家企业共捐出1.85亿元，为5498个公益项目贡献力量。加上腾讯公益慈善基金会提供的2.9999亿元配捐金额和1亿元慈善组织成长基金，善款总计超过14.14亿元。总的来说，百度比较关注利用自身的技术优势帮助医疗机构、文物保护机构、盲人、走失儿童、听障儿童等解决现实中的问题，而阿里比较侧重于为环境保护捐款、资助教育事业发展（大学毕业生、贫困大学生、乡村教师、乡村学生等）、女性以及利用自己的平台帮助农民脱贫、利用自己的支付技术帮助医疗机构提升效率，腾讯比较关注环保、教育、农村脱贫、文物保护和科普，见表3-12。

表3-12 BAT新闻动态中涉及的环保公益教育组织及帮扶对象

| | 百度 | 阿里 | 腾讯 |
|---|---|---|---|
| 环保组织及对象 | — | 梅琳达·盖茨基金会、社会公益自然保护地联盟大会、中华环境保护基金会、千岛湖基金会、大自然保护协会（TNC）、约旦拉尼娅皇后基金会、西湖景区、巡护员 | 世界自然基金会（WWF） |
| 教育机构及对象 | 剑桥大学、北京大学、中国科学技术大学、西南联合大学、浙江大学、天津大学、中国社会科学院 | 杭州师范大学、香港理工大学、清华大学、中国科学院、菲律宾顶尖学府德拉萨大学、澳门大学、浙江大学教育基金会、Ma & Morley奖学金、乡村校长计划的20位校长、乡村学生、乡村教师、家庭有困难的高中及大学新生、中国内地的大学毕业生、贫困大学生 | 来自粤港澳三地的110名高中生代表、深圳大学、上海音乐学院 |
| 医疗机构及对象 | 公立医院、120北京急救中心、北京999急救中心、北京依众公益基金会 | 浙江大学医学院附属第一医院、浙江大学医学院附属第二医院、上海交通大学医学院附属新华医院三家医院、武汉市中心医院 | — |

120

(续表)

| | 百度 | 阿里 | 腾讯 |
|---|---|---|---|
| 女性 | —— | 全球政治、商业、科技、时尚、文娱体育及公益等众多领域的顶尖女性领袖、困境女性、中国女子足球、全球女性创业者 | —— |
| 扶贫机构及对象 | —— | 中国扶贫基金、中国农民、国内贫困县农民、江西赣寻乌县的百香果农户 | 全国15个省的1000多名村民 |
| 儿童 | 中国宋庆龄基金会、壹基金、贫困儿童、听障儿童、自闭症儿童群体、寻亲平台"宝贝回家" | —— | —— |
| 文化及文物 | 巴黎圣母院、朝阳门、老北京九大城门、秦始皇帝陵博物院 | | 中国文物保护基金会、故宫博物院、敦煌研究院 |
| 其他 | 盲人公益机构、盲人按摩师；里约奥运；一对七旬老人；中国科学技术馆；已故老排长周国民 | | 中国科学技术协会 |

资料来源：笔者根据相关新闻报道整理。

第四个利益相关群体是媒体。相对于阿里和腾讯，百度更多地和官方主流媒体相关联。百度和阿里因为其技术成就获得《麻省理工评论》提名，百度连续七年入围《福布斯》"全球100家最具创新力企业排行榜"，百度创始人李彦宏被《哈佛商业评论》列为"全球最受关注的十大AI领军人物"，作为互联网企业家登上《时代周刊》亚洲版封面。马云和阿里巴巴2次登上《财富》杂志封面，阿里因为在知识产权保护方面取得的成就获得美国《世界商标评论》颁奖，腾讯联合顶尖科学杂志 Science 发布全球首个青少年科学看点榜单，见表3-13，中国互联网领军企业及其领导人取得的成就开始引起西方主流媒体的关注。

表 3-13 BAT 新闻动态中涉及的媒体

| | 百度 | 阿里 | 腾讯 |
|---|---|---|---|
| 国内 | 中央电视台、《人民日报》、新华社、《新京报》、江苏卫视、湖南卫视 | 阿里足迹、第一财经商业数据中心、一众传媒、浙江卫视、Alizila、东方卫视、中国交通报社 | 中国交通报社 |
| 国外 | 彭博社（Bloomberg）、《福布斯》、《麻省理工科技评论》、《哈佛商业评论》、《时代周刊》亚洲版 | 《纽约时报》、《麻省理工科技评论》、彭博社、《南华早报》、《财富》中文网、《财富》杂志、美国《世界商标评论》 | *Science*、《福布斯》 |

资料来源：笔者根据相关新闻报道整理。

第五个利益相关群体是行业性组织及知名专家。百度与国际计算机协会（ACM）签署战略合作协议，成为首个理事单位，标志着中国互联网企业参与国际技术交流的决心与实力。此外，百度还加入了由 Facebook、亚马逊、谷歌、IBM、微软联合发起的 Partnership on AI。阿里参与全球互联网治理的层次和深度更引人注目。eWTP 是一个由私营部门发起、各利益攸关方共同参与的世界电子贸易平台，eWTP 可帮助全球发展中国家、中小企业、年轻人更方便地进入全球市场，参与全球经济。阿里巴巴在 eWTP 作为主要倡议之一被 B20 峰会写入公报中并扮演了重要角色，随后在世界贸易组织第 11 次部长级会议上获得 WTO 的全面支持，世界电子贸易平台（eWTP）与世界贸易组织（WTO）、世界经济论坛共同宣布了主题为"赋能电子商务"的合作机制，见表 3-14。

表 3-14 BAT 新闻动态中涉及的行业性组织及知名专家

| | 百度 | 阿里 | 腾讯 |
|---|---|---|---|
| 行业性组织 | 国际计算机协会（ACM）、Partnership on AI、全球移动通信系统协会（GSMA）、中国专利保护协会、"国际计算语言学协会年会"（ACL 2019）、世界最权威的人脸检测公开评测集 WIDER FACE、中国家用电器服务维修协会 | eWTP（世界电子贸易平台） | 国家广告商协会（ANA） |

## 第三章 我国互联网企业的治理行为与策略研究

（续表）

| | 百度 | 阿里 | 腾讯 |
|---|---|---|---|
| 知名专家 | 诺贝尔奖获得者 Thomas C. Südhof；AT&T 和贝尔实验室前副总裁及首席科学家 David Belanger，伊利诺伊大学厄巴纳-香槟分校终身教授、计算机视觉领域顶级科学家 David Forsyth，著名的计算语言学专家 Mark Liberman，卡耐基梅隆大学终身教授、机器人技术领域专家 Martial Hebert，明尼苏达大学终身教授、知识发现与数据挖掘（KDD）领域的最高技术荣誉 ACM SIGKDD 创新奖得主 Vipin Kumar 等；三位世界级人工智能领域科学家 Kenneth Ward Church、浣军、熊辉；悉尼科技大学量子软件和信息中心创办主任段润尧教授 | 专注冰河研究的德国地质学家弗里德里克、擅长海洋生物研究的哥斯达黎加博物学家马绍尔、有20年南北极探险经验的探险队长吉姆等十多位来自生态、环保及生物等各方面的专家；罗汉堂汇聚了经济学、心理学等多领域的顶尖学者；全球知名导演史提芬史匹堡、世界知名的量子计算科学家施尧耘；理论计算器最高奖哥德尔奖、匈牙利裔美国计算器科学家马里奥·塞格德；曾经两度获得世界一级方程式冠军的阿朗素；美国著名歌手 Katy Perry；李连杰；日本大师深泽直人 | — |

资料来源：笔者根据相关新闻报道整理。

## 四、BAT治理活动中所涉及的高级管理人员

本书统计了BAT新闻动态中出现的高级管理人员及其出现频数，见表3-15、表3-16、表3-17、表3-18、表3-19、表3-20。在新闻动态中出现姓名的人员基本上都是高管或者技术专家，本书将BAT新闻动态中出现的高管或者技术专家根据其级别分为集团层面领导人、职能部门高管和业务部门高管。集团层面的领导人包括董事长、董事会主席/副主席、首席运营官、副总裁、高级副总裁等，职能部门高管包括财务、市场、营销等各职能部门的主席、经理、总监、技术官等，业务部门的高管包括具体业务领域的总裁、经理、总监、主任、业务负责人等。

表3-15 百度新闻动态中涉及的高管

| 编号 | 级别 | 姓名及职位 |
|---|---|---|
| 1 | 集团层面领导人 | 百度公司创始人、董事长兼CEO李彦宏 |
| 2 | | 百度CEO特别助理马东敏 |
| 3 | | 百度董事会副主席、百度集团总裁兼首席运营官陆奇 |
| 4 | | 百度公司总裁张亚勤 |
| 5 | | 百度副总裁梁志祥 |
| 6 | | 百度副总裁沈抖 |
| 7 | | 百度副总裁王路 |
| 8 | | 百度副总裁、智能驾驶事业群组（IDG）总经理李震宇 |
| 9 | | 百度副总裁、智能云事业群组（ACG）总经理尹世明 |
| 10 | | 百度副总裁邬学斌 |
| 11 | | 百度副总裁陆复斌 |
| 12 | | 百度副总裁曾良 |
| 13 | | 百度副总裁李靖 |
| 14 | | 百度副总裁赵承 |
| 15 | | 百度副总裁张东晨 |
| 16 | | 百度副总裁袁佛玉 |
| 17 | | 百度副总裁侯震宇 |
| 18 | | 百度人工智能产品委员会主席、百度度秘事业部总经理、百度副总裁景鲲 |
| 19 | | 百度高级副总裁、度小满金融CEO朱光 |
| 20 | | 百度高级副总裁、AI技术平台体系（AIG）和基础技术体系（TG）总负责人、百度首席技术官、百度研究院院长王海峰 |
| 21 | | 百度高级副总裁及百度搜索公司总裁向海龙 |
| 22 | | 百度高级副总裁、自动驾驶事业部总经理王劲 |
| 23 | | 百度高级副总裁、百度大学校长刘辉 |

(续表)

| 编号 | 级别 | 姓名及职位 |
|---|---|---|
| 24 | 职能部门高管 | 百度 CFO 余正钧 |
| 25 | | 百度首席财务官李昕晢 |
| 26 | | 百度研究院院长林元庆 |
| 27 | | 百度首席科学家吴恩达 |
| 28 | | 百度总编辑赵承 |
| 29 | | 百度首席顾问任旭阳 |
| 30 | | 百度技术委员会主席吴华 |
| 31 | | 百度公司首席架构师、度秘事业部首席技术官朱凯华 |
| 32 | | 百度公共事务部总经理、执行总监赵承 |
| 33 | | 百度品牌市场部总经理徐菁 |
| 34 | | 百度大客户部总经理曾华 |
| 35 | | 百度业务发展部总经理赵坤 |
| 36 | | 百度自然语言处理部主任架构师孙珂 |
| 37 | | 百度自然语言处理部高级总监吴甜 |
| 38 | | 百度商务合作部总经理张洪涛 |
| 39 | | 百度视觉技术部高级经理崔磊 |
| 40 | | 百度公益大使黄子韬 |
| 41 | 业务部门高管 | 百度智能城市业务发展部总经理孙伟 |
| 42 | | 百度智能生活事业群销售与商务部总经理赵鹏 |
| 43 | | 百度搜索公司市场部总经理陈志峰 |
| 44 | | 百度搜索公司销售体系总经理顾国栋 |
| 45 | | 百度地图事业部副总经理刘玉亭 |
| 46 | | 百度地图总经理李东旻 |
| 47 | | 百度地图客户端总经理肖慧 |
| 48 | | 百度地图开放平台总经理李志堂 |
| 49 | | 百度国际化地图总经理刘斌 |
| 50 | | 百度百科总经理杨明璐 |
| 51 | | 百度车联网事业部总经理苏坦 |
| 52 | | 百度智能汽车事业部总经理顾维灏 |
| 53 | | 百度智能汽车事业部产品总经理张辉 |
| 54 | | 百度自动驾驶技术总监陶吉 |
| 55 | | 百度教育事业部总经理张高 |
| 56 | | 百度医疗事业部总经理李政 |

(续表)

| 编号 | 级别 | 姓名及职位 |
|---|---|---|
| 57 | 业务部门高管 | 百度度秘事业部副总经理葛行飞 |
| 58 | | 百度度秘&多模交互搜索部总监孙雯玉 |
| 59 | | 百度智能云视频智能总经理李旭 |
| 60 | | 百度智能云副总经理张志琦 |
| 61 | | 百度智能云副总经理管瑞峰 |
| 62 | | 百度智能云副总经理谢广军 |
| 63 | | 百度云副总经理李硕 |
| 64 | | 百度大商业体系副总裁、百度搜索公司CTO郑子斌 |
| 65 | | 百家号业务部总经理徐继业 |
| 66 | | 百度Apollo平台研发负责人王京傲 |
| 67 | | 百度Apollo资深技术布道师胡旷 |
| 68 | | 百度Apollo产品设计师朱鑫 |
| 69 | | 荆伟智能驾驶事业群组合作发展部与综合管理部总经理尚国斌 |
| 70 | | 百度联盟总经理李忠军 |
| 71 | | 百度联盟总经理邓明生 |
| 72 | | 百度深度学习技术平台部总监马艳军 |
| 73 | | 百度百家号总经理阮瑜 |
| 74 | | 百度区块链实验室主任肖伟 |
| 75 | | 百度AI技术生态部总经理喻友平 |
| 76 | | 百度智能云物联网产品总监周保玉 |
| 77 | | 百信银行行长李如东 |
| 78 | | 百度基金会副理事长、总裁办公室主任周达 |
| 79 | | 百度智能城市研究院执行院长吴丹 |
| 80 | | 百度安全总经理马杰 |

资料来源：笔者根据相关新闻报道整理。

表 3－16　百度新闻动态中涉及高管的出现频率

| 编号 | 姓名 | 职务 | 篇数 | 参考点 | 比例 |
|---|---|---|---|---|---|
| 1 | 李彦宏 | 百度公司创始人、董事长兼 CEO | 116 | 543 | 50.05% |
| 2 | 陆奇 | 百度董事会副主席、百度集团总裁兼首席运营官 | 36 | 91 | 8.39% |
| 3 | 张亚勤 | 百度公司总裁 | 35 | 82 | 7.56% |
| 4 | 景鲲 | 百度人工智能产品委员会主席、百度度秘事业部总经理、百度副总裁 | 19 | 48 | 4.42% |
| 5 | 李震宇 | 百度副总裁、智能驾驶事业群组（IDG）总经理 | 18 | 44 | 4.06% |
| 6 | 王海峰 | 百度高级副总裁、AI 技术平台体系（AIG）和基础技术体系（TG）总负责人、百度首席技术官、百度研究院院长 | 16 | 44 | 4.06% |
| 7 | 王路 | 百度副总裁 | 19 | 39 | 3.59% |
| 8 | 尹世明 | 百度副总裁、智能云事业群组（ACG）总经理 | 11 | 33 | 3.04% |
| 9 | 向海龙 | 百度高级副总裁及百度搜索公司总裁 | 12 | 33 | 3.04% |
| 10 | 朱光 | 百度公司高级副总裁、度小满金融 CEO | 7 | 23 | 2.12% |
| 11 | 邬学斌 | 百度副总裁 | 7 | 22 | 2.03% |
| 12 | 王劲 | 百度高级副总裁、自动驾驶事业部总经理 | 5 | 15 | 1.38% |
| 13 | 沈抖 | 百度副总裁 | 9 | 12 | 1.11% |
| 14 | 梁志祥 | 百度副总裁 | 5 | 10 | 0.92% |
| 15 | 张东晨 | 百度副总裁兼总编辑 | 5 | 10 | 0.92% |
| 16 | 赵承 | 百度副总裁、百度总编辑 | 6 | 8 | 0.74% |
| 17 | 刘辉 | 百度高级副总裁、百度大学校长 | 5 | 7 | 0.65% |
| 18 | 陆复斌 | 百度副总裁 | 1 | 3 | 0.28% |
| 19 | 马东敏 | 百度 CEO 特别助理 | 2 | 2 | 0.18% |
| 20 | 袁佛玉 | 百度副总裁 | 2 | 2 | 0.18% |
| 21 | 侯震宇 | 百度副总裁 | 2 | 2 | 0.18% |
| 22 | 曾良 | 百度公司副总裁 | 1 | 1 | 0.09% |
| 23 | 李靖 | 百度副总裁 | 1 | 1 | 0.09% |
| | | 总计 | | 1085 | 100% |

资料来源：笔者根据相关新闻报道整理、计算。

表 3-17　阿里新闻动态中涉及的高管

| 编号 | 级别 | 姓名及职位 |
|---|---|---|
| 1 | 集团层面领导人 | 阿里巴巴集团董事局主席马云 |
| 2 | | 阿里巴巴集团执行副主席蔡崇信 |
| 3 | | 阿里巴巴集团总裁 Michael Evans |
| 4 | | 阿里巴巴集团首席执行官、菜鸟网络董事长张勇 |
| 5 | | 阿里巴巴副总裁、天猫总裁靖捷 |
| 6 | | 阿里巴巴副总裁、飞猪总裁李少华 |
| 7 | | 阿里巴巴集团副总裁胡臣杰 |
| 8 | | 阿里巴巴集团资深副总裁、阿里云总裁胡晓明 |
| 9 | | 阿里巴巴集团副总裁徐宏 |
| 10 | | 阿里巴巴集团副总裁钟天华 |
| 11 | | 阿里巴巴集团副总裁兼阿里云 IoT 事业部总经理库伟 |
| 12 | | 阿里巴巴集团副总裁兼阿里云智能战略和市场部总经理郭继军 |
| 13 | | 阿里巴巴集团副总裁、零售通事业部总经理林小海 |
| 14 | | 阿里巴巴副总裁、国际知识产权保护负责人 Matthew Bassiur |
| 15 | | 阿里巴巴集团副总裁、阿里研究院院长高红冰 |
| 16 | | 阿里巴巴集团高级副总裁姚允仁 |
| 17 | | 阿里巴巴集团副总裁庄卓然 |
| 18 | | 阿里巴巴集团副总裁、盒马首席执行官侯毅介 |
| 19 | | 阿里巴巴集团副总裁黄明威 |
| 20 | | 阿里巴巴集团副总裁、零售通事业部总经理林小海 |
| 21 | | 阿里巴巴集团资深副总裁兼飞猪总裁、阿里巴巴全球化事业部总裁、阿里巴巴集团全球化领导小组组长赵颖 |
| 22 | | 阿里巴巴集团资深总监宋君涛 |
| 23 | 职能部门高管 | 阿里巴巴首席平台治理官郑俊芳 |
| 24 | | 阿里巴巴集团首席财务官武卫 |
| 25 | | 阿里巴巴集团首席市场官董本洪 |
| 26 | | 阿里巴巴集团市场部体育营销总经理谢龙 |
| 27 | | 阿里巴巴营销平台事业部总经理刘博 |

(续表)

| 编号 | 级别 | 姓名及职位 |
|---|---|---|
| 28 | 职能部门高管 | 阿里巴巴文化娱乐集团大优酷事业群总裁杨伟东 |
| 29 | | 阿里云全球战略及运动事业部总经理陈天强 |
| 30 | | 阿里巴巴零售设计事业部资深总监杨光 |
| 31 | | 阿里巴巴乡村事业部大农业发展部总经理黄爱珠 |
| 32 | | 阿里巴巴集团品牌合作总监付筱林 |
| 33 | | 阿里巴巴集团品牌－高级创意设计专家林江辉 |
| 34 | | 阿里巴巴文化娱乐集团董事长兼CEO俞永福 |
| 35 | | 阿里大文娱战略和投资委员会主席古永锵 |
| 36 | | 阿里巴巴营销平台事业部总经理家洛 |
| 37 | | 阿里巴巴集团全球化事业部资深总监 Sami Farhad |
| 38 | | 阿里巴巴中小企业国际贸易事务部（ICBU）联席总经理张阔 |
| 39 | | 阿里巴巴体育集团首席执行官张大钟 |
| 40 | | 阿里巴巴集团董事局秘书长邵晓锋 |
| 41 | | 阿里巴巴集团技术委员会主席王坚 |
| 42 | | 阿里巴巴集团高级法务专家樊俊伟 |
| 43 | | 阿里巴巴集团首席技术官、阿里云智能事业群总裁、达摩院院长、阿里云总裁张建锋 |
| 44 | | 阿里巴巴集团首席人才官、菜鸟网络董事长童文红 |
| 45 | | 阿里巴巴人工智能实验室负责人陈丽娟 |
| 46 | | 阿里巴巴人工智能实验室产品和运营总经理杜海涛 |
| 47 | | 罗汉堂秘书长陈龙 |
| 48 | | 阿里巴巴机器智能技术实验室语音交互智能首席科学家鄢志杰 |
| 49 | | 阿里巴巴云智能基础设施总设计师周天宇 |
| 50 | | 阿里巴巴集团合伙人、社会公益部总经理、阿里巴巴公益基金会副理事长孙利军 |
| 51 | | 阿里巴巴合伙人、高德集团总裁刘振飞 |
| 52 | | 阿里文娱集团轮值总裁兼大优酷总裁、阿里音乐首席执行官杨伟东 |
| 53 | | 阿里巴巴公益基金会秘书长王瑞合 |
| 54 | | 阿里巴巴乡村事业部北方大区业务部区域经理高士新 |

(续表)

| 编号 | 级别 | 姓名及职位 |
|---|---|---|
| 55 | | 蚂蚁金融服务集团首席执行官井贤栋 |
| 56 | | 蚂蚁金服集团首席技术官、蚂蚁金服国际事业群首席运营官程立 |
| 57 | | 阿里巴巴集团阿里鱼总经理应宏 |
| 58 | | 蚂蚁金服集团董事长、阿里巴巴脱贫基金副主席彭蕾 |
| 59 | | 阿里云副总裁李津 |
| 60 | | 阿里云副总裁喻思成 |
| 61 | | 阿里云 EMEA 区总经理王业明 |
| 62 | | 阿里云国际业务副总经理王业明 |
| 63 | | 阿里云 CDN 业务负责人朱照远 |
| 64 | | 阿里云香港、澳门及韩国区总经理刘彬星 |
| 65 | | 阿里云智联网首席科学家丁险峰 |
| 66 | | 阿里云机器智能首席科学家闵万里 |
| 67 | 业务部门高管 | 阿里云首席科学家周靖人 |
| 68 | | 阿里云首席量子技术科学家施尧耘 |
| 69 | | 阿里云通信资深业务专家蔡晓敏 |
| 70 | | 阿里云国际业务首席云架构师王宇德 |
| 71 | | 阿里云资深产品专家张侃敏 |
| 72 | | 阿里云智能国际总裁袁千 |
| 73 | | 阿里云亚太区总经理李智勇 |
| 74 | | 阿里云东南亚及澳新业务总经理马镭 |
| 75 | | 阿里云马来西亚区域总经理陈霆健 |
| 76 | | 阿里云新加坡和印度尼西亚区域总经理陈德良 |
| 77 | | 阿里云首席架构师唐洪 |
| 78 | | 阿里云日本市场总经理宋子暨 |
| 79 | | 阿里健康副总裁杨锋 |
| 80 | | 阿里健康资深副总裁马立 |
| 81 | | 阿里健康首席执行官沈涤凡 |
| 82 | | 阿里健康首席执行官、阿里本地生活服务公司总裁、饿了么首席执行官王磊 |

(续表)

| 编号 | 级别 | 姓名及职位 |
|---|---|---|
| 83 | 业务部门高管 | 阿里健康副总裁王培宇 |
| 84 | | 阿里健康医药电商营销总监刘晓菲 |
| 85 | | 阿里健康董事、天猫医药健康事业部总经理康凯 |
| 86 | | 阿里健康追溯码总经理余泽伟 |
| 87 | | 阿里健康市场总监周琲娜 |
| 88 | | 阿里健康医药电商事业部负责人汪强 |
| 89 | | 菜鸟网络总裁万霖 |
| 90 | | 菜鸟网络副总裁、双11物流总指挥史济苗 |
| 91 | | 菜鸟网络副总裁王文彬 |
| 92 | | 菜鸟全球供应链负责人孙蓓蓓 |
| 93 | | 菜鸟国际总经理关晓东 |
| 94 | | 菜鸟「绿色行动」负责人牛智敬 |
| 95 | | 菜鸟网络农村物流业务负责人沈建锋 |
| 96 | | 菜鸟网络农村物流专家李潜飞 |
| 97 | | 菜鸟算法工程师胡浩源 |
| 98 | | 菜鸟网络电器美家供应链总监王政 |
| 99 | | 菜鸟裹裹总经理李江华 |
| 100 | | 菜鸟ET物流实验室算法团队负责人陈俊波 |
| 101 | | 天猫营销平台事业部总经理、双11总指挥刘博 |
| 102 | | 天猫电器城总经理印井 |
| 103 | | 天猫国际副总裁邢悦 |
| 104 | | 天猫国际副总经理刘一曼 |
| 105 | | 天猫国际副总经理易骞 |
| 106 | | 天猫新零售平台事业部总经理叶国晖 |
| 107 | | 天猫汽车总经理俞巍 |
| 108 | | 天猫新零售平台事业部智慧门店总监吴煜 |
| 109 | | 天猫服饰副总经理吕健美 |
| 110 | | 天猫快速消费品(FMCG)事业部总经理胡伟雄 |

(续表)

| 编号 | 级别 | 姓名及职位 |
|---|---|---|
| 111 | 业务部门高管 | 天猫 Luxury Pavilion 总经理陈莉丽 |
| 112 | | 天猫国际业务发展部亚太区总监赵戈 |
| 113 | | 天猫品牌营销中心总监段玲 |
| 114 | | 天猫家装总经理宋广斌 |
| 115 | | 天猫超市香港负责人刘文博 |
| 116 | | 天猫食品总经理方外 |
| 117 | | 天猫生鲜负责人铉清已 |
| 118 | | 天猫运营中心负责人天泽 |
| 119 | | 天猫国际政府事务部负责人王浩洋 |
| 120 | | 天猫淘宝海外香港区总经理陈子坚 |
| 121 | | 天猫服饰事业群总裁刘秀云 |
| 122 | | 天猫进出口事业部总经理刘鹏 |
| 123 | | 天猫生鲜资深总监朱霞 |
| 124 | | 天猫海外总监胡瑜玲 |
| 125 | | 阿里巴巴集团手机淘宝负责人、淘宝总裁蒋凡 |
| 126 | | 淘宝产品平台总监陈镭 |
| 127 | | 阿里巴巴集团淘宝前台市场及全球购业务负责人魏萌 |
| 128 | | 淘宝东南亚区域总监熊媛 |
| 129 | | 淘宝内容电商事业部总经理闻仲 |
| 130 | | 阿里巴巴淘宝技术部资深技术专家贾梦雷 |
| 131 | | 阿里巴巴影业总裁张蔚 |
| 132 | | 阿里影业董事长兼首席执行官樊路远 |
| 133 | | 阿里影业整合开发资深总监董方 |
| 134 | | 阿里影业高级副总裁、淘票票总裁李捷 |
| 135 | | 支付宝港澳台区总经理李咏诗 |
| 136 | | 支付宝北美总裁 Souheil Badran |
| 137 | | 支付宝公益基金会秘书长李姗 |
| 138 | | Alipay Payment Services（HK）Limited 行政总裁陈婉真 |

(续表)

| 编号 | 级别 | 姓名及职位 |
| --- | --- | --- |
| 139 | 业务部门高管 | AlipayHK 营运总裁兼 Alipay Financial Services HK 暂任行政总裁文明轩 |
| 140 | | AlipayHK 董事局主席霍建宁 |
| 141 | | 支付宝南亚和东南亚跨境业务总经理黄寅 |
| 142 | | 聚划算品牌营销中心总经理郑楠 |
| 143 | | 聚划算营销总经理苏誉 |
| 144 | | 钉钉首席执行官陈航 |
| 145 | | 钉钉首席技术官朱鸿 |
| 146 | | 钉钉全球业务拓展主管王黎 |
| 147 | | Lazada 集团现任董事会主席彭蕾 |
| 148 | | Lazada 商务运营首席执行官 Aimone Ripa di Meana |
| 149 | | Lazada 首席执行官 Pierre Poignant |
| 150 | | 飞猪首席设计师、南极游负责人张勇 |
| 151 | | "飞猪购"业务负责人朱昊文 |
| 152 | | 虾米音乐总监龙杨 |
| 153 | | 盒马深圳总经理黄丽娜 |
| 154 | | 盒马鲜生首席执行官侯毅 |
| 155 | | 口碑首席执行官范驰 |
| 156 | | 粤科软件总经理李祥雄 |
| 157 | | 大润发新零售总经理袁彬 |
| 158 | | 阿里巴巴及蚂蚁金服韩国区总经理 Danny Chung |
| 159 | | 阿里巴巴与万豪国际合资公司董事李雨生 |
| 160 | | 阿里巴巴 B2B 台湾和香港业务总经理张岳博 |
| 161 | | 阿里巴巴 B2B 香港业务总经理吴浩玮 |
| 162 | | 阿里巴巴 B2B 香港业务总经理吴增炫 |
| 163 | | 阿里巴巴台湾创业者基金执行总监李治平 |
| 164 | | 阿里巴巴日本公司总经理香山诚 |
| 165 | | 阿里巴巴南欧区总经理 Rodrigo Cipriani Foresio |
| 166 | | 阿里巴巴南欧区总经理 Fernando Alonso |

（续表）

| 编号 | 级别 | 姓名及职位 |
|---|---|---|
| 167 | 业务部门高管 | Alibaba.com 台港和台湾分公司总经理张岳博 |
| 168 | | 阿里巴巴香港创业者基金总干事周骆美琪 |
| 169 | | 阿里巴巴澳新总部董事总经理周岚 |
| 170 | | 阿里巴巴"未来农场"秭归脐橙项目负责人张自由 |
| 171 | | 蔡崇信公益基金会秘书长张正华 |

资料来源：笔者根据相关新闻报道整理。

**表3-18 阿里新闻动态中涉及高管的出现频率**

| 编号 | 姓名 | 职位 | 篇数 | 参考点 | 比例 |
|---|---|---|---|---|---|
| 1 | 马云 | 阿里巴巴集团董事局主席 | 596 | 13929 | 62.43% |
| 2 | 张勇 | 阿里巴巴集团首席执行官、菜鸟网络董事长 | 544 | 5875 | 26.33% |
| 3 | 蔡崇信 | 阿里巴巴集团执行副主席 | 522 | 1592 | 7.14% |
| 4 | 王坚 | 阿里巴巴集团技术委员会主席 | 137 | 285 | 1.28% |
| 5 | 靖捷 | 阿里巴巴副总裁、天猫总裁 | 197 | 259 | 1.16% |
| 6 | Michael Evans | 阿里巴巴集团总裁 | 204 | 243 | 1.09% |
| 7 | 胡晓明 | 阿里巴巴集团资深副总裁、阿里云总裁 | 23 | 50 | 0.22% |
| 8 | Matthew Bassiur | 阿里巴巴副总裁、国际知识产权保护负责人 | 3 | 21 | 0.09% |
| 9 | 陈丽娟 | 阿里巴巴人工智能实验室负责人 | 6 | 10 | 0.04% |
| 10 | 林小海 | 阿里巴巴集团副总裁、零售通事业部总经理 | 2 | 9 | 0.04% |
| 11 | 赵颖 | 阿里巴巴全球化事业部总裁、阿里巴巴集团资深副总裁兼飞猪总裁 | 7 | 8 | 0.04% |
| 12 | 姚允仁 | 阿里巴巴集团高级副总裁 | 2 | 5 | 0.02% |
| 13 | 黄明威 | 阿里巴巴集团副总裁 | 4 | 5 | 0.02% |
| 14 | 徐宏 | 阿里巴巴集团副总裁 | 3 | 4 | 0.02% |
| 15 | 李少华 | 阿里巴巴副总裁、飞猪总裁 | 2 | 3 | 0.01% |

第三章 我国互联网企业的治理行为与策略研究

(续表)

| 编号 | 姓名 | 职位 | 篇数 | 参考点 | 比例 |
|---|---|---|---|---|---|
| 16 | 郭继军 | 阿里巴巴集团副总裁兼阿里云智能战略和市场部总经理 | 3 | 3 | 0.01% |
| 17 | 庄卓然 | 阿里巴巴集团副总裁 | 1 | 3 | 0.01% |
| 18 | 胡臣杰 | 阿里巴巴集团副总裁 | 2 | 2 | 0.01% |
| 19 | 库伟 | 阿里巴巴集团副总裁兼阿里云IoT事业部总经理 | 1 | 1 | 0.00% |
| 20 | 钟天华 | 阿里巴巴集团副总裁 | 1 | 1 | 0.00% |
| 21 | 高红冰 | 阿里巴巴集团副总裁、阿里研究院院长 | 1 | 1 | 0.00% |
| 22 | 侯毅介 | 阿里巴巴集团副总裁、盒马首席执行官 | 1 | 1 | 0.00% |
| | | 合计 | | 22310 | 100% |

资料来源：笔者根据相关新闻报道整理。

表3-19 腾讯新闻动态中涉及的高管

| 编号 | 级别 | 姓名及职位 |
|---|---|---|
| 1 | 集团层面领导人 | 腾讯董事会主席兼首席执行官马化腾 |
| 2 | | 腾讯集团副总裁、腾讯影业首席执行官程武 |
| 3 | | 腾讯副总裁林璟骅 |
| 4 | | 腾讯公司副总裁郑香霖 |
| 5 | | 腾讯高级副总裁、腾讯公益慈善基金会理事长郭凯天 |
| 6 | | 腾讯高级副总裁马晓轶 |
| 7 | | 腾讯公司高级副总裁、党委书记郭凯天 |
| 8 | 职能部门高管 | 腾讯智能创新业务部总经理吴丹 |
| 9 | | 腾讯公司安全管理部副总经理陈勇 |
| 10 | | 腾讯公司政务业务部总经理及长城专项基金主任葛焰 |
| 11 | | 腾讯青年发展委员会副主席李航 |
| 12 | | 腾讯青年发展委员会秘书长谈天 |
| 13 | 业务部门高管 | 腾讯音乐董事长汤道生 |

资料来源：笔者根据相关新闻报道整理。

表3-20 腾讯新闻动态中涉及高管的出现频率

| 编号 | 高管姓名 | 职务 | 篇数 | 参考点 | 比例 |
|---|---|---|---|---|---|
| 1 | 马化腾 | 腾讯董事会主席兼首席执行官 | 20 | 44 | 54.32% |
| 2 | 程武 | 腾讯集团副总裁、腾讯影业首席执行官 | 8 | 23 | 28.40% |
| 3 | 林璟骅 | 腾讯副总裁 | 2 | 8 | 9.88% |
| 4 | 郭凯天 | 腾讯高级副总裁、党委书记、腾讯公益慈善基金会理事长 | 2 | 3 | 3.70% |
| 5 | 马晓轶 | 腾讯高级副总裁 | 1 | 2 | 2.47% |
| 6 | 郑香霖 | 腾讯公司副总裁 | 1 | 1 | 1.23% |
| | | 合计 | | 81 | 100% |

资料来源：笔者根据相关新闻报道整理、计算。

首先从涉及的人员来看，百度共涉及高管84人，阿里共涉及高管171人，腾讯共涉及高管13人，见表3-21。在集团层面上，相对于阿里，腾讯和百度集团领导人出现的比例高达53.8%（7人）和27.4%（23人），阿里只有12.7%（22人）。在职能部门层面，腾讯的占比最高，为53.8%（7人），百度和阿里比例相当，分别为17.9%（15人）、27.4%（23人）。在业务层面，阿里和百度占比较高，分别为68.4%（117人）、54.8%（46人），腾讯的业务层面高管占比最低7.7%（1人）。另外，本书还注意到，百度和腾讯新闻动态中出现的高管基本上都是华人，而阿里的高管包含了10名外国人，包括阿里巴巴集团总裁Michael Evans、阿里巴巴副总裁、国际知识产权保护负责人Matthew Bassiur、阿里巴巴集团全球化事业部资深总监Sami Farhad、支付宝北美总裁Souheil Badran、Lazada首席执行官Pierre Poignant、Lazada商务运营首席执行官Aimone Ripa di Meana、阿里巴巴韩国区总经理Danny Chung、阿里巴巴日本公司总经理香山诚、阿里巴巴南欧区总经理Rodrigo Cipriani Foresio、阿里巴巴南欧区总经理Fernando Alonso。这一方面说明相对于百度和腾讯，阿里在用人方面更加的国际化，另一方面反映出阿里的国际化进程。

第三章 我国互联网企业的治理行为与策略研究

表 3-21 BAT 新闻动态中涉及高管及所占比例

|  | 百度 | | 阿里 | | 腾讯 | |
| --- | --- | --- | --- | --- | --- | --- |
|  | 人数 | 比例 | 人数 | 比例 | 人数 | 比例 |
| 集团领导人 | 23 | 27.4% | 22 | 12.7% | 7 | 53.8% |
| 职能部门高管 | 15 | 17.9% | 32 | 18.7% | 5 | 38.5% |
| 业务部门高管 | 46 | 54.8% | 117 | 68.4% | 1 | 7.7% |
| 总数 | 84 | 100% | 171 | 100% | 13 | 100% |

资料来源：笔者根据相关新闻报道整理、计算。

其次，从高管出现的频率来看，百度的李彦宏和腾讯的马化腾出现的频次比例比较接近，分别是 50.05% 和 52.38%，阿里的马云出现的频次比例较高，为 62.43%。本书还发现，阿里和腾讯分别各有一个高管的出现频次比例达到了 20% 以上，分别是阿里的张勇（26.33%）和腾讯的程武（27.38%），而百度除李彦宏之外，出现频次比例最高的陆奇只有 8.39%。不过，百度除陆奇之外，张亚勤、景鲲、李振宇、王海峰、王路、尹世明、向海龙、朱光、邬学斌的占比都超过了 2%，而阿里除了张勇和蔡崇信之外，其他人的占比都低于 2%，王坚、靖捷、Nichael Evans 都只超过 1%。百度的李彦宏和陆奇，以及腾讯的马化腾和程武在出现的篇数上差别比较大，分别为（116/36）3.2 倍和（20/8）2.5 倍，而阿里的马云、张勇和蔡崇信出现的篇数比较接近，分别为 596 篇、544 篇、522 篇，由于马云出现的频次更高，从而拥有更多的频次数和占比。

最后，本书按月对新闻动态中涉及的高管进行了统计，并列出了 BAT 中出现频次居于前五位的高管，见图 3-8、图 3-9、图 3-10。这里统计的是 BAT 高管实际出现的次数，每位高管无论在一篇新闻中出现多少次，只按照一次计算。可以看出，百度和阿里在新闻报道中涉及的高管数量比较多，百度的李彦宏和阿里的马云在绝大多数时候都拥有绝对高的曝光率，而腾讯涉及的高管比较少，即使是马化腾，曝光率也很低。百度数位高管（陆奇、张亚勤、景鲲、李震宇）都拥有比较高的曝光率，而阿里除了马云和张勇之外，其他高管的曝光率都很低。从高管出现的频率，还可以看出其在所在企业的人事变化。陆奇从2017年1月加入百度后，曝光次数迅速上升，一度超过李彦宏，但2018年3月之后就销声匿迹。2018年7月，百度宣布陆奇离职。阿里的张勇出现频率一浪高过一浪，到2018年11月甚至超过了马云。2018年9月10日，马云宣布自己2019年9月10日将不再担任董事局主席，由张勇接任。

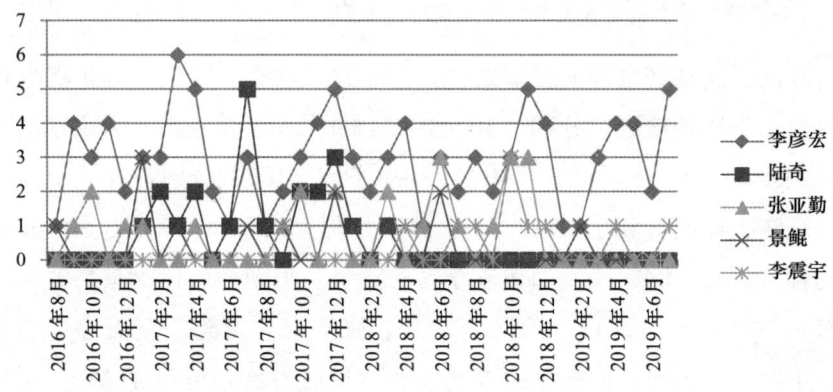

图3-8 百度出现频率前五位的高管

资料来源：笔者根据相关新闻报道整理、计算。

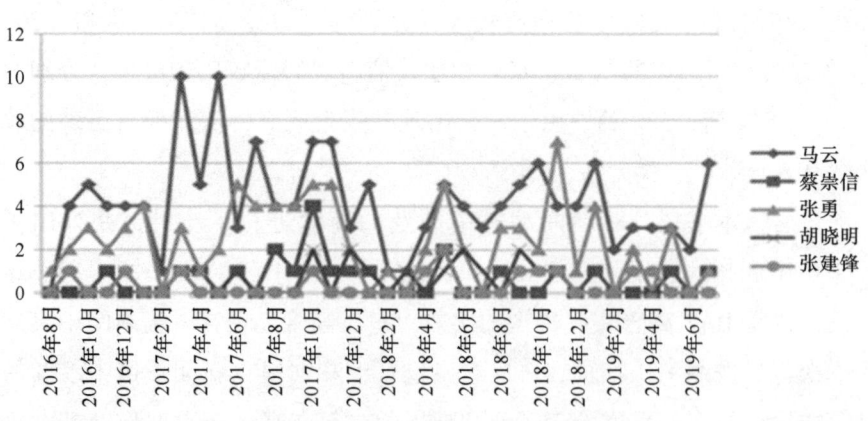

图3-9 阿里出现频率前五位的高管

资料来源：笔者根据相关新闻报道整理、计算。

第三章 我国互联网企业的治理行为与策略研究

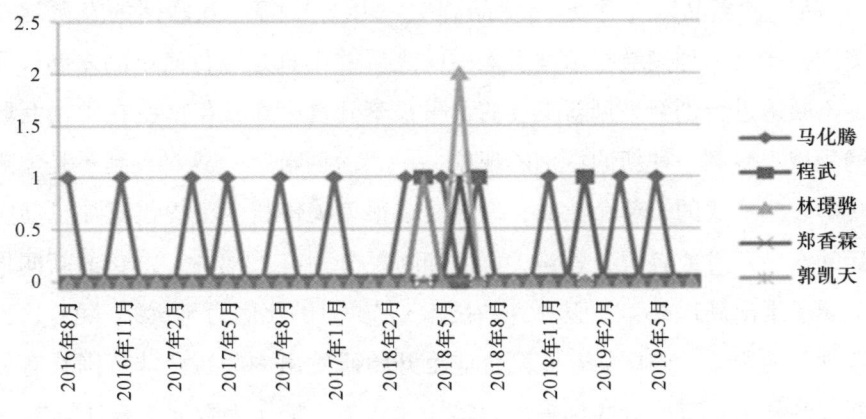

图 3-10 腾讯出现频率前五位的高管
资料来源:笔者根据相关新闻报道整理、计算。

## 第五节 结果讨论和研究推论

章晓英、苗伟山（2015）在《新闻与传播研究》名词专栏对"互联网治理"做界定时指出，互联网治理关涉到四个基础问题：（1）大家关心和讨论的议题是什么（what-issues）。（2）涉及哪些主体及相关关系是什么（who-actors）。（3）这些主体行动的原则或模式是什么（how-processes）。（4）行动的范围和区域如何（where-scopes）。基于 BAT 的案例，本书尝试着对我国互联网企业如何参与全球互联网治理做出回答。

### 一、企业参与互联网治理关注的议题

通过对 BAT 近三年 930 篇新闻报道的词频分析，本书发现 BAT 关注的首要话题是"技术/科技"，出现最多的词是"科技"、"创新"、"数字化"、"智能"、"人工智能"、"驾驶"、"自动"以及与此相关的

"产品"、"新品"、"服务"、"品牌"、"用户"等。互联网的发源地在美国，作为一种高端技术被引入中国之后并不只是进行简单的复制，而是不断地进行创新。创新工场的董事长李开复早在几年前就在中国互联网领域观察到一种新的特别的现象——"微创新"①。这种创新不是大规模的、颠覆式的、革命性的，但却是在很多关键技术上提供更加灵活实际的产品开发或者服务思路。百度和阿里分别有 23.1%、24% 的新闻报道属于推出新产品、新服务（新技术），腾讯的比例为 5.6%。随着这种微创新的积累，中国的互联网企业也开始研发出一些在全球范围具有创新性的技术。百度近些年来大力实施"人工智能+大数据+云计算"三位一体战略，其自然语言技术、无人车技术、刷脸支付技术连续三年（2016—2018 年）被全球知名科技媒体《麻省理工评论》列入"全球十大突破性技术"榜单，《财富》杂志则把百度和谷歌、Facebook 和微软并列为全球人工智能四强，国际顶级期刊 Nature 评价称"百度已成长为以 AI 技术为重心的科技巨头"。2019 年 5 月，百度宣布自研底层区块链技术 XuperChain 正式开源，这是属于中国人自研的底层区块链技术。阿里拥有 2.5 万名工程师和科学家，在研发方面积极投入，已经取得研发技术有面向汽车、IoT 终端、IoT 芯片和工业领域研发物联网操作系统 AliOS、中国第一个大规模应用金融级数据库、广泛应用于社会的人工智能 ET 大脑，以及最尖端的云上量子安全加密数据传输服务等。2017 年 10 月，阿里宣布成立的全球科研项目"达摩院"，投资千亿进行科技创新。2019 年 9 月，达摩院公布两周年成绩单，获 40 余项世界第一。② 腾讯动漫登上《福布斯》2018 福布斯创新力企业新榜。

---

① 叶慧珏、周一慰：《创新工场李开复：微创新改变中国互联网》2011 年 9 月 14 日，https://tech.qq.com/a/20110914/000062.htm（访问时间：2019 年 10 月 12 日）。

② 刘狄青：《阿里巴巴达摩院公布成绩单：获 40 余项世界第一》，2019 年 9 月 25 日，http://www.chinaz.com/news/2019/0925/1050602.shtml。

第三章 我国互联网企业的治理行为与策略研究

推论1a：我国互联网企业在互联网治理方面首要关注的是如何通过技术创新为用户创造更大的价值。我国的互联网企业已经从"微创新"发展到开始引领全球技术创新。

第二个重要话题是合作，出现频率比较高的词是"互联网、合作、资源、618、拓展、提升、共同、发展、生态、伙伴、模式、生意"等。由于信息化的快速推进，现实世界越来越多地映射到网络空间，网络空间与现实世界深度嵌套和广泛互动。在2015年全国两会上，全国人大代表马化腾提交了《关于以"互联网+"为驱动，推进我国经济社会创新发展的建议》的议案，获得了国家的响应。2015年7月4日，国务院印发《国务院关于积极推进"互联网+"行动的指导意见》，国家的"互联网+"战略进一步促进了互联网和实体经济的融合。阿里与全球75个国家和18万个品牌建立了合作关系，天猫成为全球奢侈品的第一平台，2019年的"618"吸引全球111个奢侈品牌参与。百度则更多地通过各种大会、峰会、联盟等与产业链上下游建立合作关系。

推论1b：我国的互联网企业普遍关注如何通过合作获得更多的认可和支持，在更大范围、更宽广领域进行服务和参与治理，更好地发挥自身的优势。

第三个重要的话题是"全球化"，出现最多的相关词汇为"全球化"、"国际"、"全球"、"跨境"、"世界"、"海外"、"开放"、"新加坡"、"日本"、"印尼"、"非洲"等。互联网是没有国界的，随着我国互联网企业的崛起，我国的互联网企业也不断地将业务向全球拓展，这可以从表3-10、3-11涉及的众多外国政府和企业等外部利益相关者看出来。作为全球最大的电商平台，阿里非常重视世界电子贸易平台（eWTP）倡议在全球范围的推广。

推论1c：随着我国互联网企业的崛起，我国互联网企业开始关注如何在全球范围更有效地进行资源配置，更好地参与全球互联网治理。

第四个重要话题是"公益"，与此相关出现最多的词汇分别是"文化"、"社会"、"责任"、"公益"、"健康"、"女性"、"人民"、"公众"、"教育"、"敦煌"、"长城"、"故宫"等。BAT分别有11.3%、10.2%、50%的新闻属于环保公益行为,腾讯还专门成立了"腾讯公益网"。一方面,BAT作为中国互联网产业的领军企业,社会公众期望它们能够履行更多的社会责任,解决社会发展中存在的问题。另一方面,履行社会责任也是像BAT这样的头部互联网企业的自觉行为。

推论1d:我国的互联网企业普遍关注如何通过更好地参与公益活动来满足社会的期望,提升自身的社会合法性。

## 二、企业参与互联网治理涉及的主体及利益相关者

根据本书此前的分析,BAT都有数十个业务部门,作为集团的控股公司,这些业务部门都是独立的市场主体,它们分别在自己的业务领域内参与互联网治理。阿里和腾讯主营业务板块比较突出,其他业务板块在主营业务板块的带动下呈现出"雁形"发展模式,所以业务主体的参与非常活跃,而百度近年来处于业务转型的过程中,市值已经从2017年的最高市值819亿美元跌落到2019年9月的364亿美元,具体表现是主营业务不突出,参与治理主要在集团层面。百度的"百度内容安全中心"和百度合规风控监察委员会(GRC)、阿里的"阿里巴巴平台治理部",以及腾讯的"QQ安全"都是在集团层面参与互联网治理的重要机构。

推论2a:我国大型互联网公司参与治理的主体表现在集团和业务单元两个层面,业务层面参与主体众多,集团层面普遍设立了专门的治理机构。

全球互联网治理的三大主体分别是政府、互联网企业和市民社会。由于互联网企业有资源、动机、能力和利益,在技术标准制定、技术治理手段方面有着其他治理主体难以比拟的优势,因而是网络空间事实上的操盘手。按照敬乂嘉等(2018)的观点,私人行为者和外部行动者主

## 第三章 我国互联网企业的治理行为与策略研究

要通过四个方面影响与政府间的关系：第一是沟通，外部行动者参与可以起到补充作用；第二是中介，通过发挥倡导作用影响政府间行为；第三是杠杆作用，不仅是体制内发挥影响，也在体制外创造压力推动整体的政府决策和实施；第四是协调，私人行动者的参与可以使决策和执行之间的衔接更加有效。本书此前对于 BAT 外部利益相关者的分析清楚地表明互联网企业在互联网治理中关键的协调角色。

推论 2b：我国互联网企业的外部利益相关者主要有政府、商业伙伴、环保教育公益组织及其帮扶对象、媒体、行业性组织及知名专家、消费者等。

### 三、治理主体行动的原则或者模式

波士顿咨询公司（BCG）联合阿里研究院、百度发展研究中心于 2019 年 1 月共同推出《解读中国互联网新篇章：迈向产业融合》，报告指出，中国互联网企业更加积极地走向产业互联网，互联网与实体经济在加速融合中。报告认为，中国在前端消费行为高度数字化，消费互联网的前端应用及商业模式的创新正沿着价值链牵引后端生产等环节进行数字化协同。在消费互联网带动产业互联网这个独特的中国数字化发展路径中，中国互联网企业扮演着重要角色（BCG 等，2019）。为了在互联网治理的技术标准、资源分配、公共政策制定等问题上达成一致的原则和规范，互联网企业普遍采取了和传统实体产业中的利益主体等进行结盟合作来进行优势互补，以及建立联盟的方式协调彼此立场。本书通过对 BAT 新闻动态的分析，发现了大量关于结盟合作的新闻，BAT 各有 27.2%、28.5%、22.2% 的行为属于与其他非政府主体之间的结盟合作行为。作为一种市场行为，这种结盟合作或者建立联盟的方式对于结盟的双方是互惠互利、公平对等的，因而成为一种最为普遍的协作模式。

我国企业参与互联网治理研究

推论3：我国互联网企业主要采取的是积极与社会各方结盟合作的模式，合作的原则是优势互补、平等互利。

## 四、行动的范围和区域

参与互联网治理的范围是指参与治理的层次，包括基础架构层、协议层、应用层、内容层。Robert J. Domanski（2018）指出，各国政府和大型私营电信公司（主要是美国）在基础架构层占据主导权，ISOC、IETF 和 W3C 等国际工程联合会在技术协议层通过"粗略共识"原则掌控，大型私营商业互联网公司在软件应用层占据主导地位，各国政府、互联网服务提供商（ISP）和私营网站运营商在内容层拥有治理权。我国互联网企业对互联网的治理主要集中在内容层和软件应用层，但随着技术实力的积累，我国互联网企业也开始逐步进入协议层乃至基础架构层。阿里巴巴牵头研制了大数据安全国家标准，该标准基于阿里巴巴提出的数据安全成熟度模型（DSMM）进行研制，2018 年 1 月国际电信联盟电信标准部门（ITU－T）发布了阿里巴巴牵头制定的"电子商务业务数据生命周期管理的安全参考架构"国际标准（编号为：ITU－T X.1040）。此外，阿里巴巴在 ISO 牵头制定《Big data security capability maturity model》的国际标准研究项目，在 CCSA 牵头制定行业标准《面向互联网的数据安全能力技术框架》，来将阿里积累多年的数据安全管理经验通过标准的方式输出给业界。"AI 先生"李彦宏在 2019 年的中国发展高层论坛上表示，中国多项技术指标领先美国，中国正在改变世界科技走向。李彦宏在 2018 年 5 月贵阳数博会上提出 AI 伦理四原则，在 2018 世界人工智能大会提出未来公司是否 AI 化的三条判定标准，得到业界的广泛认同。2019 年 5 月，百度首次发布区块链品牌——Xuper，并宣布这项国人自研的底层区块链技术 Xuper Chain 正式开源。这些都标志着我国在互联网底层核心技术和标准制定领域的重大进展。

第三章　我国互联网企业的治理行为与策略研究

参与治理的区域是指地理范围。BAT 近年来非常重视全球化，注重在全球范围进行资源配置。百度国际事业部已经在印尼、泰国、印度等国深耕多年，2018 年 5 月成立新的百度国际事业部，聚焦 AI 技术及产品全球布局，深耕北美、日韩、东南亚等市场。阿里巴巴的全球化战略有"五个全球"，即全球买、全球卖、全球付、全球运、全球游，以及"五个新"，即新零售、新制造、新金融、新技术、新能源。腾讯近年来也非常重视全球化，腾讯游戏提出了"全球化融合"的战略，主要凭借资本扩张和产品代理，通过投资收购来拓展海外市场。

推论 4：我国互联网企业在参与全球互联网治理的层次上正在由内容层、软件层向协议层、基础架构层拓展，在地域范围上正在从国内走向全球市场。

## 第六节　研究结论与启示

### 一、研究的主要结论

互联网企业作为互联网治理的三大主体中最活跃的主体以及网络空间事实上的操盘手，在互联网治理中发挥重要的作用。通过对 BAT 近三年新闻动态的分析，本书发现我国互联网企业的治理行为主要由市场服务行为、结盟合作行为、社会宣传行为、政治关联行为、环保公益行为组成，对应的治理绩效表现为技术绩效、经济绩效、政治绩效和伦理绩效。我国互联网企业在治理方面主要关注技术创新、合作发展、全球化和公益活动。参与治理的主体包括众多的业务主体和集团层面的专门治理机构，涉及的相关利益方有政府、商业伙伴、环保教育公益组织、媒体、行业性组织和消费者。在治理方式上主要采取的是积极与社会各方结盟合作的模式，在治理层次上正在由内容层、

我国企业参与互联网治理研究

软件层向协议层、基础架构层拓展，在地域范围上正在从国内走向全球市场。

## 二、研究启示

本书基于近三年 BAT 企业官方网站新闻动态，通过内容分析的方法对互联网企业参与互联网治理的活动进行了深入剖析。尽管互联网企业实际的治理活动涉及的范围远远大于本书所涉及的范围，但是本书的研究结果对于我国更好地参与全球互联网治理、对于互联网企业更有效地参与治理具有一定的意义。

当前，全球网络空间已经成为大国战略博弈的新场所，网络空间因其所具有的战略价值成为国家竞争的热点和焦点。从党的十九大报告八次提到"互联网"，习近平总书记在公开讲话中连续 7 次提到要"主动参与网络空间国家治理"、"推动全球互联网治理体系变革"，不难看出"推动全球互联网治理体系变革"对国家发展的重要意义。然而，我国在参与全球互联网治理方面受到很多的抵制。造成这种现状的原因可能与我们的互联网企业在互联网治理中的作用不足有关。文献指出我国互联网企业、市民团体参与治理的广度和深度上与西方企业相比有较大差距（孙永革、郎平，2017）。华为、阿里巴巴和三大运营商等在内的中国领军企业对参与 ICANN 活动，一直缺乏足够的兴趣，没有形成长期的动力（方兴东、陈帅，2017）。本书的研究表明，我国的互联网企业在参与互联网治理方面是非常积极的，同时也是卓有成效的。本书所揭示的 BAT 的参与行为和参与策略对于其他互联网企业也非常有借鉴意义。互联网企业需要充分认识到参与互联网治理的意义和价值，将自身行为与国家战略结合起来，根据自身的发展阶段和发展状况，更广泛、更有效地参与互联网治理。

# 第四章 我国互联网企业治理行为与治理绩效及财务绩效关系的实证研究

在上一章,通过对 BAT 的案例研究,揭示出我国互联网企业的治理行为类型,但这些行为类型是否具有普遍性还有待进一步验证,进而互联网企业的治理行为与企业绩效之间的关联性还需要实证检验。本章建立了互联网企业治理行为与企业绩效之间关联性的概念模型,提出相关假设,通过大样本统计的方法验证了这些假设。

## 第一节 引言

作为人类生存的新空间、发展的新驱动和安全的新领域和新载体,网络空间成为世界各国竞争的新高地(王桂芳,2017)。然而当前网络空间治理秩序是西方国家主导下建立的,具有明显的霸权特征(刘少华,2016;罗昕,2017)。我国在网络空间治理格局中处于边缘化的状态,发挥的作用离国家利益需求仍有差距,与我国互联网发展状况不尽匹配(孙永革等,2017;俞婷宁,2017)。对于我国在网络空间中处于边缘化的原因,学界从内外部进行了分析。就外部原因而言,主要是以美国为首的发达国家的反对和牵制,就内部制约而言,学界认为我国参与互联网治理的主体和策略都存在一定的问题：对多利益攸关方机制的认识不足；对治理模式长期缺乏战略，表态口径不一，统一策略缺失；对各治理平台认识分析不够，缺乏应变；企业参与动力不足；民间机构独立性不足，不利于充分发挥"软实力"等问题（郭丰，刘碧琦，赵旭，2017；孙永革，郎平，2017）。当前互联网领域发展不平衡、规则不健全、秩序不合理等问题日益凸显，网络霸权主义、网络安全威胁等严重破坏全球互联网生态，习近平总书记提出了"深化网络空间国际合作，携手构建网络空间命运共同体"的主张。"构建网络空间命运共同体应加强政府、国际组织、互联网企业、技术社群、社会组织、公民个人等各主体的沟通与合作，形成立体协同的治理架构。"（世界互联网大会组委会，2019）由于互联网企业处于互联网发展与安全的第一线，不仅是数字经济建设的关键主体，也是网络空间治理的重要参与者。互联网企业通过代码构建了网络空间的基本架构和规则，是连接现实空间和网络空间的桥梁和纽带，在信息技术的研发与应用、数据资源的占有、技术人才的储备、海量用户等方面优势突出，拥有较为强大的网络支配力，因此，本书这里主要关注我国互联网企业的参与治理状况。

从参与全球治理体系到建设国际网络架构，从发展数字经贸到培育国家—产业联动机制，中国互联网已全方位地融入全球主流格局与规则中（洪宇，2016）。但对于我国互联网企业参与治理的状况而言，现有的研究大多认为相比发达国家，中国的私营企业在国际规则制定和治理参与广度和深度上有较大差距，几乎难见其身影（邹军，2016；孙永革、郎平，2017）。他们将原因归结为中国有足够的市场，缺乏参与国际规则制定的经验，缺乏参与治理的原动力，有意无意对企业参与治理的忽略等。这些论述固然有其合理的一面，但是这些论断更多的是基于经验的判断，缺乏实证的研究，更多的是直观的分析，缺乏理论的引导。事实上，作为一种"扩展的秩序"，我国互联网企业参与互联网治理和规则制定是与中国互联网经济的发展相一致的。经过二十多年的发

第四章 我国互联网企业治理行为与治理绩效及财务绩效关系的实证研究

展,我国的互联网企业已经具备了同世界领先的互联网企业竞争的实力,全球十大互联网公司占到5席,独角兽企业数量占全球近三成(波士顿顾问公司等,2017),越来越多的互联网企业开始"走出去",积极拓展海外市场,传播中国网络空间治理理念和经验。那么,我国的互联网企业是如何参与治理的?我国互联网企业参与治理取得哪些绩效?我国互联网企业参与治理的行为与治理绩效和财务绩效之间是一种什么关系?当前,国际互联网治理进程刚刚处于"提出规范"的早期阶段,治理格局依然处于演变分化之中(郎平,2016),我国正处于参与全球互联网治理的重大战略机遇期(罗昕,2017)。本章试图基于治理理论和企业战略理论,通过实证的方法对这些问题做出回答,对于正确认识我国互联网企业的治理行为及其与企业财务绩效之间的关联性,引导我国互联网企业积极参与治理,无疑具有重要的理论和现实意义。

## 第二节 理论分析和研究假设

### 一、互联网企业的治理行为和治理绩效

企业行为是企业为了实现经营目标和经济利益,在特定的经济环境中,对外部经济做出的常规性反应(余东华,2006)。治理一词在不同的文献中有多种含义和用法,但有一基本相同之处:"治理所指,是统治方式的一种新发展,其中的公私部门之间以及公私部门各自的内部界线均趋于模糊。治理的本质在于,它所偏重的统治机制并不依靠政府的权威或许可。"[①] 互联网的快速发展以及由此所衍生出来的网络空间治理问题成为国际社会关注的热点。联合国下属的互联网治理小组给出的互联网治理的工作定义得到广泛的认可和引用。互联网治理是政府、私营

---

① 格里·斯托克著:《作为理论的治理:五个论点》,华夏风译,载《国际社会科学杂志(中文版)》,2019年第3期,第23页。

部门和民间社会根据各自的作用制定和实施,旨在规范互联网发展和使用的共同原则、准则、规则、决策程序和方案。互联网企业作为互联网治理三大主体之一,是互联网治理的主要参与者,其行为也属于互联网治理的一部分。"实行治理,则参与者最终便形成自主自治的网络。"① 基于上述联合国对于互联网治理的定义,本书将企业的互联网治理行为界定为:为了更好地使用和发展互联网,互联网企业根据自身的角色和作用,在企业经营过程中就技术标准、资源分配、网络用户行为规范和公共政策制定等问题与政府和民间社会沟通协调,以达成共同的原则、准则、规则、决策程序和方案,目的是实现互联网有序运作,造福大众。微观企业行为的结果是企业产出,互联网企业治理行为的结果表现为治理绩效,将互联网企业的治理行为和治理绩效进行结合研究,具有非常高的现实相关性。互联网企业的治理绩效是指互联网企业参与互联网治理过程中消耗各种资源所获得的技术、经济、政治和伦理方面的利益和效益,它本质上是互联网企业对社会责任的履行情况及其表现。互联网企业的治理绩效可以划分为技术绩效、经济绩效、伦理绩效和政治绩效四种。因此,本书提出:

假设1a:互联网企业的治理行为对互联网企业的治理绩效有正的影响。

此外,互联网企业的治理行为必然会对其财务绩效产生相应的影响。王哲(2017)分析了全球知名互联网企业参与社会治理的经验后发现,企业的营利性质与参与社会治理不仅不是矛盾的,反而是相互促进的。因此,本书提出:

假设1b:互联网企业的治理行为对互联网企业的财务绩效有正的影响。

---

① 格里·斯托克著:《作为理论的治理:五个论点》,华夏风译,载《国际社会科学杂志(中文版)》,2019年第3期,第28页。

第四章 我国互联网企业治理行为与治理绩效及财务绩效关系的实证研究

## 二、互联网企业的行为特点和治理绩效

研究企业竞争互动行为的战略管理学者将企业竞争行为的特点概括为广度、范围、威胁性、复杂性、合作性和整合性六个方面,并认为这些特点对企业非市场行为、市场行为与企业绩效之间的关系具有调节影响(Chen et al., 1992; Smith et al., 1991; 卫武,2009)。田志龙、邓新明、Taeb Hafsi(2007)认为,竞争行为的关键特征有进攻/回应、规模和合作性。基于互联网企业治理行为的定义以及我国互联网企业行为的特点,本书认为我国互联网企业治理行为的广度、范围、层次和合作性四个关键特征对于治理行为和治理绩效之间的关系具有调节影响。

1. 治理行为的广度

参照Smith, Grimm和Gannon(1992)对于竞争行为广度的界定,本书将互联网治理行为的广度界定为互联网企业采取任何治理行为所需要的资源数量。资源投入比较大的行为属于战略性行为,资源投入比较小的行为属于战术性行为。动态竞争理论认为,对于战略性行为来说,竞争对手在短期内很难将资源做出适当分配从而及时回应。对于战术性行为来说,竞争对手在短期内能够比较容易分配适当资源从而做出及时回应。对于企业提高绩效水平而言,一个战略性的治理行为比一个战术性的治理行为要重要得多。因此,本书提出:

假设2a:互联网企业治理行为的广度对治理行为与治理绩效之间的关系具有调节影响。

假设2b:互联网企业治理行为的广度对治理行为与财务绩效之间的关系具有调节影响。

2. 治理行为的范围

企业竞争活动行为的范围是指一个竞争行为可能潜在影响的竞争对手的数量(卫武,2009)。对于互联网企业的治理行为,本书将行为的

范围界定为一个治理行为可能潜在影响的国家梯队层次。崔保国（2016）借用毛主席的"三个世界的理论"将网络空间划分为三个梯队，美中作为网络超级大国处于第一梯队，欧洲、日韩、俄罗斯等作为网络发达国家处于第二梯队，印度、巴西等新兴市场国家以及埃及、沙特等中东国家作为网络发展中国家处于第三梯队。从国家地理范围来说，随着我国互联网产业的崛起，我国互联网企业将业务范围从国内拓展到国外，从上述第三梯队国家拓展到处于第一梯队的美国，面对的竞争对手更加广泛，所产生的影响是逐步加大的，市场范围也是逐步扩大的。因此，本书提出：

假设3a：互联网企业治理行为的范围对治理行为与治理绩效之间的关系具有调节影响。

假设3b：互联网企业治理行为的范围对治理行为与财务绩效之间的关系具有调节影响。

3. 治理行为的层次

观察世界网络空间的视角可以用"三个世界的理论"，而讨论世界网络空间的治理问题则可以用比较务实的物理网络层面（基础设施及架构）、传输网络层面（资源配置、技术标准及协议等）、应用网络层面（应用标准、内容、媒体、平台等）"三个层面"的方法来展开（崔保国，2016）。就治理的层次来说，由于以美国为首的西方国家在互联网技术上处于总体领先地位，它们在物理网络层和传输网络层处于优势地位，我国的优势则正在从应用网络层向物理网络层逐步拓展。因此，本书提出：

假设4a：互联网企业的治理行为涉及的网络空间层次对治理行为与治理绩效之间的关系具有调节影响。

假设4b：互联网企业的治理行为涉及的网络空间层次对治理行为与财务绩效之间的关系具有调节影响。

# 第四章 我国互联网企业治理行为与治理绩效及财务绩效关系的实证研究

### 4. 治理行为的合作性

治理行为的合作性是指互联网企业与政府、国际组织、行业内外的企业、技术社群、社会组织、公民个人等建立相互信任、协调有序合作行为的程度。这种合作性首先是指互联网企业与其他治理主体之间的合作。互联网治理的复杂性决定了互联网企业必须与其他主体进行有效合作才能实现自身的目的。除了不同主体之间的合作，还涉及行业内不同企业之间的合作。面对当前日益激烈的市场竞争，企业采取纯粹的竞争行为正在被多方竞合行为所替代，有实力的企业通过合作联盟获取领先优势，从而有实力与更强者合作，寻求更大的竞争优势。实证研究发现，把握产业集群中企业间的竞合选择对提升集群中企业技术创新绩效尤为重要。集群内企业间的合作对技术创新绩效的影响大于企业间的竞争对技术创新绩效的影响（张惠琴等，2011）。因此，本书提出：

假设5a：互联网企业治理行为的合作性对治理行为与治理绩效之间的关系具有调节影响。

假设5b：互联网企业治理行为的合作性对治理行为与财务绩效之间的关系具有调节影响。

## 三、互联网企业的治理绩效和财务绩效

管理学界关于企业社会绩效和财务绩效之间的关系历来存在两种对立的观点：以弗里德曼（Milton Friedman）为代表的学者认为，企业的责任就是为股东创造利润，承担社会责任是对企业资源的"滥用"。而以弗里曼（R. Edward Freeman）为代表的学者提出了著名的利益相关者理论，认为企业应承担社会责任而非只关注股东的利益，战略性地承担社会责任虽然会使企业牺牲短期的经济效益，但是会给企业带来长期的收益。实证研究的结果也是众说纷纭：不少研究指出企业的社会绩效与财务绩效之间呈正相关关系，也有研究认为两者之间呈负相关关系，还有研究表明两者之间的关系并不显著（卫武，2012）。国内外学者对有

我国企业参与互联网治理研究

关企业社会绩效和企业财务绩效之间关系的研究结论总体上仍然保持一种"不确定"的状态（卫武，2012）。本研究所涉及的互联网企业治理绩效本质上是一种社会绩效。在当前的全球互联网治理中"多利益攸关方"模式是处于主导地位的治理模式。多利益攸关方模式并不是单一的模式，也不是唯一的解决方案，而是一系列基本原则，比如包容和透明、共同承担责任、有效的决策和执行（崔保国，2016）。虽然各方对于多利益攸关方模式的认识有所不同，但它是当前网络空间全球治理领域被广泛认同的治理模式，不仅被认为是互联网治理的最好途径，也被认为是提供了更普遍的全球治理的创新模式（Wu，1997）。尽管我国倡导的"多边模式"与多利益攸关方模式在政府发挥的作用上存在差异，但中国网络治理真实的实践经验，可能并不在多方和多边的对立两端，而在两者之间。无论是中国倡导的国际网络治理理念，还是中国网络治理的实践过程，都在事实上践行了多方模式（方兴东等，2017）。在这个模式中，利益攸关方是指在某一特定组织中有直接或间接利益或利害关系的个人、团体或组织，这些可能是企业、市民社会、政府、研究机构和非政府组织，而且这些相关方将被平等对待。尽管学界对于多利益攸关方模式有很多的批评（DeNardis & Raymond，2013；Taylor，2014；弥尔顿·穆勒，2015；张新宝、许可，2016；Verhulst et al.，2017），但它是互联网治理领域跨国权力精英的代理人谈判的结果（Chenou，2014）。互联网企业通过将社会利益关系融合到企业的日常经营、战略目标和价值主张中，识别并满足利益相关方的需要，并通过良好的企业社会责任时间积累起来的企业治理绩效（社会绩效）能够有效提升企业的财务绩效。因此，本书提出：

假设6a：互联网企业的治理绩效与互联网企业的财务绩效是正相关的。

根据以上的理论分析和解释，本书初步建立了一系列关于互联网企业治理行为、治理绩效以及财务绩效之间关系的概念模型及其研究假

第四章 我国互联网企业治理行为与治理绩效及财务绩效关系的实证研究

设,见图 4-1。

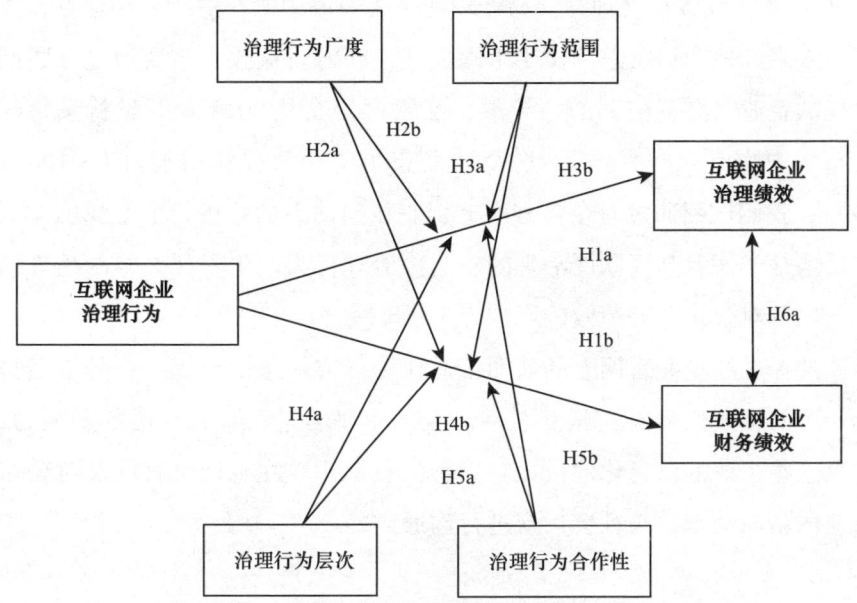

图 4-1 互联网企业治理行为、治理绩效及财务绩效的关系概念模型
资料来源:笔者基于文献研究提出。

## 第三节 数据来源和研究方法

### 一、样本企业选择

1. 研究对象

尽管我国的互联网发展在全球已经处于领先地位,但对于什么是互联网企业在学术上的界定还不是特别的清晰和规范(顾海伦,2017)。本书这里采用的是工信部和中国互联网协会对于互联网企业的界定:持有工业和信息化部颁发的增值电信业务经营许可证,经营互联网信息服

务业务（ICP）、互联网接入服务业务（ISP）、互联网数据中心业务（IDC）及在线数据处理与交易处理业务等业务中的一种或多种业务，主要收入来源地或运营总部位于中国大陆，同时营业收入主要通过互联网实现的企业。在工信部的指导下，互联网协会从2013年开始持续每年发布"中国互联网百强"，迄今共发布了7个百强排行榜（7 * 100 = 700）。我们试图通过对企业官网上企业新闻动态的分析，了解我国互联网公司是如何参与互联网治理的，这种治理行为产生了什么样的治理绩效，以及对公司财务绩效的影响。

选择这些企业官网上的新闻报道作为研究对象的原因，一是百强排行榜中的企业代表着我国互联网产业的中坚力量，具有广泛的影响力；二是这些企业的信息化建设比较完善，它们比较注意通过官网及时公布企业的新闻动态，与社会大众进行沟通。

2. 选择标准

本书在具体选择互联网公司及分析内容的标准是：

（1）上市公司。由于涉及企业财务绩效的分析，本书选择以工信部和中国互联网协会2013—2019年评选的互联网百强中的上市公司作为研究对象，已经退市的企业除外（截至2019年6月30日）；

（2）企业官网有比较完整的新闻动态栏目，有连续三个季度的新闻报道；

（3）新闻动态的时间范围为2016年7月—2019年6月共三年，长时间分析能够比较充分地反映我国互联网企业参与治理的实际状况；

（4）新闻报道的主体是企业自身，转载媒体报道的新闻条目不计算在内。①

---

① 有些企业同时设有"企业动态"栏目和"媒体报道"栏目，有些企业则将媒体报道并入"企业动态"。

第四章 我国互联网企业治理行为与治理绩效及财务绩效关系的实证研究

## 二、数据来源和研究方法

鉴于在当前环境下进行问卷调查难度很大，本书拟采用"结构内容分析法（Constructed Content Analysis）"对我国互联网企业治理行为、行为特点及治理绩效进行数据收集。该方法具有非介入性、对非结构性资料的可接受性、语境敏感性和可以处理大批量文本等特点（周翔，2014），非常适合本书的研究。

在这个过程中，本书将上述互联网企业官网上新闻动态栏目中反映企业活动的新闻报道作为文本材料，使用 NVivo12 pro 作为分析工具进行编码，具体的数据收集、加工、处理和验证过程如下：首先，登陆访问根据上述标准筛选出的互联网企业官网的新闻动态栏目，将其 2016 年 7 月 1 日—2019 年 6 月 30 日共三年的新闻报道全部下载。其次，将每一家企业的新闻报道按季度进行分组，然后导入到 NVivo12 pro 分析软件中。第三，分别邀请一名企业管理副教授和一名新闻传播专业硕士研究生共同组成两人小组，对上述资料库中的文本根据本书此前对于互联网企业治理行为的分类，将这些新闻报道进行分类编码。在分类编码之前，对编码小组进行培训，要求他们根据互联网治理、企业行为与绩效方面的研究文献和编码指南，在分析比较的基础上，先进行预分类编码，再进行正式分类编码。最后邀请三位具有五年以上工作经验的互联网企业高层管理人员，让他们基于对互联网企业治理行为的理解，对样本中互联网企业治理行为的类型以及治理行为的特点进行评估，例如广度、范围、合作性等，并对各样本行为特点的各项评估值做加权平均处理，建立各企业治理行为及其特点样本评估数据库。

## 三、变量的定义与测量

本书的研究变量选择与测量以前边的相关理论研究为基础，它们分别是互联网企业治理行为的类型、治理绩效、财务绩效、治理行为的关键特点以及控制变量,见表4-1。

表4-1 相关变量定义表

| 变量类别 | 变量名称 | 变量符号 | 变量定义 | 说明 |
|---|---|---|---|---|
| 自变量 | 治理行为 | CGA | 治理行为的数量 | 1,2…n-1,n |
| 因变量（企业绩效） | 治理绩效 | GP | 治理绩效的数量 | 1,2…n-1,n |
| 因变量（企业绩效） | 财务绩效 | FP | 销售收入、总资产、净资产收益率、每股收益、主营业务利润率 | 因子得分 |
| 调节变量（治理行为特点） | 治理行为广度 | Magnitude | 战略性行为所占比例 | 0-1 |
| 调节变量（治理行为特点） | 治理行为范围 | Scope | 进入国家梯队类型 | 1,2,3,4 |
| 调节变量（治理行为特点） | 治理行为层次 | Level | 进入网络空间层次 | 1,2,3 |
| 调节变量（治理行为特点） | 治理行为合作性 | Cooperation | 合作性行为所占比例 | 0-1 |
| 控制变量 | 行业 | Industry | 互联网传媒、计算机应用等 | 1,2…13 |
| 控制变量 | 上市地点 | Place | 纽交所、上交所等 | 1,2,3,4,5,6 |
| 控制变量 | 成长性 | Growth | 总资产增长率、业务收入增长率 | 因子得分 |

资料来源：笔者根据文献研究提出。

## 1. 自变量

本书将企业的互联网治理行为界定为：为了更好地使用和发展互联网，互联网企业根据自身的角色和作用，在企业经营过程中就技术标准、资源分配、网络用户行为规范和公共政策制定等问题与政府和社会沟通协调，以达成共同的原则、准则、规则、决策程序和方案，目的是实现互联网有序运作，造福大众。通过对互联网百强中上市公司36家样本企业新闻动态中披露的企业互联网治理行为进行长达三年的分析，

## 第四章 我国互联网企业治理行为与治理绩效及财务绩效关系的实证研究

通过科学的编码验证程序从这些文本中识别出 4783 个企业治理行为，从而识别了我国互联网企业的主要治理行为类型。我国互联网企业的治理类型具体包括市场服务行为、结盟合作行为、沟通宣传行为、政治关联行为和社会公益行为。

2. 因变量

目前，国内外学术界在衡量企业绩效时常用的指标有财务绩效和社会绩效。考虑到互联网行业具有明显的规模经济效益，互联网企业普遍把规模和盈利性作为其发展的目标，所以对于其财务指标本书采用反映规模的总资产和销售收入两个变量以及反映盈利状况的净资产收益率、每股收益、主营业务利润率来衡量，由于总资产和销售收入两个变量数值较大，本书采用总资产和销售收入的自然对数作为衡量企业规模的变量。这些数据主要来源于同花顺 iFinD 金融数据库中的上市公司历年的季度、中期以及年度报表。互联网企业的治理绩效是指互联网企业参与互联网治理过程中消耗各种资源所获得的技术、经济、政治和伦理方面的利益和效益，它本质上是互联网企业对社会责任的履行情况及其表现。企业社会绩效的测量方式主要有五种：专业机构生成的数据、内容分析法、污染指数测量、以问卷为基础的感知测量、企业声誉指数（衣凤鹏、徐二明，2014）。本书这里采用内容分析法，通过科学的编码验证程序从上述文本中识别出 1449 个企业治理绩效，从而识别了我国互联网企业的主要治理绩效类型。我国互联网企业的治理绩效类型具体包括技术绩效、经济绩效、伦理绩效和政治绩效四种。

3. 调节变量

在对互联网企业的治理行为进行评估时，本书选用了互联网治理行为的四个关键变量：广度、范围、层次和合作性，对单个治理行为的主要特点进行了刻画，并将其作为互联网企业治理行为和治理绩效之间的调节变量。

治理行为广度（Magnitude）：主要表现在战略性行为和战术性行为两种类型。战略性行为涉及全局、长期和整体，需要企业在较长的时间里对一种主要资源进行整体性的配置，通常涉及组织发展方向的重新定位、企业组织结构的调整等，是企业高层管理人员的主要工作和任务。战术性行为是在一定的战略指导下，为了实现一定的战略目的而对少量的企业资源进行短期、局部和常规性配置，是企业中下层管理人员的主要工作和任务。本书将战略行为编码为"1"，将战术性行为编码为"0"。

治理行为范围（Scope）：通过行为所涉及的国家梯队类型来测量。根据行为所涉及的国家层次进行编码。如果行为只涉及国内，本书将其编为"0"；如果涉及隶属于第三梯队（网络发展中国家）的印度、巴西等新兴国家以及埃及、沙特等中东国家，本书将其编为"1"；如果涉及隶属于第二梯队（网络发达国家）的欧洲、日韩、俄罗斯等，本书将其编为"2"；如果涉及第一梯队的网络发达国家美国，本书将其编为"3"；如果涉及联合国、WTO等全球性政治、经济组织，本书将其编为"4"。

治理行为的层次（Level）：通过行为所涉及的网络空间治理层次来测量。根据行为所涉及的治理层次，如果行为只涉及网络应用层面（应用标准、内容、媒体、平台等），本书将其编为"0"；如果行为涉及网络传输层面（资源配置、技术标准及协议等），本书将其编为"1"；如果行为涉及物理网络层面（基础设施及架构），本书将其编为"2"。

治理行为的合作性（Cooperation）：不仅仅是根据企业是单独行动还是与其他方一起采取集体行动来判断行为的合作性，更重要的是基于其行为涉及的利益是集体利益还是个体利益。本书根据企业是采取个体行动还是采取集体行动，以及追求的是个体利益还是集体利益将企业行为分为四种类型，见表4-2。第一种类型是单独行动追求个体利益;第二种是单独行动追求集体利益,如企业领导人作为政协委员或人大代表针对行业性问题提出提案;第三种是集体行动追求个体利益,如企业集体从事社会公益活动;第四种是集体行动追求集体利益。在以上四种行为中,除了第一种行为属于非合作性行为,其他三种皆属于合作性行为。本文将合作性行为编码为"1",将非合作性行为编码为"0"。

表4-2 企业行为的合作性分类

|  | 个体利益 | 集体利益 |
|---|---|---|
| 单独行动 | Ⅰ:非合作行为 | Ⅱ:合作性行为 |
| 集体行动 | Ⅲ:合作性行为 | Ⅳ:合作性行为 |

资料来源:在卫武(2009)三种行为基础上修正,图为笔者制作。

4. 控制变量

控制变量包括行业、上市地点和成长性。国外学者通常采用研发费用来衡量企业的成长性,但我国互联网上市公司的研发费用数据在报表中披露不充分,所以本书运用总资产增长率和营业收入增长率来衡量上市公司的成长性。行业划分:本书根据上市公司行业分类标准将36家企业归为13个行业,并将其分别编码为1—13。上市地点:根据这些企业是在美国纽交所、纳斯达克、中国香港、上海、深圳和新三板中的哪一处上市进行分类,本书将其分别编码为1—6。

## 四、数据分析处理

因为上述36家样本企业都属于上市公司,每年都会公布季报、半年报以及年度报告,鉴于互联网企业信息披露处于刚起步阶段,加之香港交易所只要求披露半年报和年报,所以本书以半年为时间单位以便对样本企业相关变量进行分析处理。相应地,本书也对互联网企业的治理行为和治理绩效按照财务报表的数据进行累加,使之与财务数据的计算方式保持一致。本书的数据处理程序如下：首先通过结构内容分析法对反映上述互联网企业治理行为及其特点、治理绩效的新闻报道进行分类编码，并分别计算编码者间的 Kappa 系数对编码结果进行信度和效度检验；随后在样本企业治理行为频数的总体分布统计的基础上，本书分别以企业互联网治理行为为自变量，以治理绩效、财务绩效为因变量，并引入行业、上市地点、成长性作为控制变量，分别采用多元回归方法来检验各种治理行为对企业治理绩效及财务绩效的影响。最后，在样本企业治理行为频数时间分布分析的基础上，本书将采用样本企业 T 检验方法分析它们在治理行为特点方面是否存在差异，并运用分层多元回归分析互联网企业治理行为关键特征（广度、范围、层次和合作性）对互联网企业治理行为和治理绩效的调节影响。对于互联网企业的治理绩效，笔者邀请了三位互联网行业高层人士，采用专家判断法对四种绩效的系数分别进行赋值，经济绩效的系数 = 1，技术绩效的系数 = 0.6，政治绩效的系数 = 0.8，伦理绩效的系数 = 0.5，然后根据以上系数的赋值和实际统计的各绩效出现频数计算总的治理绩效。此外，本书还分别在选取上述互联网财务绩效、企业成长性多个子变量的基础上，采用因子分析法分别将其压缩成一个综合得分，作为对样本企业财务绩效、企业规模、企业成长性方面的衡量指标。对于互联网企业的治理行为，本书采用因子分析的方法将这五种行为进一步简化，提取出的两个因子分别为服务沟通行为（对应此前的市场服务行为、宣传沟通行为和政治关联行为）和结盟公益行为（对应此前的合作结盟行为和社会公益行为），KMO 值 = 0.643，两个因子能解释的累计平方和为 74.752%，对应的因子得分见下表 4 - 3。虽然政治关联行为的因子得分比其他行为的因子得分要低，但是 Kaiser（1974）认为因子得分大于 0.5 就是可以接受的，因此，本书的因子分析结果还是比较理想的。

# 第四章 我国互联网企业治理行为与治理绩效及财务绩效关系的实证研究

表4-3 互联网企业治理行为因子分析结果

| 新因子命名 | 原行为类型 | 因子 1 | 因子 2 |
|---|---|---|---|
| 社会结盟行为 | 结盟合作行为 | **.856** | .166 |
|  | 社会公益行为 | **.862** | .029 |
|  | 政治关联行为 | **.589** | .370 |
| 服务沟通行为 | 市场服务行为 | .267 | **.891** |
|  | 宣传沟通行为 | .062 | **.938** |

注：转轴方法：具有 Kaiser 正规化的最大变异法。
资料来源：笔者根据内容分析结果统计、计算。

所有互联网企业新闻动态数据的编码都通过 NVivo12 pro 来完成，编码后数据以及财务数据分析处理过程都通过 SPSS22.0 软件来完成。

## 第四节 结果与分析

### 一、描述性统计

根据此前的选择标准，本书从 2013—2019 年共 116 家上市公司（美国纽交所、纳斯达克、港交所、上交所、深交所、新三板）中筛选出符合条件的上市企业共 36 家，见表 4-4。从上市地点看，在美国纽交所上市企业 4 家，在美国纳斯达克上市企业 3 家，在中国香港上市企业 9 家，在上交所上市企业 4 家，在深交所上市企业 15 家，在新三板上市企业 1 家。从行业分布来看，按照各证交所的分类标准，共涉及互联网传媒业 10 家，电子商贸及互联网服务业 6 家，计算机应用业 5 家，软件开发业 3 家，通信设备业 2 家，应用软件业 2 家，专业零售业 2 家，互动媒体与服务业 1 家，教育服务业 1 家，通信运营业 1 家，互联网服务和基础设施业 1 家，消费信贷业 1 家，系统开发及资讯科技顾问业 1

家。从企业动态的新闻数量来看,共有 4783 篇新闻,其中治理行为 3334 篇,治理绩效 1449 篇,治理行为均值为 93 篇,治理绩效均值为 41 篇。

表 4-4 样本企业的基本信息

| 编号 | 公司名称 | 上市地点 | 股票代码 | 治理行为（篇） | 治理绩效（篇） | 行业分类 |
|---|---|---|---|---|---|---|
| 1 | 阿里巴巴 | 美国纽约 | 股票代码：HK9988 | 417 | 158 | 资讯科技业—软件服务—电子商贸及互联网服务 |
| 2 | 百度 | 美国纳斯达克 | 美股：BIDU | 187 | 109 | 互动媒体与服务 |
| 3 | 腾讯 | 中国香港 | 股票代码：HK0700 | 19 | 21 | 资讯科技业—软件服务—电子商贸及互联网服务 |
| 4 | 北纬通信 | 中国深圳 | 股票代码：002148 | 31 | 15 | 传媒—互联网传媒 |
| 5 | 博雅互动 | 中国香港 | 股票代码：HK0434 | 25 | 19 | 资讯科技业—软件服务—软件开发 |
| 6 | 创梦天地 | 中国香港 | 股票代码：HK1119 | 55 | 23 | 资讯科技业—软件服务—软件开发 |
| 7 | 二三四五 | 中国深圳 | 股票代码：002195 | 37 | 47 | 计算机—计算机应用 |
| 8 | 飞利信 | 中国深圳创业板 | 股票代码：300287 | 109 | 200 | 计算机—计算机应用 |
| 9 | 好未来 | 美国纳斯达克 | 美股：TAL | 93 | 14 | 教育服务 |
| 10 | 号码百事通 | 中国上海 | 号百控股（600640） | 19 | 14 | 传媒—互联网传媒 |
| 11 | 慧聪 | 中国香港 | 股票代码：HK2280 | 68 | 17 | 资讯科技业—软件服务—电子商贸及互联网服务 |
| 12 | 巨人网络 | 中国深圳 | 股票代码：002558 | 41 | 13 | 传媒—互联网传媒 |
| 13 | 科大讯飞 | 中国深圳 | 股票代码：002230 | 85 | 58 | 计算机—计算机应用 |

第四章 我国互联网企业治理行为与治理绩效及财务绩效关系的实证研究

(续表)

| 编号 | 公司名称 | 上市地点 | 股票代码 | 治理行为（篇） | 治理绩效（篇） | 行业分类 |
|---|---|---|---|---|---|---|
| 14 | 科通芯城 | 中国香港 | 股票代码：HK0400 | 29 | 14 | 资讯科技业—软件服务—电子商贸及互联网服务 |
| 15 | 朗玛信息 | 中国深圳创业板 | 股票代码：300288 | 40 | 11 | 计算机—计算机应用 |
| 16 | 美图公司 | 中国香港 | 股票代码：HK1357 | 23 | 14 | 资讯科技业—软件服务—电子商贸及互联网服务 |
| 17 | 美团点评 | 中国香港 | 股票代码：HK3690 | 24 | 13 | 资讯科技业—软件服务—电子商贸及互联网服务 |
| 18 | 梦网科技 | 中国深圳 | 梦网集团002131 | 7 | 6 | 通信—通信运营 |
| 19 | 鹏博士 | 中国上海 | 股票代码：600804 | 66 | 16 | 通信—通信设备 |
| 20 | 人民网 | 中国上海 | 股票代码：603000 | 85 | 4 | 传媒—互联网传媒 |
| 21 | 人人网 | 美国纽约 | 美股：RENN | 25 | 13 | 应用软件 |
| 22 | 瑞星 | 中国新三板 | 股票代码：836598 | 192 | 102 | 信息服务—计算机应用 |
| 23 | 三七互娱 | 中国深圳 | 股票代码：002555 | 175 | 139 | 传媒—互联网传媒 |
| 24 | 三五互联 | 中国深圳创业板 | 股票代码：300051 | 25 | 5 | 传媒—互联网传媒 |
| 25 | 盛天网络 | 中国深圳创业板 | 股票代码：300494 | 52 | 24 | 传媒—互联网传媒 |
| 26 | 首都信息 | 中国香港 | 股票代码：HK1075 | 110 | 61 | 资讯科技业—软件服务—系统开发及资讯科技顾问 |
| 27 | 苏宁控股 | 中国深圳 | 苏宁易购：002024 | 127 | 76 | 商业贸易—专业零售 |
| 28 | 腾邦国际 | 中国深圳创业板 | 股票代码：300178 | 150 | 44 | 商业贸易—专业零售 |
| 29 | 网龙 | 中国香港 | 股票代码：HK0777 | 47 | 29 | 资讯科技业—软件服务—软件开发 |

(续表)

| 编号 | 公司名称 | 上市地点 | 股票代码 | 治理行为（篇） | 治理绩效（篇） | 行业分类 |
|---|---|---|---|---|---|---|
| 30 | 网宿科技 | 中国深圳创业板 | 股票代码：300017 | 85 | 71 | 通信—通信设备 |
| 31 | 微贷网 | 美国纽约 | 美股：WEI | 147 | 40 | 消费信贷 |
| 32 | 新华网 | 中国上海 | 股票代码：603888 | 63 | 45 | 传媒—互联网传媒 |
| 33 | 迅雷 | 美国纳斯达克 | 美股：XNET | 22 | 11 | 应用软件 |
| 34 | 易车网 | 美国纽约 | 美股：BITA | 27 | 9 | 互联网服务和基础设施 |
| 35 | 掌趣科技 | 中国深圳创业板 | 股票代码：300315 | 47 | 31 | 传媒—互联网传媒 |
| 36 | 中青宝 | 中国深圳创业板 | 股票代码：300052 | 581 | 4 | 传媒—互联网传媒 |
|  | 总数 |  |  | 3334 | 1449 | —— |
|  | 均值 |  |  | 93 | 41 | —— |

资料来源：笔者根据前述条件筛选、统计整理。

## 二、信度和效度检验

为了说明两位编码者对新闻动态中互联网企业治理行为和治理绩效编码的一致性，本书分别计算了两位编码者对五种治理行为及其行为特点和四种治理绩效的编码信度，见表4-5。Kappa系数考虑了机遇一致率对结果的影响，是一种被普遍接受的信度衡量方法。按照一般的标准，Kappa值小于0.2为较差，0.21～0.4为一般，0.41～0.6为中等，0.61～0.8为较强，0.81～1为强。两位编码员对五种治理行为及其行为特点和四种治理绩效的编码信度基本都处于较强的区间范围，最低为0.547，最高为0.85，且都在0.000水平上显著，这说明两位编码员对

# 第四章 我国互联网企业治理行为与治理绩效及财务绩效关系的实证研究

我国互联网企业治理行为及其行为特点和治理绩效的编码结果具有比较高的信度。

表4-5 互联网企业治理行为、行为特点和治理绩效的信度检验

| 变量 | 类型 | Kappa | 渐进标准化误差ª | 近似 T<sup>b</sup> | 渐进显著性 |
|---|---|---|---|---|---|
| 治理行为 | 1. 市场服务行为 | .714 | .048 | 16.095 | .000 |
| | 2. 结盟合作行为 | .622 | .071 | 14.021 | .000 |
| | 3. 宣传沟通行为 | .784 | .028 | 17.791 | .000 |
| | 4. 社会公益行为 | .796 | .100 | 17.941 | .000 |
| | 5. 政治关联行为 | .665 | .223 | 14.981 | .000 |
| 调节变量 | 1. 治理行为的层次 | .730 | .090 | 6.785 | .000 |
| | 2. 治理行为的范围 | .805 | .076 | 7.478 | .000 |
| | 3. 治理行为的广度 | .547 | .142 | 5.076 | .000 |
| | 4. 治理行为的合作性 | .718 | .119 | 6.756 | .000 |
| 治理绩效 | 1. 技术绩效 | .629 | .062 | 14.732 | .000 |
| | 2. 经济绩效 | .727 | .059 | 16.682 | .000 |
| | 3. 政治绩效 | .850 | .039 | 19.159 | .000 |
| | 4. 伦理绩效 | .849 | .041 | 19.170 | .000 |

资料来源：笔者根据内容分析的结果计算。

周翔（2014）认为，由于内容分析的研究效度往往隐含在概念定义和研究涉及过程中，特别是体现在变量识别和类目建构过程中，因此一般都不需要明确说明研究的效度。① 在上一章，基于本书对互联网企业治理行为和治理绩效的界定，在对BAT进行案例研究时本书通过严谨的研究设计对概念进行了操作化定义，因而具有较好的内容效度。在本章，本书通过将BAT案例研究的行为和绩效分类进一步推广到其他三十余家互联网企业，发现该操作化定义是能够"一般化"的，因而具有较好的外部效度。

---

① 周翔：《传播学内容分析研究与应用》，重庆：重庆大学出版社2014年版，第243页。

## 三、互联网企业治理行为对治理绩效的影响

在回顾国内外相关文献的基础上,本书结合对样本互联网企业治理行为新闻动态的结构内容分析,建立了我国互联网企业治理行为和治理绩效的分类系统。就本书分析的36家样本企业来说,互联网企业的治理行为共3334篇,所占比例为70%;治理绩效共1449篇,所占比例为30%,见图4-2。具体而言,在互联网企业的治理行为中,宣传沟通行为出现的频率最多,所占比例接近一半(46.55%),其次是市场服务行为(23.46%)、结盟合作行为(16.56%)和政治关联行为(7.86%),占比最少的是社会公益行为(5.46%)。在治理绩效中,出现频率比较多的是经济绩效(29.13%)和政治绩效(30.74%),其次是伦理绩效(27.72%)和技术绩效(12.28%),见表4-6。

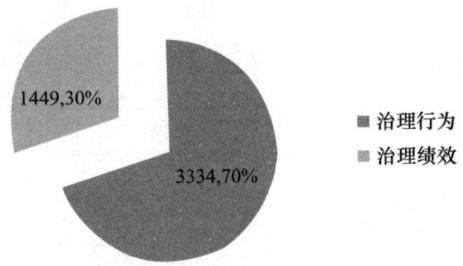

**图4-2 样本企业治理行为和治理绩效的数量及占比**

资料来源:笔者根据内容分析的结果计算。

**表4-6 样本企业治理行为和治理绩效频数的总体分布**

| 治理行为 | 频数 | 百分比 | 治理绩效 | 频数 | 百分比 |
| --- | --- | --- | --- | --- | --- |
| 1. 市场服务行为 | 782 | 23.46% | 1. 技术绩效 | 183 | 12.28% |
| 2. 结盟合作行为 | 552 | 16.56% | 2. 经济绩效 | 434 | 29.13% |
| 3. 宣传沟通行为 | 1552 | 46.55% | 3. 政治绩效 | 458 | 30.74% |
| 4. 社会公益行为 | 182 | 5.46% | 4. 伦理绩效 | 413 | 27.72% |
| 5. 政治关联行为 | 262 | 7.86% | | | |
| 合计 | 3334 | 100% | 合计 | 1490 | 100% |

注:因为保留两位小数四舍五入,故实际比例加总不等于100%。
资料来源:笔者通过内容分析法对各企业官网相关新闻整理计算。

第四章 我国互联网企业治理行为与治理绩效及财务绩效关系的实证研究

就具体企业的情况而言，在本书分析的 36 家企业中，新闻动态披露最多的 10 家企业分别是中青宝（585）、阿里（575）、三七互娱（314）、飞利信（309）、百度（296）、瑞星（294）、苏宁控股（203）、腾邦国际（194）、首都信息（171）、科大讯飞（143），见表 4-7。

表 4-7 样本企业治理行为和治理绩效的频数分析

|  | 治理行为 | | | | | | 治理绩效 | | | | | |
|---|---|---|---|---|---|---|---|---|---|---|---|---|
|  | 结盟合作行为 | 社会公益行为 | 市场服务行为 | 宣传沟通行为 | 政治关联行为 | 合计 | 技术绩效 | 经济绩效 | 政治绩效 | 伦理绩效 | 合计 | 总计 |
| 阿里 | 117 | 30 | 127 | 107 | 36 | 417 | 13 | 63 | 54 | 28 | 158 | 575 |
| 百度 | 52 | 7 | 50 | 71 | 7 | 187 | 33 | 18 | 44 | 14 | 109 | 296 |
| 腾讯 | 4 | 4 | 3 | 3 | 0 | 19 | 1 | 10 | 5 | 5 | 21 | 40 |
| 北纬通信 | 14 | 0 | 9 | 8 | 0 | 31 | 2 | 4 | 2 | 7 | 15 | 46 |
| 博雅互动 | 2 | 6 | 4 | 12 | 1 | 25 | 0 | 16 | 1 | 2 | 19 | 44 |
| 创梦天地 | 18 | 1 | 17 | 17 | 2 | 55 | 3 | 6 | 9 | 5 | 23 | 78 |
| 二三四五 | 2 | 6 | 6 | 18 | 5 | 37 | 3 | 16 | 21 | 7 | 47 | 84 |
| 飞利信 | 20 | 5 | 6 | 59 | 19 | 109 | 16 | 55 | 118 | 11 | 200 | 309 |
| 好未来 | 17 | 10 | 20 | 37 | 9 | 93 | 0 | 2 | 6 | 6 | 14 | 107 |
| 号码百事通 | 5 | 3 | 4 | 6 | 1 | 19 | 2 | 1 | 6 | 5 | 14 | 33 |
| 慧聪 | 15 | 0 | 5 | 48 | 0 | 68 | 1 | 12 | 1 | 3 | 17 | 85 |
| 巨人网络 | 10 | 3 | 11 | 17 | 0 | 41 | 0 | 11 | 0 | 2 | 13 | 54 |
| 科大讯飞 | 24 | 3 | 4 | 39 | 15 | 85 | 21 | 1 | 29 | 7 | 58 | 143 |
| 科通芯城 | 13 | 0 | 5 | 11 | 0 | 29 | 2 | 10 | 2 | 0 | 14 | 43 |

(续表)

| | 治理行为 | | | | | | 治理绩效 | | | | | |
|---|---|---|---|---|---|---|---|---|---|---|---|---|
| | 结盟合作行为 | 社会公益行为 | 市场服务行为 | 宣传沟通行为 | 政治关联行为 | 合计 | 技术绩效 | 经济绩效 | 政治绩效 | 伦理绩效 | 合计 | 总计 |
| 朗玛信息 | 4 | 3 | 0 | 9 | 24 | 40 | 2 | 1 | 4 | 4 | 11 | 51 |
| 美图 | 3 | 0 | 17 | 3 | 0 | 22 | 3 | 11 | 0 | 0 | 14 | 36 |
| 美团 | 5 | 6 | 7 | 6 | 0 | 24 | 0 | 3 | 5 | 5 | 13 | 37 |
| 梦网科技 | 1 | 0 | 3 | 1 | 2 | 7 | 0 | 2 | 0 | 4 | 6 | 13 |
| 鹏博士 | 10 | 0 | 10 | 45 | 1 | 66 | 0 | 7 | 3 | 6 | 16 | 82 |
| 人民网 | 17 | 5 | 46 | 7 | 10 | 85 | 0 | 1 | 2 | 1 | 4 | 89 |
| 人人网 | 0 | 0 | 0 | 25 | 0 | 25 | 0 | 13 | 0 | 0 | 13 | 38 |
| 瑞星 | 14 | 1 | 28 | 148 | 1 | 192 | 30 | 25 | 36 | 11 | 102 | 294 |
| 三七互娱 | 35 | 32 | 8 | 94 | 6 | 175 | 3 | 49 | 9 | 78 | 139 | 314 |
| 三五互联 | 1 | 1 | 2 | 18 | 3 | 25 | 0 | 0 | 2 | 3 | 5 | 30 |
| 盛天网络 | 12 | 1 | 4 | 31 | 4 | 52 | 0 | 3 | 3 | 18 | 24 | 76 |
| 首都信息 | 5 | 11 | 54 | 23 | 17 | 110 | 11 | 10 | 11 | 29 | 61 | 171 |
| 苏宁控股 | 23 | 9 | 21 | 50 | 24 | 127 | 1 | 21 | 30 | 24 | 76 | 203 |
| 腾邦国际 | 36 | 8 | 43 | 57 | 6 | 150 | 1 | 13 | 11 | 17 | 44 | 194 |
| 网龙 | 13 | 1 | 5 | 26 | 2 | 47 | 2 | 3 | 10 | 14 | 29 | 76 |
| 网宿科技 | 13 | 1 | 11 | 59 | 1 | 85 | 26 | 15 | 14 | 16 | 71 | 156 |
| 微贷网 | 13 | 16 | 4 | 87 | 27 | 147 | 2 | 13 | 5 | 20 | 40 | 187 |

(续表)

| | 治理行为 | | | | | | 治理绩效 | | | | | |
|---|---|---|---|---|---|---|---|---|---|---|---|---|
| | 结盟合作行为 | 社会公益行为 | 市场服务行为 | 宣传沟通行为 | 政治关联行为 | 合计 | 技术绩效 | 经济绩效 | 政治绩效 | 伦理绩效 | 合计 | 总计 |
| 新华网 | 10 | 0 | 21 | 10 | 22 | 63 | 5 | 1 | 8 | 31 | 45 | 108 |
| 迅雷 | 6 | 0 | 5 | 10 | 1 | 22 | 0 | 7 | 2 | 2 | 11 | 33 |
| 易车网 | 7 | 0 | 5 | 15 | 0 | 27 | 0 | 6 | 0 | 3 | 9 | 36 |
| 掌趣科技 | 9 | 7 | 16 | 15 | 0 | 47 | 0 | 3 | 4 | 24 | 31 | 78 |
| 中青宝 | 2 | 2 | 201 | 360 | 16 | 581 | 0 | 2 | 1 | 1 | 4 | 585 |

资料来源：笔者对各企业官网相关新闻整理计算。

此外，本书还计算了36家企业治理绩效频数/治理行为频数比。其中，飞利信、二三四五和腾讯的频数比都超过了100%，见图4-3。

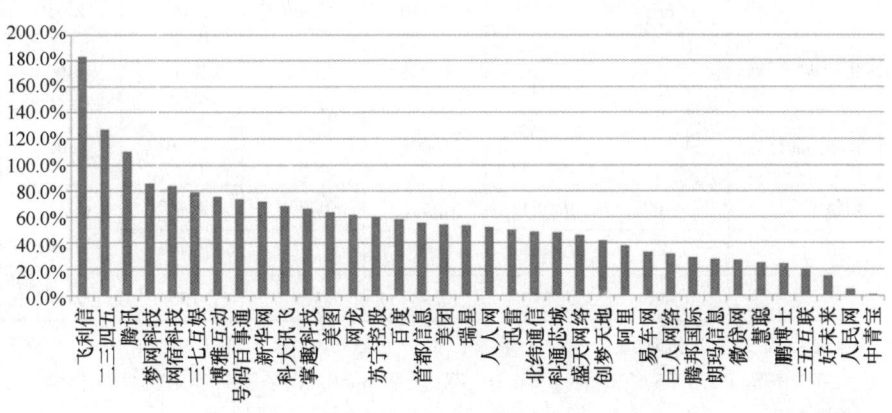

**图4-3 样本企业治理绩效频数/治理行为排序**

资料来源：笔者根据内容分析的结果计算。

为了深入分析互联网企业竞争行为与企业绩效之间的关系，本研究采用了多元回归分析的方法。首先，将所属行业、上市地点和企业成长性作为控制变量放入回归模型；然后，再放入各种治理行为，采取强行进入法进行回归来检验不同的治理行为对于治理绩效的影响是否存在差异。表4-8是各种治理行为与企业绩效的多元回归分析结果。从表4-8可以看出，由于上市地点通过显著性检验，说明它的控制效果并不好，本书最终保留了行业和成长性两个控制变量。各模型的行业和成长性控制变量都没有通过显著性检验（$P<0.05$），说明样本数据得到了很好的控制。模型2的多重共线性检验的方差膨胀因子VIF值在1.002到1.009之间，数值都小于10，说明多重共线性问题处于可控范围之内。D-W检验值为0.937和0.972，与完全不相关判定值2有差距，说明自变量之间还是存在一定相关性的，但相关性不大。

表4-8　各种治理行为与企业绩效的多元回归分析结果

|  | 治理绩效 | | | 财务绩效 | | |
| --- | --- | --- | --- | --- | --- | --- |
|  | 模型1 | 模型2 | VIF | 模型1 | 模型2 | VIF |
| 行业 | 0.184 | 0.143 | 1.009 | 0.193 | 0.174 | 1.009 |
| 成长性 | 0.661 | 0.515 | 1.010 | 0.096 | 0.092 | 1.010 |
| 社会结盟行为 |  | 0.619\*\*\*<br>(0.000) | 1.003 |  | 0.365\*\*\* | 1.002 |
| 服务沟通行为 |  | 0.136\*<br>(0.014) | 1.008 |  | -0.037 | 1.007 |
| 调整$R^2$ | -0.005 | 0.394 | Durbin-Watson | 0.039 | 0.167 | Durbin-Watson |
| △$R^2$ |  | 0.401 |  |  | 0.134 |  |
| F | 0.466 | 34.253\*\*\* | 0.937 | 5.167\*\* | 11.158\*\*\* | 0.972 |

注：因变量为治理绩效和财务绩效；回归系数Beta为标准化的回归系数；显著性水平\*表示$P<0.05$，\*\*表示$p<0.01$，\*\*\*表示$p<0.001$；VIF和DW值均为模型2的值。

资料来源：笔者根据相关数据计算。

从表4-8还可以看出，对于治理绩效来说，社会结盟行为和服务沟通行为具有正的显著影响，其中，社会结盟行为对治理绩效的影响最大，达到了0.001的显著性水平。回归分析的结果证实了假设1a。对于财务绩效而言，只有社会结盟行为具有正的显著影响，达到了0.001的显著性水平。回归分析的结果部分证实了假设 1b。

## 四、互联网企业治理行为特征对企业绩效的调节影响

在对样本企业的新闻动态进行结构内容分析时,本书还对 2016 年 7 月—2019 年 6 月三年间的企业治理行为和治理绩效的频数进行了时间分布分析,探讨我国互联网企业治理行为的动态性、周期性以及规律性关系。表 4-9 显示了样本企业各季度治理行为和治理绩效的时间分布情况。

表 4-9 样本企业治理行为和治理绩效的频数季度分布

|  | 结盟合作行为 | 社会公益行为 | 市场服务行为 | 宣传沟通行为 | 政治关联行为 | 技术绩效 | 经济绩效 | 政治绩效 | 伦理绩效 |
|---|---|---|---|---|---|---|---|---|---|
| 2016.07—09 | 27 | 14 | 122 | 205 | 25 | 13 | 22 | 34 | 19 |
| 2016.10—12 | 37 | 11 | 81 | 150 | 6 | 11 | 35 | 46 | 47 |
| 2017.01—03 | 29 | 10 | 43 | 97 | 20 | 14 | 34 | 46 | 26 |
| 2017.04—06 | 39 | 15 | 76 | 164 | 27 | 19 | 31 | 31 | 21 |
| 2017.07—09 | 41 | 11 | 65 | 174 | 22 | 12 | 36 | 29 | 16 |
| 2017.10—12 | 40 | 7 | 60 | 93 | 19 | 13 | 37 | 26 | 31 |
| 2018.01—03 | 39 | 16 | 42 | 60 | 20 | 12 | 22 | 25 | 27 |
| 2018.04—06 | 62 | 19 | 69 | 116 | 29 | 13 | 33 | 40 | 33 |
| 2018.07—09 | 58 | 19 | 37 | 130 | 23 | 19 | 39 | 33 | 34 |
| 2018.10—12 | 69 | 12 | 50 | 122 | 18 | 25 | 49 | 44 | 58 |

（续表）

| | 结盟合作行为 | 社会公益行为 | 市场服务行为 | 宣传沟通行为 | 政治关联行为 | 技术绩效 | 经济绩效 | 政治绩效 | 伦理绩效 |
|---|---|---|---|---|---|---|---|---|---|
| 2019.01—03 | 36 | 12 | 52 | 98 | 21 | 11 | 34 | 49 | 43 |
| 2019.04—06 | 44 | 29 | 68 | 105 | 30 | 17 | 46 | 39 | 40 |

资料来源：笔者根据内容分析编码的结果统计。

为了更好地说明我国互联网企业治理行为和治理绩效的动态变化规律，本书将表4-9进一步制作为图示，见图4-4和图4-5。首先，从数量上来看，宣传沟通行为最多，市场服务行为次之，接着是结盟合作行为、政治关联行为和社会公益行为。其次，从趋势上看，宣传沟通行为和市场服务行为呈现下降的趋势，尤其是宣传沟通行为下降趋势比较明显，而这其中最主要的是中青宝，在2016年后半年共发表企业新闻动态294篇，2017年新闻动态发文267篇（主要是宣传沟通行为），到2018年就降为17篇，2019年前半年才5篇；而结盟合作行为的频数呈现上升趋势，政治关联行为和社会公益行为基本维持稳定。从最后的变

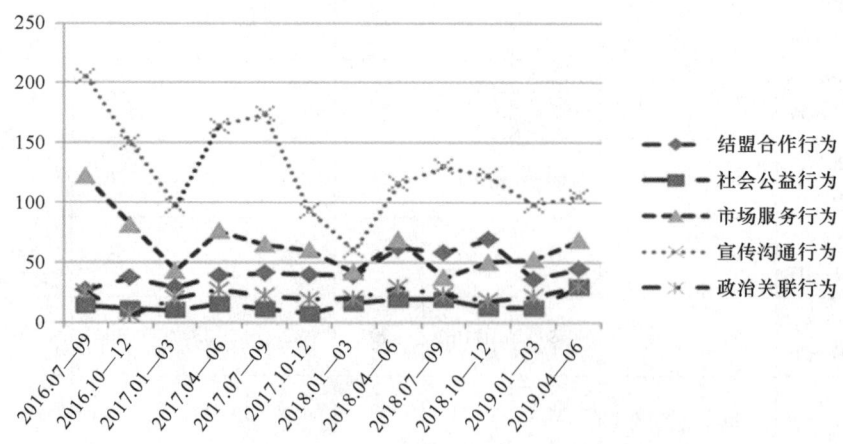

图4-4 样本企业治理行为的季度分布

资料来源：笔者根据内容分析编码的结果统计。

## 第四章 我国互联网企业治理行为与治理绩效及财务绩效关系的实证研究

化规律来看,2016年7月—2019年6月三年期间呈现出比较明显的波动性,大致为先是三个季度的下降,再是两到三个季度的上升,接着是三到四个季度的下降,随后又是两到三个季度的下降。下降的趋势一般出现在后半年,而上升的趋势一般出现在前半年。这种趋势可能与我国政府每年3—4月召开人大政协会议有关,作为对于政府政策的响应,企业的宣传行为、政治关联行为、社会公益行为等会明显增多。

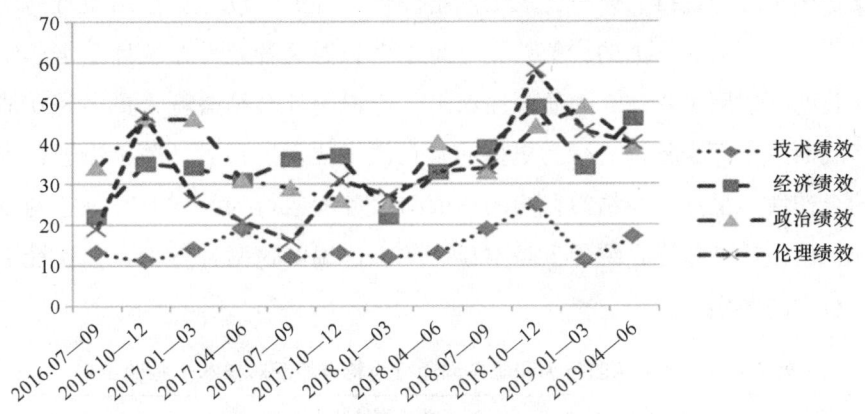

**图4-5 样本企业治理绩效的季度分布**

资料来源:笔者根据内容分析编码的结果统计。

对于治理绩效而言,在数量上,经济绩效、政治绩效和伦理绩效居于前列,技术绩效数量上最少,这表明,相对于其他绩效,在技术上取得突破难度比较大;在趋势上,四种绩效都呈现出逐步上升的趋势,这可以从每条曲线的最高点和最低点不断上升看出来;从最后的变化规律来看,2016年7月—2019年6月三年期间呈现出比较明显的波动性,其波动的规律和治理行为大致呈相反趋势,先是两到三个季度的上升,随后是三到四个季度的下降。

此外,本书还将通过因子分析得出的样本企业的社会结盟行为和服务沟通行为特征进行两两分组,并采用配对样本T检验方法分析它们之间的均值是否存在差异,见表4-10。首先,关于治理行为的层次,社会结盟行为的均值小于服务沟通行为的均值,而且这种差异在统计上是显著的。这说明社会结盟行为更多的是在网络应用层和网络传输层,而服务沟通行为更多的是在物理网络层和网络传输层面。第二,关于治理行为的范围,社会结盟行为的均值小于服务沟通行为的均值,而且这种差异在统计上是显著的。这说明社会结盟行为更多的是发生在国内和网络发展中国家,而服务沟通行为更多的是在和全球政治经济组织、网络发达国家之间进行。第三,关于网络治理行为的广度,社会结盟行为的均值与服务沟通行为的均值差异不是很大,但这种差异在统计上是非常显著的,达到了 0.000 的显著性水平。这说明社会结盟行为更多是在战略层面的,而服务沟通行为更多的是在战术层面。最后,关于治理行为的合作性,虽然社会结盟行为的均值与服务沟通行为的均值有一定的差异,但是这种差异在统计上是不显著的,这说明这两种行为在合作性上没有大的区别。

表 4-10 社会结盟行为和服务沟通行为特点的配对样本 T 检验结果

| 变量 | 社会结盟行为 | | 服务沟通行为 | | T 值 | P 值(双尾) |
| --- | --- | --- | --- | --- | --- | --- |
|  | 均值 | 标准差 | 均值 | 标准差 |  |  |
| 层次 | 2.10 | 5.39 | 7.50 | 28.87 | -2.88** | 0.004 |
| 范围 | 4.19 | 12.41 | 16.69 | 82.76 | -2.30** | 0.022 |
| 广度 | 4.99 | 8.65 | 6.26 | 9.38 | -4.28*** | 0.000 |
| 合作性 | 6.01 | 9.31 | 9.09 | 27.63 | -1.69 | 0.092 |

注:显著性水平 * 表示 P<0.05,** 表示 p<0.01,*** 表示 p<0.001;均为双尾检验。

资料来源:笔者根据分析结果计算。

描述性统计和相关分析可以评价各个变量之间的线性关系及强度,表 4-11 显示了每个变量的均值、标准差及皮尔逊相关系数。从表 4-11 可以看出,除了治理行为的层次和范围之外,社会结盟行为和服务沟通行为与治理行为特点(调节变量)大部分存在显著的正相关关系。企业绩效(因变量)中的治理绩效和财务绩效分别与社会结盟行为和服务沟

# 第四章 我国互联网企业治理行为与治理绩效及财务绩效关系的实证研究

通行为存在显著的正相关关系。相关系数只能说明两个变量之间的密切程度,而不能说明两者之间的因果关系。

表4-11 各变量的描述性统计和相关性分析结果

| | 均值 | 标准差 | 1 | 2 | 3 | 4 | 5 | 6 | 7 |
|---|---|---|---|---|---|---|---|---|---|
| 1. 社会结盟行为 | 0.00 | 1.00 | | | | | | | |
| 2. 服务沟通行为 | 0.00 | 1.00 | 0 | | | | | | |
| 3. 治理绩效 | 6.48 | 9.22 | .610** | .142* | | | | | |
| 4. 财务绩效 | 0.00 | 1.00 | .376** | -0.052 | .178** | | | | |
| 5. 层次 | 9.60 | 31.09 | -0.046 | .907** | .161* | -0.042 | | | |
| 6. 范围 | 20.88 | 87.25 | 0.059 | .929** | 0.063 | -0.009 | .866** | | |
| 7. 广度 | 11.25 | 17.50 | .884** | .199** | .603** | .423** | .148* | .173* | |
| 8. 合作性 | 15.11 | 31.40 | .337** | .918** | .289** | 0.114 | .848** | .926** | .470** |

注:显著性水平*表示 $P<0.05$,**表示 $p<0.01$,***表示 $p<0.001$;均为双尾检验。

资料来源:笔者根据分析结果计算。

为了验证治理行为特点对治理行为和企业绩效之间的调节作用,本书分别以治理绩效、财务绩效作为因变量,采取分层多元回归方法引入企业治理行为、行为特点以及它们之间的交互项。回归分析的结果显示,企业治理行为的广度、范围和合作性之间的相关性较强,导致在回归模型3中方差膨胀因子 VIF 的值超过了10,说明存在多重共线性问题。所以,最终删除了广度、范围和合作性,只保留了层次的变量。表4-12显示了企业治理行为及其行为特点对企业绩效的分层多元回归结果。从表4-12可以看出,多重共线性检验的方差膨胀因子 VIF 的值基本都在10以下,说明多重共线性问题处于可控范围之内。各模型的 D-W 检验值分别为1.042和0.977,说明自相关问题不大。各模型的 $R^2$ 和 $\triangle R^2$ 和显著性水平等统计量的值都比较理想,可以判定数据满足分层回归分析的前提假设。其中,在模型3中引入治理行为特点与社会结盟行为、服务沟通行为的交互项以后,发现这些变量的进入使各模型对企业绩效的解释能力提高了。当以治理绩效为因变量时，引入治理行为的层次以及治理行为与层次的交互项之后，社会结盟行为的系数由0.626下降为0.558，服务沟通行为的显著性也凸显出来了。除了社会结盟行为与层次的交互项不显著外，治理行为的层次和服务沟通行为与层次的交互项都非常显著。当以财务绩效为因变量时，当引入治理行为的层次以及治理行为与层次的交互项之后，社会结盟行为的系数由0.382下降为0.277，除了社会结盟行为与层次的交互项系数显著之外，其他的项都不显著。这说明治理行为层次特点更多的是在治理行为和治理绩效之间存在调节效应。因此，就治理绩效和财务绩效来说，分层回归结果只初步或部分支持了假设4a和4b。

表4-12　样本企业治理行为及其行为特点对企业绩效的分层回归分析结果

|  | 治理绩效 | | | | 财务绩效 | | | |
|---|---|---|---|---|---|---|---|---|
|  | 模型1 | 模型2 | 模型3 | VIF | 模型1 | 模型2 | 模型3 | VIF |
| 社会结盟行为 | 0.610*** | 0.626*** | 0.558*** | 1.956 | 0.376*** | 0.382*** | 0.277** | 1.948 |
| 服务沟通行为 | 0.142* | -0.168 | 0.346* | 12.291 | -0.052 | -0.166 | -0.126 | 10.368 |
| 层次 |  | 0.342* | 0.580*** | 9.822 |  | 0.126 | -0.061 | 8.070 |
| 社会结盟行为*层次 |  |  | -0.082 | 2.185 |  |  | 0.191* | 2.186 |
| 服务沟通行为*层次 |  |  | -0.795*** | 9.599 |  |  | 0.139 | 8.870 |
| 调整$R^2$ | 0.387 | 0.405 | 0.474 | Durbin-Watson | 0.136 | 0.135 | 0.143 | Durbin-Watson |
| $\triangle R^2$ | 0.393 | 0.020 | 0.073 | 0.144 | 0.003 | 0.017 |
| F | 68.819*** | 49.726*** | 39.790*** | 1.042 | 17.375*** | 11.786*** | 7.963*** | 0.977 |

注：显著性水平*表示P<0.05，**表示p<0.01，***表示p<0.001；均为双尾检验。

资料来源：笔者根据分析结果计算。

第四章 我国互联网企业治理行为与治理绩效及财务绩效关系的实证研究

### 五、治理绩效与财务绩效之间的关系

关于治理绩效与财务绩效之间的关系,本书首先计算了两者之间的双变量相关,结果显示皮尔逊(Peason)系数为 0.203,双尾检验的显著性水平为 0.003($p<0.01$)。随后,本书又计算了在引入行业、上市地点和成长性三个控制变量之后治理绩效和财务绩效之间的偏相关,结果显示皮尔逊(Peason)系数为 0.295,双尾检验的显著性水平为 0.000($p<0.001$)。这说明,在控制了行业、上市地点和成长性三个变量之后,治理绩效和财务绩效之间的关系增加了,相关分析的结果支持了假设 6a。

## 第五节 讨论与结论

本书运用回归模型分析我国互联网企业治理行为及其行为特点对于企业绩效产生影响的理论框架和研究假设,表 4-8 和表 4-12 给出了模型的最终研究成果。为了更好地理解模型结果,下边围绕模型中各变量之间的一些重要关系做进一步分析与讨论。

互联网企业拥有大量的资金、技术、人才以及政治资源,作为互联网治理的主要参与者之一,在全球网络治理中的作用至关重要。国际网络空间治理表面上是政府之间在理念、政策上的冲突和矛盾,但在背后发挥主要力量的往往是私营企业、技术团体等。[1] 当前全球互联网的治理涉及多个学科(Weber,2013;Pigoni,2014),但国内已有文献更多的是国际政治、新闻传播、法律等学科的研究,缺乏经济学、管理学等

---

[1] 鲁传颖:《网络空间全球治理与多利益攸关方的理论与实践探索》,华东政法大学博士论文,2016 年,第 85 页。

学科的参与；更多的是比较宏观的思辨分析，缺乏在微观层面更加细致、深入的实证研究（Arsène，2016）。文献指出我国互联网企业参与治理的动力不足，缺乏参与国际治理和政策制定的原动力，参与治理的广度和深度上与西方企业相比有较大差距（孙永革、郎平，2017；郭丰、刘碧琦、赵旭，2017），但这只是一种定性的判断，缺乏实证研究的支持。所以本书通过实证研究的方法解释了我国企业参与互联网治理的实际状况以及这种治理行为对于治理绩效的影响。国内外管理学界关于企业行为（竞争行为、市场行为和非市场行为等）和企业绩效（社会绩效和财务）的关系有比较多的探讨（Chen、Miller、Young，1994；卫武，2006、2009等），但这些研究主要是针对实体性产业的研究，很少有研究关注到虚拟性的互联网产业，尤其是在当前互联网产业蓬勃发展的背景之下，这种状况不能说不是一个缺憾。本书通过对互联网企业新闻动态内容分析的方法揭示了我国互联网企业的五种治理行为（市场服务行为、结盟合作行为、宣传沟通行为、社会公益行为和政治关联行为），并根据因子分析的结果将这五种行为进一步划分为两种：社会结盟行为和服务沟通行为，进而分析了它们对于互联网企业非财务的治理绩效以及财务性绩效的影响。研究结果显示，大多数互联网企业治理行为对于治理绩效和财务绩效都具有正的显著性影响，这一研究结果与 Chen、Miller、Young（1994），Shaffer等（2000）和卫武（2006、2009）等学者的观点基本一致。

值得注意的是，对于互联网企业而言，其治理行为对于不同类型的企业绩效的影响存在一定的差异。首先，本书发现对于企业治理绩效而言，虽然社会结盟行为和服务沟通行为都有正的显著影响，但社会结盟行为的影响（回归系数 = 0.619，$p < 0.001$）远远超过了服务沟通行为（回归系数 = 0.136，$p < 0.01$）。社会结盟行为的影响系数原本为 0.610（$p < 0.001$），服务沟通行为的影响系数原本为 0.142（$p < 0.01$），在控制了行业和成长性之后，社会结盟行为的影响系数上升为 0.619（p <

## 第四章 我国互联网企业治理行为与治理绩效及财务绩效关系的实证研究

0.001),服务沟通行为的影响系数下降为 0.136 (P < 0.05),调整后 $R^2$ 由此前的 0.394 上升为 0.401,表示模型的解释力增加了。这说明,在控制了行业和成长性之后,社会结盟行为对于治理绩效的影响变大了,而服务沟通行为的影响变小了。对于财务绩效而言,社会结盟行为的影响系数原本为 0.376 (p < 0.001),在控制了行业和成长性之后,社会结盟行为的影响系数下降为 0.365 (p < 0.001),与此同时,模型的解释力调整后 $R^2$ 由原来 0.167 下降为 0.134。这说明,在控制了行业和成长性之后,社会结盟行为的影响变小了。对于企业的财务绩效而言,在控制变量进入模型前后,服务沟通行为都不显著,只有社会结盟行为的影响依然显著(回归系数 = 0.373,p < 0.001)。这一研究发现可以解释为:互联网产业作为一种新生的力量,获得社会各方的认可和支持是其快速发展的关键。虽然提供新的产品和服务以及进行宣传沟通是获得各方认可必不可少的途径,但只有当其达到一定的程度才能对其绩效产生实质性的影响,即实体经济的商业合作伙伴看到互联网的巨大发展潜力,纷纷愿意与互联网企业进行合作,建立盟约关系,互联网企业也通过社会公益活动(助学、扶贫、捐款等)支持社会的发展,获得社会的认可。在此背景下,各级政府开始考察、关注互联网企业,支持互联网企业参与到社会的建设中来,给予互联网企业项目和合同。另外,本书还发现,控制变量上市地点和行业之间是负相关的(相关系数 = - 0.373,P < 0.001)。由于本书把在纽交所、纳斯达克、港交所、上交所、深中小板、深创业板和新三板分别赋值为 1—7,将互联网传媒、电子商贸及互联网服务业、计算机应用、软件开发业、通信设备业、应用软件业、专业零售业、互动媒体与服务业、教育服务业、通信运营业、互联网服务和基础设施业、消费信贷业、系统开发及资讯科技顾问业分别赋值 1—13,因此,可以认为互联网传媒业、电子商贸及互联网服务、计算机应用等更可能在国内上市,而系统开发及资讯科技顾问业、消费信贷业、互联网服务业和基础设施业等更可能在国外上市。

在关于企业竞争行为（包括市场行为和非市场行为）的研究中，国外学者引入了"竞争行为特点"的概念，如 Schelling（1997）在研究动态竞争时将企业竞争行为的特点划分为广度、强度、执行要求和级别四个方面。Smith 等（1991）、Chen 等（1992）、谢洪明（2005）、卫武（2009）则把竞争行为的特点划分为广度、范围、威胁性、复杂性、合作性和整合性六个方面。本书认为互联网企业治理行为的主要特征表现为层次、范围、广度和合作性，并检验了这些特点对于互联网企业治理行为和企业绩效之间关系的调节作用。卫武（2009）通过对我国钢铁等六个行业 30 余家企业的研究发现，这种调节效应对于财务绩效和市场绩效是相同的，但是在社会绩效方面并不显著。然而，本书的研究结果与此存在较大的差异。在卫武（2009）的研究中，企业绩效中的财务绩效、市场绩效以及社会绩效与各种竞争行为特点没有显著的相关关系，而在本书的研究中，这些竞争行为的主要特征不但和治理绩效、财务绩效之间存在比较显著的相关关系，而且构成企业治理行为的社会结盟行为和服务沟通行为也大都与这些行为特点有显著的相关关系，见表 4 – 11。因此，当把这四个调节变量纳入回归模型之后，分析结果表现出比较强的共线关系。有鉴于此，本书最终只保留了层次这一个调节变量。

对于社会绩效而言，当层次及其交互项依次进入回归模型之后，模型的拟合优度从模型 1 的 0.387 增加到模型 2 的 0.405，再增加到模型 3 的 0.474，这表明模型的解释力在不断增强。社会结盟行为的影响系数呈现先增加后下降的趋势，从模型 1 的 0.610 增加到模型 2 的 0.626，在模型 3 中下降为 0.558，总的趋势是下降的；而服务沟通行为的影响系数在模型 1 中为 0.142，到模型 2 中下降为 – 0.168，到模型 3 上升为 0.346，总的趋势是上升的。也就是说，随着调节变量层次及其交互项的进入，社会结盟行为的影响变小了，而服务沟通行为的影响增加了。层次在模型 3 中的影响系数为 0.580，而服务沟通行为与层次的交互项的影响系数是 – 0.795。对于财务绩效而言，随着层次及其交互项的进入,模型的解释力也是呈先下降后上升的趋势,模型的拟合优度从模型1的0.136,到模型2中下降为0.135,到模型3中上升为0.143。同样,社会结盟行为的影响系数也是先下降后上升,在模型1中为0.376,在模型2中为0.382,在模型3中为0.277,服务沟通行为的影响力在三个模型中都不显著。这说明,互联网企业治理行为中的服务沟通行为对财务绩效的影响并不显著,而社会结盟行为在引入调节变量层次及其交互项之后影响也是下降的。服务沟通行为和层次的交互项之所以在对治理绩效的回归中表现显著(回归系数 = −0.795,$p<0.001$),是因为服务沟通行为中的市场服务行为大多是在战术层面,而这些行为通常能够对企业的治理绩效产生积极的影响;服务沟通行为中的宣传沟通行为大多是在战略层面展开的,而这些行为对于治理绩效的影响通常很小。服务沟通行为和层次的交互项之所以在对财务绩效的回归中表现显著($P<0.05$),是因为社会结盟行为的层次越高,这种结盟行为就越可能是战略性行为,就会在长期、全局、整体对企业经营产生重大的影响。回归系数之所以显著性程度不是很高,主要是因为社会结盟行为中所包含的社会公益行为对于财务绩效的影响在短期内是负向的,从而抵消了结盟合作行为和政治关联行为的影响。

## 第六节 研究局限和建议

本章以我国36家互联网上市企业2016年7月—2019年6月新闻动态中披露的治理行为为基础,分析了互联网企业治理行为对于治理绩效和财务绩效的影响,以及互联网企业治理行为的特点对于上述关系的调节作用。虽然本章采取了多种方法和措施,严格遵循科学的研究程序,尽可能保证研究结论的真实性和可靠性,但是由于客观条件的限制,本研究不可避免地存在一些局限。首先,由于本章涉及互联网企业的财务绩效，而只有上市公司才会有财务绩效的披露，因此本书选择了百强中的上市企业作为研究对象，但这样就会导致本书缩小了研究对象的范围。其次，本书所收集的数据主要来自 36 家互联网企业官网所公布的企业新闻动态，有些企业的新闻动态公布得比较充分、全面，而有些企业的新闻动态则缺乏连续性，随意性较强，这就不可避免地存在以偏概全的可能。最后，由于互联网企业披露新闻动态的时间普遍都不长，如果把时间往前推会导致缺失值较多，所以本书选择了 2016 年 7 月—2019 年 6 月作为研究周期，这样就会导致 2016 年后半年的企业治理行为和治理绩效数据和财务数据存在一定的错位，有可能对分析结果产生影响，在后续的研究应该尽可能选择整年作为研究的时间段。

基于上述研究结论，本书对我国参与全球互联网治理，对于互联网企业更好地进行治理提出如下几点建议：（1）互联网企业是互联网治理的排头兵，是参与互联网治理诸多主体中最活跃的参与者，是联系各方的枢纽，我国在参与全球互联网治理、建构互联网治理"立体协同的治理架构"的过程中，要充分发挥互联网企业在其中的重要作用。互联网企业参与互联网治理，有强烈的利益动机，有资金、技术和人才等资源储备，且参与全球互联网治理符合国际上通行的做法。本书的研究表明，我国互联网企业参与互联网治理的频次在时间上呈日益增多的趋势，参与的层次越来越高，参与的范围越来越广泛。我国要重视互联网企业在互联网治理中的重要作用，积极引导，将政府的政策和主张融入到互联网企业的治理行为中去。（2）对于我国互联网企业而言，本书的研究表明，企业的互联网治理行为与其治理绩效和财务绩效之间存在密切的相关关系，而且参与的层次对企业绩效有显著的调节作用。相比发达国家，中国的私营企业在国际规则制定和治理参与广度和深度上有较大差距（孙永革、郎平，2017）。所以，互联网企业要响应国家号召，加强国际化意识，积极参与全球互联网治理，将企业战略与国家战略结合起来，这样不仅有利于提高自身的绩效，也有利于和谐的政企关系。

(3) 互联网企业要加强对于自身治理行为的信息披露，积极与政府、社会进行沟通交流。互联网企业天然具有媒体的属性，拥有与社会沟通的渠道，随着互联网越来越广泛地融入到社会生活的方方面面，对社会产生越来越大的影响，政府、社会也越发关注互联网企业的治理行为，互联网企业应该系统、充分地对自身的治理行为进行公开，增强自身的透明性，这样不仅呼应了政府、社会的关切，同时也是一种重要的宣传、沟通手段。

# 第五章 研究结论及展望

通过以上各章由表及里、由中观到微观、由行为到绩效逐步深入的逻辑演绎和实证分析,对于我国互联网产业的演变轨迹、我国互联网企业的治理行为及其与企业绩效之间的关系有了比较深入的认识。本章将先对这些研究结论进行概述,指出研究存在的不足之处,并对未来的研究方向做出展望。

## 第一节 研究结论

学界普遍认为,参与全球互联网治理的主体主要有政府、私营部门和市民社会,这三大主体在合法性、能力、利益和资源四个方面各有其优势(鲁传颖,2016)。关于全球治理体系的影响因素,相对于国际机制,不同类型的治理主体如国家、跨国倡议网络及跨国公司等的复杂互动,对于塑造全球治理可产生更为显著的影响(王明国,2015)。但是,目前学界对于我国参与全球互联网治理的研究,探讨哪些主体参与治理进程并发挥实际作用的研究最为薄弱(李艳,2017;方兴东等,2017)。现有的研究更多的是国际政治、新闻传播、法律等学科的研究,缺乏经济学、管理学等学科的参与;更多的是比较宏观的思辨分析,缺乏在微

## 第五章 研究结论及展望

观层面更加细致、深入的实证研究（Arsène，2016）。针对目前学界研究的现状，本研究聚焦于我国互联网企业是如何参与全球互联网治理，以及企业的治理行为会产生什么样的治理绩效，力求在学界研究的薄弱环节做出自己力所能及的贡献。本书的主要结论如下：

首先，我国企业参与全球互联网治理的背景是我国互联网产业的快速崛起。基于工信部和中国互联网协会 2013—2019 年共 7 年连续公布的互联网百强排行榜，分析了我国互联网产业的历史演变和发展趋势。百强的业务收入、营业利润和研发投入都处于持续的快速增长中，说明我国的互联网行业依旧处于高速增长期。从地区上看，互联网产业的发展与经济发展水平密切相关，北上广深等经济发展发达地区孕育的互联网百强在全国占有绝对优势，百强的分布范围呈现出从北上广深发达地区向次发达地区逐步扩展的态势。从登榜企业的成立时间看，我国的互联网行业新服务、新业态依旧处于快速更替中，互联网产业的机会依然巨大。从上市企业看，上市公司在登榜企业中所占比重接近一半，每年排行榜中的上市公司数量呈递增趋势，说明资本市场对于互联网产业的发展作用日益重要。从企业性质来看，民营企业在互联网百强排行榜中占据主导地位，国有企业所占比重较低。从业务类型来看，上榜企业中所占比重较大的为商务应用型、交流娱乐、互联网基础服务和互联网媒体，商务娱乐型所占比重呈增加趋势，其他类型有所下降。从企业更替率来看，头部企业优势明显，且基本维持稳定，排名靠后的企业变动频繁。

其次，在我国互联网产业快速崛起的背景下，本书通过实证的方法分析我国互联网企业是如何参与治理的。首先，基于联合国下属的互联网治理工作小组对互联网治理的定义，本书对互联网企业治理行为和治理绩效在理论上做了概念界定。本书选择了关注度比较高的百度、阿里和腾讯（BAT）作为案例研究对象，基于这三家企业官网上长达三年的企业动态新闻报道，通过内容分析和扎根理论的方法，揭示出我国互联网企业治理行为的五种类型，即市场服务行为、结盟合作行为、社会宣传行为、政治关联行为、环保公益行为，以及互联网企业治理绩效的四种类型，即技术绩效、经济绩效、政治绩效和伦理绩效。在此基础上，本书分析了BAT在治理行为和治理绩效上的差异性。从发文总量上，阿里最多，达603篇，其次是百度，达288篇，腾讯最少，只有39篇。从时间上来看，BAT发文的数量都在持续增加，这说明BAT参与治理的深度和复杂性在增加。从词频上，百度的企业新闻中出现最多的词为"技术"、"智能"、"合作"、"人工智能"、"驾驶"，阿里出现最多的词为"科技"、"全球化"、"公益"、"健康"、"物流"、"全球"等，腾讯出现最多的词是"文化、合作、科技、数字、游戏、服务、互联网"等，分别与这三家企业对各自的定位是相一致的。在互联网治理行为和治理绩效上，BAT之间存在明显的差异。BAT的网络治理中涉及多个利益相关者，就内部利益主体而言，百度和阿里共涉及30余个内部利益主体，腾讯涉及17个内部利益主体，但是以出现频次超过1%为标准，百度超过1%的内部主体只有3个，阿里则有13个，腾讯有8个，这表明阿里和腾讯在主要业务板块的带领下，各业务板块呈现出典型的"雁形"产业发展模式，百度则由于业务转型，主要业务板块不突出，无法带动其他业务板块协同发展。这种状况与阿里、腾讯市场价值飙升，而百度市值一路走低是相一致的。BAT的外部利益相关者主要有政府、商业伙伴、环保公益教育组织及帮扶对象、媒体、消费者、知名人物、行业性组织，但具体企业的侧重点存在明显的差异。比如就国际组织和政府利益相关者而言，阿里的国际化程度高，涉及的国际组织、外国政府和领导人较多；百度涉及的国际组织较多，但由于其业务与政府合作较多，涉及政府部门较多；腾讯涉及政府部门则比较少。互联网企业的治理行为必然涉及高级管理人员的参与，在这个方面BAT也存在较大的差异。比如，从涉及人数来说，百度共涉及高管84人，阿里共涉及高管171人，腾讯共涉及高管13人。这些差异从侧面反映出BAT在业务发展、

## 第五章 研究结论及展望

用人导向、领导人更替等方面的不同。基于这些分析，本书回答了我国互联网企业治理的四个基础性问题：第一，我国互联网企业在治理方面首要关注的是如何通过技术创新为用户创造更大的价值，普遍关注如何通过合作获得更多的认可和支持，普遍关注如何通过公益活动满足社会的期望，日益关注如何在全球范围更有效地配置资源，更好地参与治理。第二，我国互联网企业参与治理的主体表现在集团和业务单位两个层面，在集团层面普遍设立了专门的治理机构，在业务层面参与治理的主体众多，涉及到众多的利益相关者。第三，我国互联网企业参与治理主要采取的是与社会各方结盟合作的模式，合作的原则是优势互补、平等互利。第四，我国互联网企业在参与治理的层次上正在从内容层、软件层向协议层、基础架构层拓展，在地理范围上正在从国内走向全球。

最后，基于对 BAT 案例研究的成果，本书将其进一步拓展到一般的互联网企业，验证关于互联网企业治理行为和治理绩效的分类对于我国互联网企业的适用性，以及我国互联网企业的治理行为和企业绩效（治理绩效和财务绩效）的关联性。本书首先基于理论研究建立了关于互联网企业治理行为和企业绩效的概念模型，提出了关于企业互联网行为和企业绩效的 11 个假设，然后通过 36 家互联网上市企业官网中新闻动态的内容分析数据和企业半年报、年报财务数据，借助 NVivo12 pro 和 SPSS 22.0 分析软件，通过频数分析、描述性统计、因子分析、相关分析、配对样本 T 检验、时间序列分析、多元回归分析等统计方法对这些假设进行了验证。通过因子分析，本书发现企业的五种治理行为进一步可以化简为社会结盟行为和服务沟通行为，这两种行为对于治理绩效都具有正的显著影响，而对于财务绩效，只有社会结盟行为具有正的显著影响。为了验证治理行为特点对治理行为和企业绩效之间的调节作用，本书分别以治理绩效、财务绩效作为因变量，采取分层多元回归方法引入企业治理行为、行为特点以及它们之间的交互项。由于企业治理行为的广度、范围和合作性之间的相关性较强，且与企业治理行为之间也存在较强的相关性,本书最终只保留治理行为层次这一调节变量。分析结果显示,对于治理绩效来说,治理行为层次对社会结盟行为和服务沟通行为的调节效果显著;而对于财务绩效来说,治理行为层次只对社会结盟行为的调节效果显著。关于互联网企业治理绩效和财务绩效的关系,实证分析的结果显示两者显著相关。

## 第二节 研究的局限性

虽然本书试图消除理论与实证研究方面的缺陷,从而保证上述研究结论的真实性和可靠性,但是不可避免仍然存在一些局限性,这些局限性主要表现在以下几个方面:

(1) 样本选择的局限使得研究结论可能存在一定的偏差

由于互联网产业边界模糊,企业数量庞大,调研难度大,本书基于工信部和中国互联网协会连续7年(2013—2019年)的互联网企业百强排行榜上的部分上市公司进行了研究,这种样本选择上的局限性使得本书的研究结论可能存在一定的偏差。由于互联网企业的外延宽广,企业数量众多,本书选择了工信部和中国互联网协会2013—2019年评选的互联网百强(7*100=700家)作为分析对象,剔除重复出现的企业共有269家企业。由于涉及企业的财务绩效,所以本书选择了其中的上市企业,共116家(包含上市后退市的企业)。随后,本书又根据企业官网资料披露是否充分做了进一步筛选,最终选择了36家作为研究对象。通过这么几次筛选,本书事实上关注的仅仅是互联网产业中表现较好的头部企业。对百强中上市企业的研究仅仅说明了我国互联网企业中优秀企业的状况,研究结论在推广到我国互联网企业整体时需要保持谨慎。

(2) 采用的内容分析方法存在一定的局限性

在对互联网企业的治理行为进行研究时,本书采用的主要分析方

第五章 研究结论及展望

法是内容分析法,尽管该方法具有非介入性、不受时空限制、对非结构性材料的可接受性等优点,但是同时也具有研究结论受制于所使用的定义和分类架构、时间消耗量和人工强度大、解释传播者动机等方面的推断性分析能力不如问卷调查法和实验法等方法直接,仅就内容分析本身难以构成强有力的论断等[①]。在本书的研究中,还发现一些互联网企业在对自身新闻动态的报道方面认识不足,存在很大的随意性,企业新闻动态的连续性较差,这些都会对研究的结论产生一定的影响。

(3) 研究者知识储备和认识能力可能导致研究结论出现偏颇

由于"互联网+"战略的实施,互联网和众多的行业都出现了融合,这就要求研究者既具有一定的技术背景,也要拥有宽广的知识面,而笔者的知识储备和认识能力比较有限,从而导致本书对一些问题的认识存在一定的偏颇。比如,在调节变量的选择以及认识调节变量与行为类型的关系上存在一定的局限,导致行为类型和多个调节变量之间存在显著相关性,影响到部分分析结果的实现。

## 第三节　进一步研究的方向

本书结合我国互联网产业发展的实际情况,通过理论探索和实证研究分析了我国互联网企业的治理行为及其与企业绩效之间的关联性,得出了很多有价值的研究结论。本书的研究发现只是在微观层面探索我国如何更有效地参与全球互联网治理,形成与我国综合国力和互联网产业发展实力相匹配的治理地位的一个开始。如何建构既适应全球互联网竞

---

① 周翔:《传播学内容分析研究与应用》,重庆:重庆大学出版社2014年版,第35—37页。

争特点、又符合我国实际的多层次互联网治理格局,需要从宏观、中观、微观以及三观联动多个角度,从国际政治、新闻传播、法学、经济学和管理学多个学科领域展开更加深入的研究,还有许多问题有待进一步探讨,主要包括以下几个方面:

(1)虽然本书的研究已初步揭示了互联网企业是如何参与治理的以及治理行为与治理绩效之间的关系,但是从激发微观主体参与治理活力出发,对于哪些因素在影响着互联网企业的治理行为还不太清楚

<u>互联网企业</u>是互联网治理中最积极、关联性最广的主体。从理论上澄清这些影响因素,对于激发互联网企业参与治理的积极性具有重要的意义。

(2)对于其他微观主体比如技术社群、社会组织、公民个人是如何参与到全球互联网治理的过程中,以及各主体在其中发挥了什么作用等问题还不是十分清楚,还需要做大量的实证研究

在揭示了国内各主体的参与状况和发挥作用的基础上,需要进一步说明各主体之间的互动机制、信息沟通机制等,并通过对比西方国家各主体之间的互动机制对我国建立既适应国际竞争特点,又符合我国实际的治理格局提出针对性的意见和建议。

(3)如何能够从整合的角度出发,建立一个综合的、站在发展中国家立场上对现有互联网治理体系进行革命性变革的互联网治理理论是亟待解决的问题

对于互联网治理的研究涉及国际政治、新闻传播学、法学、经济学、管理学等多个学科,西方的研究主要是对现有体制的修补,国内的研究侧重于提供互联网治理的中国方案,但目前各领域的研究各自为政,如何能够从整合的角度出发,建立一个综合的、站在发展中国家立场上对现有互联网治理体系进行革命性变革的互联网治理理论是时代赋

予我们的使命。

（4）如何做到既有利于平台的健康发展，又能够促进国家治理和全球治理，是超级平台和政府共同面临的新课题

在互联网的世界里，互联网企业是规则的制定者和执行者，如何保证互联网企业的行为不侵犯广大用户的权利是我们不得不思考的问题。一些平台型的互联网企业拥有越来越大的超级权力，由于权力的失衡和治理能力的严重不对称，带来了极大的社会治理问题（方兴东、严峰，2019）。超级网络平台开始成为左右人们生活、工作、娱乐和商业等方面的信息基础设施。在国内，BAT就占据中国互联网市场价值的三分之二左右。而且，新兴企业也正在被超级平台瓜分。每年风险投资总额，BAT三家就占据半壁江山。如何处理好私权和公权的关系，更好地发挥平台型企业的作用，更有效地促进互联网治理，需要我们做更深入的探讨。

# 参考文献

[1] Arsène, Sèverine, "Global Internet Governance in Chinese Academic Literature: Rebalancing a Hegemonic World Order?", *China Perspectives*, No. 2, 2016, pp. 25 – 35.

[2] Baron, D. P., "Integrated Market and Non-market Strategies in Client and Interest Group Politics", *Business and Politics*, No. 1 April 1999, pp. 7 – 34.

[3] Baron, D. P., "Integrated Strategy, Trade Policy and Global Competition", *California Management Review*, Vol. 39, no. 2, 1997, pp. 145 – 169.

[4] Bates, R. A., E. F. Holton, "Computerized Performance Monitoring — A Review of Human Resource Issues", *Human Resource Management Review*, Vol. 5, no. 4, 1995, pp. 267 – 288.

[5] Bossey C. D., "Report of the Working Group on Internet Governance", June 2005, availble at http://www.wgig.org/docs/WGIGREPORT.pdf.

[6] Brooks, Brandon A., *Effectsof Organaization – level Internet Governance: A Mixed Method Case Study Approach to Social Medial Governance*, Michigan State University, 2015.

[7] Brousseau E. Marzouki M., *Governance, Regulation and Power on*

*the Internet*, Cambridge: Cambridge University Press, 2012, pp. 368 – 397.

[8] Carroll A. B., "A Three-Dimensional Conceptual Model of Corporate Social Performance", *Academy of Mana gement Review*, Vol. 4, No. 4, 1979, pp. 497 – 505.

[9] Cerf, Vinton G., "The Internet Governance Ecosystem", *Communications of the ACM*, Vol. 57, No. 4, 2014, pp. 7 – 8.

[10] Chen M J, MacMillan I C., "Nonresponse and Delayed Response to Competitive Moves: The Roles of Competitor Dependence and Action Irreversibility", *Academy of Management Journal*, Vol. 35, No. 3, 1992, pp. 359 – 370.

[11] Chen, M. -J., & Miller, D., "Competitive Attack, Retaliation, and Performance: An Expectancy-valence Framework", *Strategic Management Journal*, No. 15, 1994, pp. 85 – 102.

[12] Chen, M. -J., Smith, K. G., Grimm, C., "Action Characteristic as Predictors of Competitive Responses", *Management Science*, Vol. 38, No. 3, 1992, pp. 439 – 455.

[13] Chenou J. M., Radu R., "Global Internet Policy: A Fifteen-Year Long Debate", in Radu R., Chenou J. M., Weber R. H. (Eds.), "*The Evolution of Global Internet Governance Principles and Policies in the Making*", 2014, Springer, pp. 3 – 22.

[14] Chenou, Jean-Marie, "From Cyber-Libertarianism to Neoliberalism: Internet Exceptionalism, Multi-stakeholderism, and the Institutionalisation of Internet Governance in the 1990s", *Globalizationas*, Vol. 11, No. 2, 2014, pp. 205 – 223.

[15] David, Taylor, "NETMundial Global Multistakeholder on the Future of Internet Governance", *Journal of Internet Law*, No. 6, 2014, pp. 25 – 27.

[16] DeNardis L. , "The Emerging Field of Internet Governance", in William Dutton (Eds. ), *Oxford Handbook of Internet Studies*, Oxford: Oxford University Press, 2013, pp. 555 – 575.

[17] DeNardis, Laura, Raymond, "Thinking Clearly about Multistakeholderism", paper presented at eighth Annual Giga Net Symposium, October 21, 2013, pp. 2 – 8.

[18] Don McLean, "Herding Schrodinger's Gats Some Conceptual Tools for Thinking about Internet Governance", in Don Maclean (Eds. ), *Internet Governance: A Grand Collaboration*, New York: UN ICT Task Force, 2004, pp. 79 – 80.

[19] Geels, F. W. , "From Sectoral Systems of Innovation to Socio-technical Systems: Insights about Dynamics and Change from Sociology and Institutional Theory", *Research Policy*, Vol. 33, No. 6 – 7, 2004, pp. 897 – 920, http://doi.org/10.1016/j.respol.2004.01.015

[20] Harpham, Bruce, "Net Neutrality in the United States and the Future of Information Policy", *Faculty of Information Quarterly*, Vol. 1, No. 2, 2009, pp. 1 – 16.

[21] Hermanson, D. R. , Rittenberg, L. E. , "Internal Audit and Organizational Governance", in A. D. Bailey, A. A. Gramling & S. Ramamoorti (Eds. ), *Research Opportunities in Internal Auditing*, Altamonte Springs, Fla: Institute of Internal Auditors Research Foundation, 2003, pp. 25 – 71, p. 27.

[22] Internet Governance Overview. *Congressional Digest*, No. 6, June 2014.

[23] Jeanette H. , Christian K. & Kirsten G. , "Between Coordination and Regulation: Conceptualizing Governance in Internet Governance", *HIIG Discussion Paper Series*, Apr. 2014.

[24] Johnson R. D. , Crawford P. S. & Palfrey G. J. , "The Accounta-

ble Internet; Peer Production of Internet Governance", *The Virginia Journal of Law and Technology*, Vol. 9, No. 9, 2004, pp. 2 –33.

[25] Kaiser, H. F., "An Index of Factorial Simplicity", *Psychometrika*, No. 39, 1974, pp. 31 –36.

[26] Kleinwachter W., "the History of Internet Governance", June 2013, http://africanig school.events.apc.org/wp-content/uploads/sites/2/2013/06/Durban.pdf, April 4, 2015.

[27] Kleinwachter W., "WSIS and Internet Governance: Towards a Multistakeholder Approach", https://www.itu.int/osg/spu/forum/intgov04/contribu_tions/kleinwachter-contribution.pdf, May 24, 2015.

[28] Krasner D. S., "Structural Causes and Regime Consequences: Regimes as Intervening Variables", *International Organization*, Vol. 36, No. 2, 1982, pp. 185 –205.

[29] Kurbalija J., "An Introduction to Internet Governance", Switzerland: Diplo Foundation, 4th Edition, 2010.

[30] Leib, Volker, "ICANN—EU Can't: Internet Governance and Europe's Role in the Formation of the Internet Corporation for Assigned Names and Numbers (ICANN)", *Telematics and Informatics*, Vol. 19, 2002, pp. 159 –161.

[31] Lessig, L., *Code: And Other Laws of Cyberspace*, Version 2.0 (0002 – Revised edition), New York: Basic Books, 2006.

[32] Levinson, Nanette S., Hank Smith, "The Internet Governance Ecosystem: Assessing Multistakeholderism and Change", prepared for delivery at the 2008 Annual Meeting of the American Political Science Association, August 2008, pp. 28 –31.

[33] Mathiason J., "A Framework Convention: An Institutional Option for Internet Governance", Internet Governance Project, December 20, 2004,

http://internetgovernance.org/pdf/igp-fc.pdf.

[34] Mathiason J., *Internet Governance: the New Frontier of Global Institutions*, London: Routledge, 2009, pp. xiv, 6 – 23.

[35] Miller, D. & Chen, M., "The Causes and Consequences of Competitive Inertia", *Administrative Science Quarterly*, No. 39, 1994, pp. 1 – 23.

[36] Mueller, Miltion, Brenden Kuerbis, "Roadmap for Globalizng IANA: Four Principles and a Proposal for Reform", Internet Governance Project, March 3, 2014, pp. 13 – 14, http://www.intemetgovernance.org/2014/03/03/a-roatiniap-for-globalizingiana/.

[37] Mueller M., Mathiason J. & McKnight L. W., "Making Sense of 'Internet Governance': Defining Principles and Norms in a Policy Context", in Don Maclean (Eds.), *Internet Governance: A Grand Collaboration*, NY: United Nations, 2004, pp. 100 – 121.

[38] Mueller, M. L., *Ruling the Root: Internet Governance and the Taming of Cyberspace* (1. paperback ed), Cambridge, Mass.: MIT Press, 2004.

[39] Mueller, Milton, Derrick Cogburn, John Mathiason, "Net Neutrality as Global Principle for Internet Governance", *SSRN Electronic Journal*, Vol. 1, No. 1, 2007, pp. 15 – 16.

[40] Mueller, Mathiason and McKnight, "Making Sense of 'Internet Governance': Defining Principles and Norms in a Policy Context", http://ccent.syr.edu/wp-content/uploads/2014/05/su-igp-rev2.pdf.

[41] Murdock G., "Digital Divides: Communications Policy and its Contradictions", *New Economy*, vol. 8, No. 2, 2001, pp. 110 – 115.

[42] Nye, Joseph, "The Regime Complex for Managing Global Cyber Activities", Global Commission on Internet Governance Paper Series, No. 1 May, 2014.

参考文献

[43] Yannakogeorgos, Panayotis A., "Internet Governance and National Security", *International Strategic Studies Quarterly*, Vol. 6, No. 3, 2012, p. 103.

[44] Pigoni, Livio, "Internet Governance: Time for an Update?", *CSS Analyses in Security Policy*, No. 163, 2014, pp. 1-4.

[45] Porter, M. E., *Competitive Strategy: Techniques for Analyzing Industries and Competitors*, New York: Free Press, 1980, pp. 41-52.

[46] Porter, M., "From Competitive Advantage to Corporate Strategy", *Harvard Business Review*, No. 5, 1987, pp. 43-59.

[47] Rosenzweing, Paul, "The International Governance Framework for Cyber security", *Canada-United States Law Journal*, Vol. 37, No. 2, 2012, pp. 405-406.

[48] Sadowsky G., "Internet Governance: Challenges, Issues and Roles-a Taxonomy Disscussion", June 2014, http://www.itu.int/wsis/implementation/2007/civilsocietyconsultation/index.html.

[49] Schelling, T. C., *The Strategy of Conflict*, Cambridge, MA: Harvard University Press, 1997.

[50] Shaffer, B., Quasney, T. & Grimm, C., "Firm Level Performance Implications of Non-market Actions", *Business and Society*, Vol. 39, No. 2, 2000, pp. 126-143.

[51] Smith, K., Grimm, C. and Gannon, *Dynamics of Competitive Strategy*, Newbury Park, CA: Sage, 1992, pp. 23-26.

[52] Smith, Ken G., Martin John Gannon, Curtis M. Grimm, M.-J. Chen, "Organizational Information Processing, Competitive Responses, and Performance in the U. S. Domestic Airline Industry", *The Academy of Management Journal*, Vol. 34, No. 1, 1991, pp. 60-85.

[53] Smouts, C., "The Proper Use of Governance in International Re-

lations", *International Social Science Journal*, 1998, Vol. 50, No. 1, pp. 81 – 89.

[54] Stoker G., "Governance as Theory: Five Propositions," *International Social Science Journal*, Vol. 50, No. 155, 1998, pp. 17 – 28.

[55] Strickling, Lawrence E, "Moving Together Beyond Dubai", available at http://www.ntia.doc.gov/blog/2013/moving-together-beyond-dubai.

[56] Thornton, P. H., Jones, C. & Kury, K., "Institutional Logics and Institutional Change in Organizations: Transformation in Accounting, Architecture, and Publishing", in Research in the Sociology of Organizations, Vol. 23, 2005, pp. 125 – 170, p. 127, Bingley: Emerald (MCB UP), retrieved from http://www.emeraldinsight.com/10.1016/S0733 – 558X(05)23004 – 5.

[57] Wu, Timothy S. "Cyberspace Sovereignty-The Internet and the International System", *Harvard Journal of Law & Technology*, Vol. 10, No. 3, 1997, pp. 647 – 666.

[58] Van Eeten, M. J., & Mueller, M. "Where is the Governance in Internet Governance?", *New Media & Society*, Vol. 15, No. 5, 2012, p. 720 – 736, http://doi.org/10.1177/1461444812462850.

[59] Weber, Rolf H., "Responsibilities of Business as New Topic in Internet Governance Debates", *Journal of Internet Law*, May 2013, pp. 3 – 12.

[60] Williamson, O. E., *The Mechanisms of Governance*, Oxford University Press, 1996.

[61] Wood D. J., "Measuring Corporate Social Performance: A Review", *International Journal of Management Reviews*, Vol. 12, No. 1, 2010, pp. 50 – 84.

[62] B. 盖伊·彼得斯、邵文实:《治理:关于五个论点的十点想法》,载《国际社会科学杂志(中文版)》,2019年第3期。

[63] 波士顿咨询公司(BCG)、阿里研究院、百度研究中心:《中

国经济白皮书 2.0：解读中国互联网新篇章：迈向产业融合》，http：//www.yidianzixun.com/article/0L6KQSRx（访问时间：2021 年 1 月 8 日）。

[64] 波士顿咨询公司（BCG）、阿里研究院、百度发展研究中心、滴滴政策研究院：《中国互联网经济白皮书：解读中国互联网特色》，https://www.sohu.com/a/192258814_99900352（访问时间：2021 年 1 月 8 日）。

[65] 艾明江：《共同民主治理：互联网社区治理分析——以新浪微博社区为例》，载《电子政务》，2014 年第 8 期。

[66] 安德鲁·查德威克：《互联网政治学：国家、公民与新传播技术》，任孟山译，北京：华夏出版社 2010 年版。

[67] 奥利弗·威廉姆森：《治理机制》，北京：中国社会科学出版社 2001 年版。

[68] 巴里·布赞：《人、国家与恐惧——后冷战时代的国际安全研究议程》，闫健、李剑译，北京：中央编译出版社 2009 年版。

[69] 蔡翠红：《国家—市场—社会互动中网络空间的全球治理》，载《世界经济与政治》，2013 年第 9 期。

[70] 蔡翠红：《全球大变局时代的网络空间治理》，载《探索与争鸣》，2019 年第 1 期。

[71] 蔡翔华：《行业协会在互联网治理中的角色分析》，载《社团管理研究》，2008 年第 4 期。

[72] 陈莱姬：《从 IANA 移交看 ICANN 新全球网络治理模式》，载《汕头大学学报（人文社会科学版）》，2016 年第 32 期。

[73] 陈少威、俞晗之、贾开：《互联网全球治理体系的演进及重构研究》，载《中国行政管理》，2018 年第 6 期。

[74] 崔保国：《网络空间治理模式的争议与博弈》，载《新闻与写作》，2016 年第 10 期。

[75] 崔明伍：《试论美国"网络中立"原则的兴废》，载《南昌大

学学报（人文社会科学版）》，2018年第5期。

［76］Domanski, Robert J.：《谁治理互联网》，北京：电子工业出版社2018年版。

［77］丹尼尔·W. 德雷兹内：《互联网全球治理：国家的回归》，曲甜译，载《国外理论动态》，2016年第9期。

［78］蒂姆·毛瑞尔、曲甜、王艳：《联合国网络规范的出现：联合国网络安全活动分析》，载《汕头大学学报（人文社会科学版）》，2017年第5期。

［79］董媛媛：《论互联网传播的自由与规制——以ACTA对"网络中立"从对立到妥协的视角》，载《新闻与传播研究》，2012年第1期。

［80］董媛媛：《论互联网传播权利的冲突和选择——以美国的被遗忘权对网络中立博弈为分析视角》，载《现代传播（中国传媒大学学报）》，2017年第3期。

［81］董媛媛：《论美国"网络中立"及其立法价值》，载《新闻大学》，2011年第2期。

［82］董媛媛：《论网络中立价值研究的嬗变及其逻辑规律》，载《国际新闻界》，2015年第1期。

［83］董媛媛：《美国网络中立立法的合理性研究》，载《当代传播》，2015年第3期。

［84］方兴东、陈帅、徐济函：《中国参与互联网治理论坛（IGF）的历程、问题与对策》，载《新闻与写作》，2017年第7期。

［85］方兴东、陈帅、许祎玥：《中国参与信息社会世界峰会的演进历程、经验总结和对策》，载《新闻与写作》，2017年第8期。

［86］方兴东、陈帅：《中国参与ICANN的演进历程、经验总结和对策建议》，载《新闻与写作》，2017年第6期。

［87］方兴东、卢卫、胡怀亮、张静：《网络强国能力指标体系与战略实现路径研究》，载《现代传播》，2014年第4期。

[88] 方兴东、卢卫:《当前全球网络治理格局演变趋势——基于特朗普政府战略转向的分析与研判》,载《学术前沿》,2017年第6期下。

[89] 方兴东、田金强、陈帅:《全球网络治理多方模式和多边模式比较与中国对策建议》,载《汕头大学学报(人文社会科学版)》,2017年第9期。

[90] 方兴东、严峰:《网络平台"超级权力"的形成与治理》,载《人民论坛·学术前沿》,2019年第14期。

[91] 方兴东:《中国互联网治理模式的演进与创新——兼论"九龙治水"模式作为互联网治理制度的重要意义》,载《人民论坛·学术前沿》,2016年第6期。

[92] 方兴东:《中美高科技博弈:在于技术创新和商业创新,更在于制度创新》,《21世纪经济报道》,2019年6月5日。

[93] 方兴东:《走出二元对立积极拥抱多方模式》,载《汕头大学学报(人文社会科学版)》,2017年第9期。

[94] 冯光:《国际规则制定:中国的责任与担当》,载《中国社会科学报》,2017年11月22日,第5版。

[95] 弗里曼:《战略管理:利益相关者方法》,王彦华、梁豪译,上海:上海译文出版社2006年版。

[96] 付玉辉:《美国"网络中立"论争的实质及其影响》,载《国际新闻界》,2009年第7期。

[97] 甘晓晨:《互联网企业自治规则研究——以支付宝规则为例》,载《法律和社会科学》,2010年第1期。

[98] 高晓雨、闫寒:《美国互联网治理概念模型演进及对我国的启示》,载《中国信息化》,2017年第10期。

[99] 格里·斯托克:《作为理论的治理:五个论点》,华夏风译,载《国际社会科学杂志(中文版)》,2019年第3期。

[100] 桂畅旎:《特朗普政府〈国家网络战略〉内容评述及影响评

估》，载《信息安全与通信保密》，2018年第11期。

［101］郭丰、刘碧琦、赵旭：《多利益攸关方机制国际实践研究》，载《汕头大学学报·网络空间研究》，2017年第9期。

［102］郭丰：《国际互联网治理架构研究》，北京邮电大学硕士学位论文，2012年。

［103］顾海伦：《中国互联网企业的定义与分类问题研究》，上海师范大学硕士论文，2017年。

［104］国家互联网信息办公室：《国家网络空间安全战略》，http://www.cac.gov.cn/2016 - 12/27/c_1120195926.htm（访问时间：2021年1月8日）。

［105］何其生、李欣：《国际互联网治理体系：中外差异与应对策略》，载《重庆邮电大学学报（社会科学版）》，2016年第4期。

［106］洪宇：《中国与国际互联网：博弈式的国际融合》，载《新闻与传播研究》，2016年第S1期。

［107］侯云灏、王凤翔：《网络空间的全球治理及其"中国方案"》，载《新闻与写作》，2017年第1期。

［108］胡泳、车乐格尔：《"网络主权"辨析》，载《新闻与传播研究》，2016年第1期。

［109］胡泳：《中国政府对互联网的管制》，载《新闻学研究》，2010年第103期。

［110］华强森、成政珉、王玮、James Manyika、Michael Chui、黄家仪：《中国数字经济如何引领全球新趋势》，载《科技中国》，2017年第11期。

［111］黄金、李乃青：《互联网平台企业参与社会治理的价值、制约因素与对策建议》，载《信息通信技术与政策》，2018年第6期。

［112］黄丽娜、黄璐、邵晓：《基于共词分析的中国互联网政策变迁：历史、逻辑与未来》，http://kns.cnki.net/kcms/detail/61.1167.

g3. 20190326. 1524. 004. html（访问时间：2021 年 1 月 8 日）。

[113] 黄旭：《国际互联网治理组织的自主性及其限度》，载《湖湘论坛》，2018 年第 3 期。

[114] 黄旭：《十八大以来我国网络综合治理体系构建的逻辑起点、实践目标和路径选择》，http：//kns. cnki. net/kcms/detail/11. 5181. TP. 20181228. 1314. 006. html（访问时间：2021 年 1 月 8 日）。

[115] 黄志雄：《国际法在网络空间的适用：秩序构建中的规则博弈》，载《环球法律评论》，2016 年第 3 期。

[116] 黄志雄：《网络空间规则博弈中的"软实力"——近年来国内外网络空间国际法研究综述》，载《人大法律评论》，2017 年第 3 期。

[117] 黄志雄：《网络空间国际法治：中国的立场、主张和对策》，载《云南民族大学学报（哲学社会科学版）》，2015 年第 4 期。

[118] 姜奇平：《网络中立对中美互联网的影响》，载《互联网周刊》，2018 年第 1 期。

[119] 姜奇平：《网络中立是最重要的》，载《互联网周刊》，2010 年第 24 期。

[120] 金定海、顾海伦：《论互联网企业的定义与再定义问题》，载《现代传播》，2016 年第 5 期。

[121] 敬乂嘉、李丹瑶、曹佳：《私人部门对多层级治理的促进作用：中国"互联网＋"国家战略》，载《复旦公共行政评论》，2018 年第 2 期。

[122] 郎平：《"多利益攸关方"的概念、解读与评价》，载《汕头大学学报（人文社会科学版）》，2017 年第 9 期。

[123] 郎平：《国际互联网治理：挑战与应对》，载《国际经济评论》，2016 年第 2 期。

[124] 郎平：《网络空间国际治理机制的比较与应对》，载《战略决策研究》，2018 年第 2 期。

[125] 郎平：《网络空间国际秩序的形成机制》，载《国际政治科学》，2018年第1期。

[126] 劳拉·德纳迪斯：《互联网治理与全球博弈》，覃庆玲、陈慧慧等译，北京：中国人民大学出版社2017年版。

[127] 劳伦斯·莱西格：《代码》，李旭、姜丽楼、王文英译，北京：中信出版社2004年版。

[128] 李鸿渊：《论网络主权与新的国家安全观》，载《行政与法》，2008年第8期。

[129] 李维安、常永断：《中国传媒集团公司治理模式探析》，载《天津社会科学》，2003年第1期。

[130] 李晓东、戴佳：《互联网全球治理的趋势和挑战》，载《全球传媒学刊》，2017年第2期。

[131] 李艳、李茜：《国际互联网治理规则制定进程及对中国的启示》，载《信息安全与通信保密》，2016年第11期。

[132] 李艳：《当前国际互联网治理改革新动向探析》，载《现代国际关系》，2015年第4期。

[133] 李艳：《网络空间国际治理中的国家主体与中美网络关系》，载《现代国际关系》，2018年第11期。

[134] 李艳：《网络空间治理的学术研究视角及评述》，载《汕头大学学报（人文社会科学版）》，2017年第7期。

[135] 刘建伟：《国家"归来"：自治失灵、安全化与互联网治理》，载《世界经济与政治》，2015年第7期。

[136] 刘少华：《推动互联网全球治理体系变革》，载《人民日报》，2016年1月12日，第7版。

[137] 刘肖、朱元南：《网络主权论：理论争鸣与国际实践》，载《西南民族大学学报（人文社科版）》，2017年第7期。

[138] 刘志云、刘盛：《基于国家安全的互联网全球治理》，载《厦

门大学学报：哲学社会科学版》，2016 年第 2 期。

[139] 鲁传颖：《网络空间治理与多利益攸关方理论》，北京：时事出版社 2016 年版。

[140] 鲁传颖：《网络空间全球治理与多利益攸关方的理论与实践探索》，华东政法大学博士论文，2016 年。

[141] 鲁传颖：《网络空间治理的力量博弈、理念演变与中国战略》，载《国际展望》，2016 年第 1 期。

[142] 罗昕：《美国"网络中立"争论：在接入控制与开放之间》，载《新闻与传播研究》，2010 年第 3 期。

[143] 罗昕：《美国网络中立规制研究：脉络、实质与启示》，华中科技大学博士论文，2012 年。

[144] 罗昕：《全球互联网治理：模式变迁、关键挑战与中国进路》，载《社会科学战线》，2017 年第 4 期。

[145] 吕晓莉：《全球治理：模式比较与现实选择》，载《现代国际关系》，2005 年第 3 期。

[146] 玛丽·米克尔：《2018 年互联网趋势报告》，腾讯科技讯，2018 年 5 月 31 日，https：//tech.qq.com/a/20180531/003593.htm#p = 1（访问时间：2021 年 1 月 8 日）。

[147] 玛丽·米克尔：《2019 年互联网趋势报告》，腾讯科技讯，2019 年 6 月 12 日，https：//xw.qq.com/cmsid/20190612000306/TEC2019061200030600（访问时间：2021 年 1 月 8 日）。

[148] 迈克尔·辛格尔特利：《大众传播研究：现代方法与应用》，刘燕南等译，北京：华夏出版社 2000 年版。

[149] 曼纽尔·卡斯特：《千年终结》，夏铸九、黄慧琦等译，北京：社会科学文献出版社 2003 年版。

[150] 米尔顿·L. 穆勒：《网络与国家：互联网治理的全球政治学》，周程、鲁锐等译，上海：上海交通大学出版社 2015 年版。

[151] 米尔顿·穆勒、约翰·马西森、汉斯·克莱因：《互联网与全球治理：一种新型体制的原则与规范》，田华译，载《汕头大学学报（人文社会科学版）》，2017年第3期。

[152] 米尔顿·穆勒：《互联网会分裂吗？》，刘金河译，载《全球传媒学刊》，2018年第2期。

[153] 钱忆亲、陈昌凤：《互联网治理：一种综合路径的探索》，载《全球传媒学刊》，2017年第2期。

[154] 钱瑛、张恒山：《论互联网的共同责任治理》，载《华中科技大学学报（社会科学版）》，2014年第6期。

[155] 若英：《什么是网络主权？》，载《红旗文稿》，2014年第13期。

[156] 沈玲：《美国网络中立政策实践及启示》，载《信息安全与通信保密》，2018年第9期。

[157] 世界互联网大会组委会：《携手构建网络空间命运共同体》，http：//www.cac.gov.cn/2019 - 10/16/c_1572757003996520.htm（访问时间：2021年1月8日）。

[158] 舒华英：《互联网治理的分层模型及其生命周期》，2006年中国通信学会通信管理委员会学术研讨会议论文，2016年11月。

[159] 孙永革、郎平：《中国参与"多利益攸关方"的治理实践及收获》，载《汕头大学学报（人文社会科学版）》，2017年第9期。

[160] 孙宇：《互联网治理的模型、话语及其争论》，载《中国行政管理》，2017年第5期。

[161] 唐巧盈：《向左走，向右走？——美国"网络中立"政策的博弈之路》，载《信息安全与通信保密》，2018年第1期。

[162] 唐守廉：《互联网及其治理》，北京：北京邮电大学出版社2008年版。

[163] 唐绪军：《全球视野 中国实践——首届中外合作互联网治理

论坛论文集》,北京:中国社会科学出版社 2017 年版。

[164] 陶贤都、符露文:《中国互联网分层治理机制构建研究》,载《文化与传播》,2018 年第 3 期。

[165] 特里斯坦·加洛韦:《中国与全球互联网技术治理》,何包钢、王敏译,载《汕头大学学报(人文社会科学版)》,2016 年第 6 期。

[166] 田志龙、邓新明、Ta eb Hafsi:《企业市场行为、非市场行为与竞争互动——基于中国家电行业的案例研究》,载《管理世界》,2007 年第 8 期。

[167] 田志龙、高勇强、卫武:《中国企业政治策略与行为研究》,载《管理世界》,2003 年第 12 期。

[168] 涂锋:《设施、人群与信息:互联网治理的多层结构——基于北京市治理实践的分析与建议》,载《中共天津市委党校学报》,2017 年第 1 期。

[169] Verhulst, Stefaan G.、Beth S. Noveck、Jillian Raines、Antony Declercq:《全球治理创新:走向一个分散式互联网治理生态系统》,王晰译,载《汕头大学学报·网络空间研究》,2017 年第 9 期。

[170] 王桂芳:《大国网络竞争与中国网络安全战略选择》,载《国际安全研究》,2017 年第 2 期。

[171] 王孔祥:《国际化的"互联网治理论坛"》,载《国外理论动态》,2014 年第 3 期。

[172] 王梦瑶、胡泳:《中国互联网治理的历史演变》,载《现代传播(中国传媒大学学报)》,2016 年第 4 期。

[173] 王明国:《全球互联网治理的模式变迁、制度逻辑与重构路径》,载《世界经济与政治》,2015 年第 3 期。

[174] 王明国:《网络空间秩序转型的国际制度基础》,载《全球传媒学刊》,2016 年第 4 期。

[175] 王远:《网络主权:一个不容回避的议题》,载《人民日报》,

2004年6月23日,第23版。

[176] 王哲:《推动社会发展:全球互联网企业的新角色》,载《互联网经济》,2017年第8期。

[177] 韦柳融、王融:《中国的互联网管理体制分析》,载《中国新通信》,2007年第18期。

[178] 卫武、田志龙、刘晶:《我国企业经营活动中的政治关联性研究》,载《中国工业经济》,2004年第4期。

[179] 卫武:《基于"Meta分析"视角的企业社会绩效与企业财务绩效之间的关系研究》,载《管理评论》,2012年第4期。

[180] 卫武:《企业非市场与市场行为及其竞争特点对企业绩效的影响研究》,载《南开管理评论》,2009年第2期。

[181] 吴峻:《网络中立理论及其对世界贸易组织架构下互联网政策的影响》,载《国际法研究》,2015年第6期。

[182] 吴亮:《网络中立管制的法律困境及其出路——以美国实践为视角》,载《环球法律评论》,2015年第3期。

[183] 吴志成、李冰:《全球治理话语权提升的中国视角》,载《世界经济与政治》,2018年第9期。

[184] 习近平:《在网络安全和信息化工作座谈会上的讲话》,2016年4月19日,http://cpc.people.com.cn/n1/2016/0426/c64094-28303771.html(访问时间:2021年1月8日)。

[185] 肖新光:《开放博弈方能网络强国——建立产业能力支撑下的外向型网络空间战略观》,载《中国信息安全》,2014年第11期。

[186] 谢洪明:《战略网络结构对企业动态竞争行为的影响研究》,载《科研管理》,2005年第2期。

[187] 谢新洲、杜燕:《互联网管理要在创新前提下定规则——访中国互联网协会副理事长高新民》,载《新闻与写作》,2018年第5期。

[188] 徐秀军:《全球治理困境的破解之道——学习习近平总书记

在中法全球治理论坛上的讲话》，载《旗帜》，2019年第5期。

[189] 薛澜、俞晗之：《迈向公共管理范式的全球治理——基于"问题—主体—机制"框架的分析》，载《中国社会科学》，2015年第11期。

[190] 杨帆：《国家的"浮现"与正名——网络空间主权的层级理论模型释义》，载《国际法研究》，2018年第4期。

[191] 杨峰：《全球互联网治理、公共产品与中国路径》，载《教学与研究》，2016年第9期。

[192] 叶江：《全球治理与中国的大国战略转型》，北京：时事出版社2010年版。

[193] 叶敏：《中国互联网治理：目标、方式与特征》，载《新视野》，2011第1期。

[194] 衣凤鹏、徐二明：《高管政治关联与企业社会责任——基于中国上市公司的实证分析》，载《经济与管理研究》，2014年第5期。

[195] 殷琦：《"治理"的兴起及其内涵衍变——以其在中国传媒领域中的使用为例》，载《国际新闻界》，2011年第12期。

[196] 尹彤：《互联网企业合作关系网络的结构、治理及演化研究》，大连理工大学硕士论文，2017年。

[197] 余东华：《制度变迁中的所有制改革与产业组织演进》，载《山东大学学报（哲学社会科学版）》，2006年第1期。

[198] 俞可平主编：《治理与善治》，北京：社会科学文献出版社2000年版。

[199] 俞婷宁：《互联网国际规则建构：话语策略的公共安全视角》，载《国际安全研究》，2017年第3期。

[200] 约瑟夫·奈：《维持网络空间稳定的八项规范》，http：//www.zaobao.com/forum/views/opinion/story20200117－1021854（访问时间：2021年1月8日）。

[201] 岳爱武、苑芳江：《从权威管理到共同治理：中国互联网管理体制的演变及趋向——学习习近平关于互联网治理思想的重要论述》，载《行政论坛》，2017年第5期。

[202] 张惠琴、邵云飞、李梨花：《集群企业竞合行为与技术创新绩效关系研究——以陶瓷产业集群为例》，载《中国科技论坛》，2011年第9期。

[203] 张萌萌：《互联网全球治理体系与中国参与的机构路径》，载《哈尔滨工业大学学报（社会科学版）》，2018年第5期。

[204] 张向宏、卢坦：《网络空间主权国际比较研究》，载《微型机与应用》，2015年第14期。

[205] 张新宝、许可：《网络空间主权的治理模式及其制度构建》，载《中国社会科学》，2016年第8期。

[206] 张宇燕：《全球治理的中国视角》，载《世界经济与政治》，2016年第9期。

[207] 章晓英、苗伟山：《互联网治理：概念、演变及建构》，载《新闻与传播研究》，2015年第9期。

[208] 赵杨：《网络规则的生成和演进》，华东政法大学博士论文，2015年。

[209] 赵玉林：《互联网公司的网络治理职责定位问题研究》，载《理论导刊》，2013年第10期。

[210] 中国网络空间研究院编著：《世界互联网发展报告2019》，北京：电子工业出版社2019年版。

[211] 周建青：《"网络空间命运共同体"的困境与路径探析》，载《中国行政管理》，2018年第9期。

[212] 周翔：《传播学内容分析研究与应用》，重庆：重庆大学出版社2014年版。

[213] 朱诗兵、张学波、王宇、刘韵洁：《世界范围内网络主权的

主要观点综述》，载《中国工程科学》，2016年第6期。

［214］朱伟峰：《中国互联网监管的变迁、挑战与现代化》，载《新闻与传播研究》，2014年第7期。

［215］邹军：《"网络中立"论争新趋势及启示》，载《新闻与传播研究》，2015年第6期。

［216］邹军：《"网络中立"：美国立法之困及启示》，载《现代传播（中国传媒大学学报）》，2014年第12期。

［217］邹军：《从个人管理到全球共治：互联网治理的历史变迁与未来趋势》，载《现代传播（中国传媒大学学报）》，2017年第1期。

［218］邹军：《全球互联网治理：未来趋势与中国议题》，载《新闻与传播研究》，2016年第S1期。

［219］邹军：《全球互联网治理的模式重构、中国机遇和参与路径》，载《南京师范大学学报（社会科学版）》，2016年第3期。

# 附录一  2013年中国互联网百强名单

| 名次 | 公司全称 | 公司简称 |
| --- | --- | --- |
| 1 | 深圳市腾讯计算机系统有限公司 | 腾讯 |
| 2 | 阿里巴巴集团 | 阿里 |
| 3 | 百度公司 | 百度 |
| 4 | 网易公司 | 网易 |
| 5 | 搜狐集团 | 搜狐 |
| 6 | 新浪公司 | 新浪 |
| 7 | 北京奇虎科技有限公司 | 三六零 |
| 8 | 上海盛大网络发展有限公司 | 盛大网络 |
| 9 | 上海巨人网络科技有限公司 | 巨人网络 |
| 10 | 完美世界（北京）网络技术有限公司 | 完美世界 |
| 11 | 北京京东叁佰陆拾度电子商务有限公司 | 京东 |
| 12 | 人人公司 | 人人网/千橡网景 |
| 13 | 上海携程商务有限公司 | 携程 |
| 14 | 北京天盈九州网络技术有限公司 | 凤凰网 |
| 15 | 合一信息技术（北京）有限公司 | 优酷土豆 |
| 16 | 四三九九网络股份有限公司 | 4399小游戏 |
| 17 | 苏宁云商集团股份有限公司 | 苏宁易购 |
| 18 | 广东太平洋互联网信息服务有限公司 | 太平洋电脑网 |
| 19 | 号百信息服务有限公司 | 号百 |

附录一 2013年中国互联网百强名单

(续表)

| 名次 | 公司全称 | 公司简称 |
|---|---|---|
| 20 | 乐视网信息技术(北京)股份有限公司 | 乐视 |
| 21 | 上海花千树信息科技有限公司 | 世纪佳缘 |
| 22 | 北京艺龙信息技术有限公司 | 艺龙 |
| 23 | 北京当当科文电子商务有限公司 | 当当网 |
| 24 | 北京易车信息科技有限公司 | 易车公司 |
| 25 | 新华网股份有限公司 | 新华网 |
| 26 | 人民网股份有限公司 | 人民网 |
| 27 | 上海众源网络有限公司 | PPS网络电视 |
| 28 | 广州唯品会信息科技有限公司 | 唯品会 |
| 29 | 北京世纪卓越信息技术有限公司 | 亚马逊中国 |
| 30 | 北京智德典康电子商务有限公司 | 中关村在线、爱卡汽车 |
| 31 | 上海美斯恩网络通讯技术有限公司 | MSN |
| 32 | 北京三快科技有限公司 | 美团网 |
| 33 | 北京智联三珂人才服务有限公司 | 智联招聘 |
| 34 | 央视国际网络有限公司 | 央视网 |
| 35 | 广州酷狗计算机科技有限公司 | 酷狗音乐 |
| 36 | 上海起凡数字技术有限公司 | 起凡 |
| 37 | 深圳市迅雷网络技术有限公司 | 迅雷集团 |
| 38 | 北京搜房科技发展有限公司 | 搜房网/房天下 |
| 39 | 联动优势科技有限公司 | 联动优势 |
| 40 | 上海聚力传媒技术有限公司 | Pplive |
| 41 | 上海心动企业发展有限公司 | 电驴/心动网络 |
| 42 | 上海邮通科技有限公司 | 世纪天成 |
| 43 | 前锦网络信息技术(上海)有限公司 | 前程无忧 |
| 44 | 福建网龙计算机网络信息技术有限公司 | 网龙(91) |
| 45 | 广州市千钧网络科技有限公司 | 56 |
| 46 | 北京世纪互联宽带数据中心有限公司 | 世纪互联 |
| 47 | 北京车之家信息技术有限公司 | 汽车之家 |

(续表)

| 名次 | 公司全称 | 公司简称 |
| --- | --- | --- |
| 48 | 北京维艾思气象信息科技有限公司 | 中国天气网 |
| 49 | 凡客诚品（北京）科技有限公司 | 凡客诚品 |
| 50 | 北京开心人信息技术有限公司 | 开心网 |
| 51 | 上海第九城市信息技术有限公司 | 第九城市 |
| 52 | 北京昆仑万维科技股份有限公司 | 昆仑万维 |
| 53 | 北京美丽时空网络科技有限公司 | 美丽说 |
| 54 | 北京联众互动网络股份有限公司 | 联众世界 |
| 55 | 金山软件有限公司 | 金山软件 |
| 56 | 北京智珠网络技术有限公司 | 178 游戏网 |
| 57 | 北京豆网科技有限公司 | 豆瓣网 |
| 58 | 上海瑞创网络科技股份有限公司 | 2345 网址导航 |
| 59 | 北京五八信息技术有限公司 | 58 集团 |
| 60 | 北京酷我科技有限公司 | 酷我音乐 |
| 61 | 北京空中信使信息技术有限公司 | 空中信使/空中网 |
| 62 | 财富软件（北京）有限公司 | 中国金融在线 |
| 63 | 麦考林公司 | 麦考林 |
| 64 | 重庆天极网络有限公司 | 天极传媒 |
| 65 | 北京创锐文化传媒有限公司 | 聚美优品 |
| 66 | 北京光宇在线科技有限责任公司 | 光宇游戏 |
| 67 | 东方财富信息股份有限公司 | 东方财富 |
| 68 | 上海我要网络发展有限公司 | 51.com |
| 69 | 北京六间房科技有限公司 | 六间房 |
| 70 | 北京瑞星信息技术有限公司 | 瑞星 |
| 71 | 浙江银泰电子商务有限公司 | 银泰电子商务 |
| 72 | 北京中文在线文化传媒有限公司 | 17k 小说网 |
| 73 | 海南天涯社区网络科技股份有限公司 | 天涯 |
| 74 | 同程网络科技股份有限公司 | 同程网 |
| 75 | 北京百合在线科技有限公司 | 百合在线 |

附录一 2013年中国互联网百强名单

(续表)

| 名次 | 公司全称 | 公司简称 |
| --- | --- | --- |
| 76 | 上海大智慧股份有限公司 | 大智慧 |
| 77 | 快钱支付清算信息有限公司 | 快钱 |
| 78 | 杭州卷瓜网络有限公司 | 蘑菇街 |
| 79 | 北京和讯在线信息咨询服务有限公司 | 和讯网 |
| 80 | 上海东方网股份有限公司 | 东方网 |
| 81 | 北京网秦天下科技有限公司 | 网秦 |
| 82 | 趣游(北京)科技集团有限公司 | 趣游 |
| 83 | 上海三七玩网络科技有限公司 | 37玩 |
| 84 | 北京慧聪国际资讯有限公司 | 慧聪网 |
| 85 | 虎扑(上海)文化传播有限公司 | 虎扑体育 |
| 86 | 金华比奇网络技术有限公司 | 5173/金华比奇 |
| 87 | 广州启生信息技术有限公司 | 39健康网 |
| 88 | 北京华网汇通技术服务有限公司 | 中华网 |
| 89 | 北京暴风科技股份有限公司 | 暴风集团 |
| 90 | 焦点科技股份有限公司 | 焦点科技 |
| 91 | 北京小米科技有限责任公司 | 小米 |
| 92 | 拓维信息系统股份有限公司 | 拓维信息 |
| 93 | 广州菲音信息科技有限公司 | 菲音 |
| 94 | 广州多益网络有限公司 | 多益网络 |
| 95 | 上海绿岸网络科技股份有限公司 | 绿岸在线 |
| 96 | 深圳市珍爱网信息技术有限公司 | 珍爱网 |
| 97 | 二六三网络通信股份有限公司 | 263在线 |
| 98 | 广州维动网络科技有限公司 | 维动网络 |
| 99 | 上海汉涛信息咨询有限公司 | 大众点评 |
| 100 | 北京武神世纪网络技术股份有限公司 | 武神 |

# 附录二　2014年中国互联网百强名单

| 名次 | 企业全称 | 企业简称 |
| --- | --- | --- |
| 1 | 腾讯控股有限公司 | 腾讯 |
| 2 | 阿里巴巴集团控股有限公司 | 阿里 |
| 3 | 百度股份有限公司 | 百度 |
| 4 | 京东有限公司 | 京东 |
| 5 | 搜狐网络有限责任公司 | 搜狐 |
| 6 | 奇虎360科技有限公司 | 三六零 |
| 7 | 小米科技有限责任公司 | 小米 |
| 8 | 网易公司（不含有道） | 网易 |
| 9 | 苏宁云商集团股份有限公司 | 苏宁控股 |
| 10 | 新浪公司 | 新浪 |
| 11 | 唯品会控股有限公司 | 唯品会 |
| 12 | 盛大游戏有限公司 | 盛大网络 |
| 13 | 乐居控股有限公司 | 乐居 |
| 14 | 世纪互联集团 | 世纪互联 |
| 15 | 携程国际有限公司 | 携程 |
| 16 | 北京昆仑万维科技股份有限公司 | 昆仑万维 |
| 17 | 途牛公司 | 途牛 |
| 18 | 网宿科技股份有限公司 | 网宿科技 |
| 19 | 搜房控股有限公司 | 房天下 |

附录二  2014年中国互联网百强名单

(续表)

| 名次 | 企业全称 | 企业简称 |
|---|---|---|
| 20 | 号百控股股份有限公司 | 号百 |
| 21 | 云游控股有限公司 | 云游 |
| 22 | 网秦移动有限公司 | 网秦 |
| 23 | 金山软件有限公司 | 金山软件 |
| 24 | 中国当当电子商务有限公司 | 当当网 |
| 25 | 蓝汛国际控股有限公司 | 蓝汛 |
| 26 | 二六三网络通信股份有限公司 | 二六三 |
| 27 | 广州多益网络科技有限公司 | 多益网络 |
| 28 | 联动优势科技有限公司 | 联动优势 |
| 29 | 乐视网信息技术（北京）股份有限公司 | 乐视 |
| 30 | 完美世界有限责任公司 | 完美世界 |
| 31 | 聚美国际控股公司 | 聚美优品 |
| 32 | 优酷土豆股份有限公司 | 优酷土豆 |
| 33 | 凤凰新媒体有限公司 | 凤凰网 |
| 34 | 北京千橡网景科技发展有限公司 | 千橡网景 |
| 35 | 迅雷公司 | 迅雷集团 |
| 36 | 上海心动企业发展有限公司 | 心动网络 |
| 37 | 触控科技控股有限公司 | 触控 |
| 38 | 上海三七玩网络科技有限公司 | 37玩 |
| 39 | 网龙网络有限公司 | 网龙 |
| 40 | 汽车之家有限公司 | 汽车之家 |
| 41 | 41博雅互动国际有限公司 | 博雅 |
| 42 | 杭州电魂网络科技股份有限公司 | 电魂 |
| 43 | 四三九九网络股份有限公司 | 四三九九 |
| 44 | 上海起凡数字技术有限公司 | 起凡 |
| 45 | 巨人网络集团有限公司 | 巨人网络 |
| 46 | 拓维信息系统股份有限公司 | 拓维信息 |
| 47 | 焦点科技股份有限公司 | 焦点科技 |

(续表)

| 名次 | 企业全称 | 企业简称 |
|---|---|---|
| 48 | 欢聚时代科技有限公司 | 欢聚时代 |
| 49 | 福州天盟数码有限公司 | 天盟 |
| 50 | 前程无忧公司 | 前程无忧 |
| 51 | 易车控股有限公司 | 易车公司 |
| 52 | 上海大智慧股份有限公司 | 大智慧 |
| 53 | 人民网股份有限公司 | 人民网 |
| 54 | 同程网络科技股份有限公司 | 同程旅游 |
| 55 | 新华网股份有限公司 | 新华网 |
| 56 | 央视国际网络有限公司 | 央视网 |
| 57 | 北京漫游谷信息技术有限公司 | 漫游谷 |
| 58 | 第一视频集团有限公司 | 第一视频 |
| 59 | 赛尔网络有限公司 | 赛尔网络 |
| 60 | 天鸽互动控股有限公司 | 天鸽互动 |
| 61 | 正保远程教育控股有限公司 | 正保 |
| 62 | 天极传媒集团 | 天极传媒 |
| 63 | 广州摩拉网络科技有限公司 | 摩拉 |
| 64 | 上海恺英网络科技有限公司 | 恺英网络 |
| 65 | 斯凯网络科技有限公司 | 斯凯 |
| 66 | 游族网络股份有限公司 | 游族网络 |
| 67 | 艺龙有限公司 | 艺龙 |
| 68 | 金华比奇网络技术有限公司 | 金华比奇 |
| 69 | 慧聪网有限公司 | 慧聪国际 |
| 70 | 空中网公司 | 空中信使 |
| 71 | 凡客诚品（北京）科技有限公司 | 凡客诚品 |
| 72 | 河南锐之旗信息技术有限公司 | 锐之旗 |
| 73 | 百奥家庭互动有限公司 | 百奥家庭互动 |
| 74 | 趣游科技集团有限公司 | 趣游 |
| 75 | 上海易娱网络科技有限公司 | 易娱 |

附录二  2014年中国互联网百强名单

（续表）

| 名次 | 企业全称 | 企业简称 |
|---|---|---|
| 76 | 深圳走秀网络科技有限公司 | 走秀 |
| 77 | 上海二三四五网络科技股份有限公司 | 二三四五 |
| 78 | 北京北纬通信科技股份有限公司 | 北纬通信 |
| 79 | 北京三快科技有限公司 | 美团点评 |
| 80 | 北京世纪卓越信息技术有限公司 | 亚马逊中国 |
| 81 | 智联招聘有限公司 | 智联招聘 |
| 82 | 山景科创网络技术（北京）有限公司 | 山景科创 |
| 83 | 上海邮通科技有限公司 | 世纪天成 |
| 84 | 拉卡拉支付有限公司 | 拉卡拉 |
| 85 | 中国金融在线有限公司 | 中国金融在线 |
| 86 | 杭州顺网科技股份有限公司 | 顺网科技 |
| 87 | 上海绿岸网络科技股份有限公司 | 绿岸在线 |
| 88 | 北京掌趣科技股份有限公司 | 掌趣科技 |
| 89 | 苏州蜗牛数字科技股份有限公司 | 蜗牛数字 |
| 90 | 北京暴风科技股份有限公司 | 暴风集团 |
| 91 | 江苏三六五网络股份有限公司 | 三六五网 |
| 92 | 上海东方网股份有限公司 | 东方网 |
| 93 | 汇付天下有限公司 | 汇付 |
| 94 | 广州市动景计算机科技有限公司 | 动景 |
| 95 | 广州酷狗计算机科技有限公司 | 酷狗音乐 |
| 96 | 深圳市珍爱网信息技术有限公司 | 珍爱网 |
| 97 | 北京百合在线科技有限公司 | 百合在线 |
| 98 | 厦门三五互联科技股份有限公司 | 三五互联 |
| 99 | 苏州八爪鱼在线旅游发展有限公司 | 八爪鱼在线 |
| 100 | 深圳市中青宝互动网络股份有限公司 | 中青宝 |

# 附录三  2015年中国互联网百强名单

| 名次 | 企业名称 | 企业简称 |
|---|---|---|
| 1 | 阿里巴巴集团 | 阿里 |
| 2 | 腾讯公司 | 腾讯 |
| 3 | 百度公司 | 百度 |
| 4 | 京东集团 | 京东 |
| 5 | 奇虎360科技有限公司 | 三六零 |
| 6 | 搜狐公司 | 搜狐 |
| 7 | 网易公司 | 网易 |
| 8 | 新浪公司 | 新浪 |
| 9 | 携程计算机技术（上海）有限公司 | 携程 |
| 10 | 北京搜房科技发展有限公司 | 房天下 |
| 11 | 鹏博士电信传媒集团股份有限公司 | 鹏博士 |
| 12 | 完美世界（北京）网络技术有限公司 | 完美世界 |
| 13 | 优酷土豆公司 | 优酷土豆 |
| 14 | 广州唯品会信息科技有限公司 | 唯品会 |
| 15 | 金山软件有限公司 | 金山软件 |
| 16 | 上海盛大网络发展有限公司 | 盛大网络 |
| 17 | 欢聚时代科技有限公司 | 欢聚时代 |
| 18 | 小米科技有限责任公司 | 小米 |
| 19 | 苏宁云商集团股份有限公司 | 苏宁控股 |

(续表)

| 名次 | 企业名称 | 企业简称 |
|---|---|---|
| 20 | 易车公司 | 易车公司 |
| 21 | 北京车之家信息技术有限公司 | 汽车之家 |
| 22 | 乐居控股有限责任公司 | 乐居 |
| 23 | 三七（互娱）上海科技有限公司 | 三七互娱 |
| 24 | 乐视网信息技术（北京）股份有限公司 | 乐视 |
| 25 | 四三九九网络股份有限公司 | 四三九九 |
| 26 | 北京天盈九州网络技术有限公司 | 凤凰网 |
| 27 | 联动优势科技有限公司 | 联动优势 |
| 28 | 网宿科技股份有限公司 | 网宿科技 |
| 29 | 世纪互联集团 | 世纪互联 |
| 30 | 百视通新媒体股份有限公司 | 东方明珠新媒体 |
| 31 | 北京五八信息技术有限公司 | 58集团 |
| 32 | 山景科创网络技术（北京）有限公司 | 山景科创 |
| 33 | 前程无忧公司 | 前程无忧 |
| 34 | 东方财富信息股份有限公司 | 东方财富 |
| 35 | 深圳市迅雷网络技术有限公司 | 迅雷集团 |
| 36 | 新华网股份有限公司 | 新华网 |
| 37 | 人民网股份有限公司 | 人民网 |
| 38 | 第一视频集团有限公司 | 第一视频 |
| 39 | 北京昆仑万维科技股份有限公司 | 昆仑万维 |
| 40 | 广州多益网络科技有限公司 | 多益网络 |
| 41 | 乐逗科技有限公司 | 创梦天地 |
| 42 | 上海大智慧股份有限公司 | 大智慧 |
| 43 | 福建网龙计算机网络信息技术有限公司 | 网龙 |
| 44 | 聚美国际控股公司 | 聚美优品 |
| 45 | 智联招聘有限公司 | 智联招聘 |
| 46 | 深圳市捷旅国际旅行社有限公司 | 捷旅 |
| 47 | 竞技世界（北京）网络技术有限公司 | 竞技世界 |

(续表)

| 名次 | 企业名称 | 企业简称 |
|---|---|---|
| 48 | 中国当当电子商务有限公司 | 当当网 |
| 49 | 上海陆家嘴国际金融资产交易市场股份有限公司 | 陆金所 |
| 50 | 北京艺龙信息技术有限公司 | 艺龙 |
| 51 | 北京掌趣科技股份有限公司 | 掌趣科技 |
| 52 | 北京三快科技有限公司 | 美团点评 |
| 53 | 人人贷商务顾问(北京)有限公司 | 人人贷 |
| 54 | 游族网络股份有限公司 | 游族网络 |
| 55 | 上海二三四五网络科技有限公司 | 二三四五 |
| 56 | 杭州顺网科技股份有限公司 | 顺网科技 |
| 57 | 二六三网络通信股份有限公司 | 二六三 |
| 58 | 广州摩拉网络科技有限公司 | 摩拉 |
| 59 | 上海巨人网络科技有限公司 | 巨人网络 |
| 60 | 河南锐之旗信息技术有限公司 | 锐之旗 |
| 61 | 云游控股有限公司 | 云游 |
| 62 | 慧聪网有限公司 | 慧聪国际 |
| 63 | 浙江核新同花顺网络信息股份有限公司 | 同花顺 |
| 64 | 北京暴风科技股份有限公司 | 暴风集团 |
| 65 | 博雅互动国际有限公司 | 博雅 |
| 66 | 上海起凡数字技术有限公司 | 起凡 |
| 67 | 天鸽互动控股有限公司 | 天鸽互动 |
| 68 | 四川省艾普网络股份有限公司 | 艾普网络 |
| 69 | 北京亿玛在线科技有限公司 | 亿玛在线 |
| 70 | 深圳市易讯天空网络技术有限公司 | 易讯天空 |
| 71 | 拓维信息系统股份有限公司 | 拓维信息 |
| 72 | 蓝港互动有限公司 | 蓝港 |
| 73 | 佳缘国际有限公司 | 世纪佳缘 |
| 74 | 北京空中信使信息技术有限公司 | 空中信使/空中网 |
| 75 | 苏州蜗牛数字科技股份有限公司 | 蜗牛数字 |

附录三　2015年中国互联网百强名单

（续表）

| 名次 | 企业名称 | 企业简称 |
|---|---|---|
| 76 | 江苏三六五网络股份有限公司 | 三六五网 |
| 77 | 广州百田信息科技有限公司 | 百奥家庭互动（广州百田） |
| 78 | 正保远程教育控股有限公司 | 正保 |
| 79 | 湖南快乐阳光互动娱乐传媒有限公司 | 快乐阳光 |
| 80 | 国美在线电子商务有限公司 | 国美在线 |
| 81 | 联众国际控股有限公司 | 联众 |
| 82 | 科通芯城集团 | 科通芯城 |
| 83 | 中国数码信息有限公司 | 数码信息 |
| 84 | 炫彩互动网络科技有限公司（中国电信游戏基地） | 炫彩互动 |
| 85 | 中国金融在线有限公司 | 中国金融在线 |
| 86 | 斯凯网络科技有限公司 | 斯凯 |
| 87 | 淘米控股有限公司 | 淘米 |
| 88 | 黑龙江龙采科技集团有限责任公司 | 龙采科技 |
| 89 | 焦点科技股份有限公司 | 焦点科技 |
| 90 | 上海帝联信息科技股份有限公司 | 帝联 |
| 91 | 上海东方网股份有限公司 | 东方网 |
| 92 | 上海汉涛信息咨询有限公司 | 大众点评 |
| 93 | 厦门三五互联科技股份有限公司 | 三五互联 |
| 94 | 广州市久邦数码科技有限公司 | 久邦 |
| 95 | 深圳中青宝互动网络股份有限公司 | 中青宝 |
| 96 | 北京漫游谷信息技术有限公司 | 漫游谷 |
| 97 | 北京光宇在线科技有限责任公司 | 光宇游戏 |
| 98 | 湖南竞网智赢网络技术有限公司 | 竞网 |
| 99 | 上海钢联电子商务股份有限公司 | 上海钢联 |
| 100 | 天极传媒集团 | 天极传媒（天极网） |

# 附录四  2016年中国互联网百强名单

| 名次 | 企业全称 | 企业简称 |
|---|---|---|
| 1 | 阿里巴巴集团 | 阿里 |
| 2 | 腾讯公司 | 腾讯 |
| 3 | 百度公司 | 百度 |
| 4 | 京东集团 | 京东 |
| 5 | 奇虎360科技有限公司 | 三六零 |
| 6 | 搜狐公司 | 搜狐 |
| 7 | 网易公司 | 网易 |
| 8 | 携程计算机技术（上海）有限公司 | 携程 |
| 9 | 广州唯品会信息科技有限公司 | 唯品会 |
| 10 | 苏宁云商集团股份有限公司 | 苏宁控股 |
| 11 | 北京新美大科技有限公司 | 美大科技 |
| 12 | 网宿科技股份有限公司 | 网宿科技 |
| 13 | 小米科技有限责任公司 | 小米 |
| 14 | 新浪公司 | 新浪 |
| 15 | 乐视网信息技术（北京）股份有限公司 | 乐视 |
| 16 | 北京搜房科技发展有限公司 | 房天下 |
| 17 | 北京五八信息技术有限公司 | 58集团 |
| 18 | 三七互娱（上海）科技有限公司 | 三七互娱 |
| 19 | 东方财富信息股份有限公司 | 东方财富 |

附录四 2016年中国互联网百强名单

(续表)

| 名次 | 企业全称 | 企业简称 |
|---|---|---|
| 20 | 新华网股份有限公司 | 新华网 |
| 21 | 鹏博士电信传媒集团股份有限公司 | 鹏博士 |
| 22 | 四三九九网络股份有限公司 | 四三九九 |
| 23 | 易车公司 | 易车公司 |
| 24 | 上海二三四五网络科技有限公司 | 二三四五 |
| 25 | 北京车之家信息技术有限公司 | 汽车之家 |
| 26 | 广州多益网络科技有限公司 | 多益网络 |
| 27 | 福建网龙计算机网络信息技术有限公司 | 网龙 |
| 28 | 深圳市迅雷网络技术有限公司 | 迅雷集团 |
| 29 | 乐居控股有限责任公司 | 乐居 |
| 30 | 途牛公司 | 途牛 |
| 31 | 同程网络科技股份有限公司 | 同程旅游 |
| 32 | 上海景域文化传播股份有限公司 | 驴妈妈 |
| 33 | 恒诚科技发展（北京）有限公司 | 宜人贷 |
| 34 | 人人贷商务顾问（北京）有限公司 | 人人贷 |
| 35 | 人民网股份有限公司 | 人民网 |
| 36 | 联动优势科技有限公司 | 联动优势 |
| 37 | 竞技世界（北京）网络技术有限公司 | 竞技世界 |
| 38 | 第一视频集团有限公司 | 第一视频 |
| 39 | 游族网络股份有限公司 | 游族网络 |
| 40 | 上海钢银电子商务股份有限公司 | 钢银电商 |
| 41 | 焦点科技股份有限公司 | 焦点科技 |
| 42 | 福建新中冠信息科技集团有限公司 | 新中冠 |
| 43 | 杭州边锋网络技术有限公司 | 边锋网络 |
| 44 | 广州创思信息技术有限公司 | 创思信息 |
| 45 | 杭州卷瓜网络有限公司 | 蘑菇街 |
| 46 | 北京天盈九州网络技术有限公司 | 凤凰网 |
| 47 | 福建利嘉电子商务有限公司 | 利嘉电商 |

(续表)

| 名次 | 企业全称 | 企业简称 |
|---|---|---|
| 48 | 北京暴风科技股份有限公司 | 暴风集团 |
| 49 | 杭州顺网科技股份有限公司 | 顺网科技 |
| 50 | 北京小桔科技有限公司 | 小桔科技 |
| 51 | 北京寺库商贸有限公司 | 寺库商贸 |
| 52 | 上海钢富电子商务有限公司 | 钢富电子 |
| 53 | 深圳市梦网科技发展有限公司 | 梦网科技 |
| 54 | 上海陆家嘴国际金融资产交易市场股份有限公司 | 陆金所 |
| 55 | 湖南快乐阳光互动娱乐传媒有限公司 | 快乐阳光 |
| 56 | 云游控股有限公司 | 云游 |
| 57 | 贵阳朗玛信息技术股份有限公司 | 朗玛信息 |
| 58 | 山东开创集团有限公司 | 开创集团 |
| 59 | 上海拍拍贷金融信息服务有限公司 | 拍拍贷 |
| 60 | 北京六间房科技有限公司 | 六间房 |
| 61 | 北京猎豹移动科技有限公司 | 猎豹移动 |
| 62 | 河南锐之旗信息技术有限公司 | 锐之旗 |
| 63 | 四川省艾普网络股份有限公司 | 艾普网络 |
| 64 | 咪咕数字传媒有限公司 | 咪咕 |
| 65 | 河南中钢网电子商务有限公司 | 中钢网 |
| 66 | 浙江齐聚科技有限公司 | 齐聚科技 |
| 67 | 上海东方网股份有限公司 | 东方网 |
| 68 | 上海格瓦商务信息咨询有限公司 | 格瓦 |
| 69 | 有米科技股份有限公司 | 有米科技 |
| 70 | 深圳市珍爱网信息技术有限公司 | 珍爱网 |
| 71 | 上海帝联信息科技股份有限公司 | 帝联 |
| 72 | 佳缘国际有限公司 | 世纪佳缘 |
| 73 | 广州摩拉网络科技有限公司 | 摩拉 |
| 74 | 武汉奇米网络科技有限公司 | 奇米 |
| 75 | 趣游(厦门)科技有限公司 | 趣游 |

附录四　2016年中国互联网百强名单

（续表）

| 名次 | 企业全称 | 企业简称 |
|---|---|---|
| 76 | 银联商务有限公司 | 银联商务 |
| 77 | 二六三网络通信股份有限公司 | 二六三 |
| 78 | 苏州蜗牛数字科技股份有限公司 | 蜗牛数字 |
| 79 | 江苏三六五网络股份有限公司 | 三六五网 |
| 80 | 广州百田信息科技有限公司 | 百奥家庭互动（广州百田） |
| 81 | 郑州悉知信息技术有限公司 | 悉知 |
| 82 | 九机网（原云南三九手机网） | 九机网 |
| 83 | 北京空中信使信息技术有限公司 | 空中信使/空中网 |
| 84 | 湖南竞网智赢网络技术有限公司 | 竞网 |
| 85 | 杭州泰一指尚科技有限公司 | 泰一指尚 |
| 86 | 黑龙江龙采科技集团有限责任公司 | 龙采科技 |
| 87 | 金华比奇网络技术有限公司 | 金华比奇 |
| 88 | 中铁物资集团钢之家电子商务有限公司 | 钢之家 |
| 89 | 浙江省公众信息产业有限公司 | 公众信息 |
| 90 | 上海巨人网络科技有限公司 | 巨人网络 |
| 91 | 大汉电子商务有限公司 | 大汉电子/大大买钢 |
| 92 | 迅付信息科技有限公司 | 迅付 |
| 93 | 好享购物股份有限公司 | 好享购物 |
| 94 | 绿网天下（福建）网络科技股份有限公司 | 绿网天下 |
| 95 | 上海车团网络信息技术有限公司 | 车团 |
| 96 | 重庆秒银科技有限公司 | 秒银 |
| 97 | 浙江国技互联信息技术有限公司 | 国技 |
| 98 | 福建中金在线网络股份有限公司 | 中金在线 |
| 99 | 天翼阅读文化传播有限公司 | 天翼阅读 |
| 100 | 湖北盛天网络技术股份有限公司 | 盛天网络 |

# 附录五  2017年中国互联网百强名单

| 名次 | 企业全称 | 企业简称 |
| --- | --- | --- |
| 1 | 深圳市腾讯计算机系统有限公司 | 腾讯 |
| 2 | 阿里巴巴集团（省联盟会员单位） | 阿里 |
| 3 | 百度公司 | 百度 |
| 4 | 京东集团 | 京东 |
| 5 | 网易集团（省联盟会员单位） | 网易 |
| 6 | 新浪公司 | 新浪 |
| 7 | 搜狐集团 | 搜狐 |
| 8 | 北京三快科技有限公司 | 美团点评 |
| 9 | 携程计算机技术（上海）有限公司 | 携程 |
| 10 | 三六零科技股份有限公司 | 三六零 |
| 11 | 小米通讯技术有限公司 | 小米 |
| 12 | 苏宁控股集团 | 苏宁控股 |
| 13 | 鹏博士电信传媒集团股份有限公司 | 鹏博士 |
| 14 | 网宿科技股份有限公司 | 网宿科技 |
| 15 | 用友网络科技股份有限公司 | 用友网络 |
| 16 | 上海东方明珠新媒体股份有限公司 | 东方明珠新媒体（百视通） |
| 17 | 新华网股份有限公司 | 新华网 |
| 18 | 三七互娱（上海）科技有限公司 | 三七互娱 |
| 19 | 拉扎斯网络科技（上海）有限公司 | 饿了么 |

附录五  2017年中国互联网百强名单

(续表)

| 名次 | 企业全称 | 企业简称 |
| --- | --- | --- |
| 20 | 东软集团股份有限公司 | 东软集团 |
| 21 | 上海二三四五网络控股集团股份有限公司 | 二三四五 |
| 22 | 北京天盈九州网络技术有限公司 | 凤凰网 |
| 23 | 上海钢银电子商务股份有限公司 | 钢银电商 |
| 24 | 杭州顺网科技股份有限公司（省联盟会员单位） | 顺网科技 |
| 25 | 广州多益网络股份有限公司 | 多益网络 |
| 26 | 同程旅游集团 | 同程旅游 |
| 27 | 宜人贷公司 | 宜人贷 |
| 28 | 北京昆仑万维科技股份有限公司 | 昆仑万维/昆仑游戏 |
| 29 | 南京途牛科技有限公司 | 途牛 |
| 30 | 游族网络股份有限公司（省联盟会员单位） | 游族网络 |
| 31 | 联动优势科技有限公司 | 联动优势 |
| 32 | 杭州边锋网络技术有限公司 | 边锋网络 |
| 33 | 北京车之家信息技术有限公司 | 汽车之家 |
| 34 | 北京搜房网络技术有限公司 | 房天下 |
| 35 | 上海找钢网信息科技股份有限公司 | 找钢网 |
| 36 | 东方财富信息股份有限公司 | 东方财富 |
| 37 | 四三九九网络股份有限公司 | 四三九九 |
| 38 | 北京怡生乐居信息服务有限公司 | 乐居 |
| 39 | 美图公司 | 美图 |
| 40 | 竞技世界（北京）网络技术有限公司 | 竞技世界 |
| 41 | 北京字节跳动科技有限公司 | 今日头条/字节跳动 |
| 42 | 深圳市迅雷网络技术有限公司 | 迅雷集团 |
| 43 | 上海东方网股份有限公司 | 东方网 |
| 44 | 上海连尚网络科技有限公司 | 连尚网络 |
| 45 | 咪咕文化科技有限公司 | 咪咕 |
| 46 | 北京中钢网信息股份有限公司 | 中钢网 |
| 47 | 福建网龙计算机网络信息技术有限公司 | 网龙 |

（续表）

| 名次 | 企业全称 | 企业简称 |
|---|---|---|
| 48 | 苏州蜗牛数字科技股份有限公司 | 蜗牛数字 |
| 49 | 黑龙江龙采科技集团有限责任公司 | 龙采科技 |
| 50 | 贵阳朗玛信息技术股份有限公司 | 朗玛信息 |
| 51 | 厦门吉比特网络技术股份有限公司 | 吉比特 |
| 52 | 杭州泰一指尚科技有限公司（省联盟会员单位） | 泰一指尚 |
| 53 | 央视国际网络有限公司 | 央视网 |
| 54 | 人民网股份有限公司 | 人民网 |
| 55 | 深圳市梦网科技发展有限公司 | 梦网科技 |
| 56 | 湖州快乐阳光互动娱乐传媒有限公司 | 快乐阳光 |
| 57 | 上海波克城市网络科技股份有限公司 | 波克城市 |
| 58 | 拓维信息系统股份有限公司 | 拓维信息 |
| 59 | 二六三网络通信股份有限公司 | 二六三 |
| 60 | 北京世纪互联宽带数据中心有限公司 | 世纪互联 |
| 61 | 微贷（杭州）金融信息服务有限公司 | 微贷网 |
| 62 | 北京六间房科技有限公司 | 六间房 |
| 63 | 上海米哈游网络科技股份有限公司 | 米哈游 |
| 64 | 暴风集团股份有限公司 | 暴风集团 |
| 65 | 北京光环新网科技股份有限公司 | 光环新网 |
| 66 | 海南易建科技股份有限公司 | 易建科技 |
| 67 | 山东开创集团股份有限公司 | 开创集团 |
| 68 | 佳缘国际有限公司 | 世纪佳缘 |
| 69 | 重庆猪八戒网络有限公司 | 猪八戒网 |
| 70 | 有米科技股份有限公司 | 有米科技 |
| 71 | 上海塑米信息科技有限公司 | 塑米 |
| 72 | 武汉斗鱼网络科技有限公司 | 斗鱼直播 |
| 73 | 科大讯飞股份有限公司 | 科大讯飞 |
| 74 | 杭州卷瓜网络有限公司 | 蘑菇街 |
| 75 | 深圳市思贝克集团有限公司 | 思贝克 |

附录五　2017年中国互联网百强名单

（续表）

| 名次 | 企业全称 | 企业简称 |
|---|---|---|
| 76 | 福建利嘉电子商务有限公司 | 利嘉电商 |
| 77 | 上海晨之科信息技术有限公司 | 晨之科 |
| 78 | 河南锐之旗网络科技有限公司 | 锐之旗 |
| 79 | 江苏满运软件科技有限公司 | 运满满 |
| 80 | 湖南竞网智赢网络技术有限公司 | 竞网 |
| 81 | 中至数据集团股份有限公司 | 中至集团 |
| 82 | 浙江公众信息产业有限公司 | 公众信息 |
| 83 | 广州酷狗计算机科技有限公司 | 酷狗音乐 |
| 84 | 广州游爱网络技术有限公司 | 游爱网络 |
| 85 | 湖北盛天网络技术股份有限公司 | 盛天网络 |
| 86 | 首都信息发展股份有限公司 | 首都信息 |
| 87 | 沪江教育科技（上海）股份有限公司 | 沪江 |
| 88 | 心动网络股份有限公司 | 心动网络 |
| 89 | 江苏三六五网络股份有限公司 | 三六五网 |
| 90 | 换车网（武汉）网络技术有限公司 | 换车网 |
| 91 | 北京亿玛在线科技股份有限公司 | 亿玛在线 |
| 92 | 上海誉点信息技术有限公司 | 上海誉点 |
| 93 | 北京洋浦伟业科技发展有限公司 | 梆梆安全 |
| 94 | 北京飞利信科技股份有限公司 | 飞利信 |
| 95 | 北京亿起联科技有限公司 | 亿起联科技 |
| 96 | 厦门美柚信息科技有限公司 | 美柚 |
| 97 | 金华比奇网络技术有限公司 | 金华比奇 |
| 98 | 广州趣丸网络科技有限公司 | 趣丸网络 |
| 99 | 山东广电新媒体有限责任公司 | 山东广电 |
| 100 | 厦门鑫点击网络科技股份有限公司 | 点击网络 |

# 附录六  2018年中国互联网百强名单

| 名次 | 企业全称 | 企业简称 |
| --- | --- | --- |
| 1 | 阿里巴巴集团 | 阿里 |
| 2 | 深圳市腾讯计算机系统有限公司 | 腾讯 |
| 3 | 百度公司 | 百度 |
| 4 | 京东集团 | 京东 |
| 5 | 网易集团 | 网易 |
| 6 | 新浪公司 | 新浪 |
| 7 | 搜狐公司 | 搜狐 |
| 8 | 美团点评集团 | 美团点评 |
| 9 | 三六零科技有限公司 | 三六零 |
| 10 | 小米集团 | 小米 |
| 11 | 北京字节跳动科技有限公司 | 今日头条/字节跳动 |
| 12 | 网宿科技股份有限公司 | 网宿科技 |
| 13 | 58集团 | 58集团 |
| 14 | 珠海金山软件有限公司 | 金山软件 |
| 15 | 携程计算机技术（上海）有限公司 | 携程 |
| 16 | 上海二三四五网络控股集团股份有限公司 | 二三四五 |
| 17 | 美图公司 | 美图 |
| 18 | 新华网股份有限公司 | 新华网 |
| 19 | 苏宁控股集团有限公司 | 苏宁控股 |

(续表)

| 名次 | 企业全称 | 企业简称 |
|---|---|---|
| 20 | 北京车之家信息技术有限公司 | 汽车之家 |
| 21 | 用友网络科技股份有限公司 | 用友网络 |
| 22 | 咪咕文化科技有限公司 | 咪咕 |
| 23 | 三七互娱（上海）科技有限公司 | 三七互娱 |
| 24 | 北京天盈九州网络技术有限公司 | 凤凰网 |
| 25 | 恺英网络股份有限公司 | 恺英网络 |
| 26 | 东方明珠新媒体股份有限公司 | 东方明珠新媒体（百视通） |
| 27 | 北京昆仑万维科技股份有限公司 | 昆仑万维/昆仑游戏 |
| 28 | 广州华多网络科技有限公司 | 欢聚时代 |
| 29 | 易车公司 | 易车公司 |
| 30 | 湖南快乐阳光互动娱乐传媒有限公司 | 快乐阳光 |
| 31 | 鹏博士电信传媒集团股份有限公司 | 鹏博士 |
| 32 | 唯品会（中国）有限公司 | 唯品会 |
| 33 | 央视国际网络有限公司 | 央视网 |
| 34 | 四三九九网络股份有限公司 | 四三九九 |
| 35 | 凡普金科集团 | 凡普金科 |
| 36 | 福建网龙计算机网络信息技术有限公司 | 网龙 |
| 37 | 上海波克城市网络科技股份有限公司 | 波克城市 |
| 38 | 上海米哈游网络科技股份有限公司 | 米哈游 |
| 39 | 贵阳朗玛信息技术股份有限公司 | 朗玛信息 |
| 40 | 上海幻电信息科技有限公司 | 哔哩哔哩 |
| 41 | 巨人网络集团股份有限公司 | 巨人网络 |
| 42 | 北京猎豹移动科技有限公司 | 猎豹移动 |
| 43 | 同程旅游集团 | 同程艺龙 |
| 44 | 黑龙江龙采科技集团有限责任公司 | 龙采科技 |
| 45 | 科大讯飞股份有限公司 | 科大讯飞 |
| 46 | 世纪龙信息网络有限责任公司 | 21CN |
| 47 | 杭州泰一指尚科技有限公司 | 泰一指尚 |

(续表)

| 名次 | 企业全称 | 企业简称 |
| --- | --- | --- |
| 48 | 北京光环新网科技股份有限公司 | 光环新网 |
| 49 | 竞技世界（北京）网络技术有限公司 | 竞技世界 |
| 50 | 东方财富信息股份有限公司 | 东方财富 |
| 51 | 游族网络股份有限公司 | 游族网络 |
| 52 | 武汉斗鱼网络科技有限公司 | 斗鱼直播 |
| 53 | 宜人贷公司 | 宜人贷 |
| 54 | 北京中钢网信息股份有限公司 | 中钢网 |
| 55 | 东软集团股份有限公司 | 东软集团 |
| 56 | 北京慧聪国际资讯有限公司 | 慧聪国际 |
| 57 | 马鞍山百助网络科技有限公司 | 百助网络 |
| 58 | 腾邦国际商业服务集团股份有限公司 | 腾邦国际 |
| 59 | 深圳市迅雷网络技术有限公司 | 迅雷集团 |
| 60 | 厦门吉比特网络技术股份有限公司 | 吉比特 |
| 61 | 微贷（杭州）金融信息服务有限公司 | 微贷网 |
| 62 | 上海连尚网络科技有限公司 | 连尚网络 |
| 63 | 上海钢银电子商务股份有限公司 | 钢银电商 |
| 64 | 前锦网络信息技术（上海）有限公司 | 前程无忧 |
| 65 | 上海找钢网信息科技股份有限公司 | 找钢网 |
| 66 | 北京密境和风科技有限公司 | 花椒直播 |
| 67 | 好未来教育集团 | 好未来 |
| 68 | 苏州蜗牛数字科技股份有限公司 | 蜗牛数字 |
| 69 | 福建游龙网络科技有限公司 | 游龙网络 |
| 70 | 北京六间房科技有限公司 | 六间房 |
| 71 | 上海东方网股份有限公司 | 东方网 |
| 72 | 北京搜房科技发展有限公司 | 房天下 |
| 73 | 无锡艾德无线广告有限公司 | 艾德无线 |
| 74 | 深圳市岚悦网络科技有限公司 | 中手游 |
| 75 | 无锡华云数据技术服务有限公司 | 华云数据 |

附录六 2018年中国互联网百强名单

（续表）

| 名次 | 企业全称 | 企业简称 |
|---|---|---|
| 76 | 联动优势科技有限公司 | 联动优势 |
| 77 | 东峡大通（北京）管理咨询有限公司 | OFO小黄车 |
| 78 | 南京途牛科技有限公司 | 途牛 |
| 79 | 深圳市创梦天地科技有限公司 | 创梦天地 |
| 80 | 深圳市思贝克集团有限公司 | 思贝克 |
| 81 | 湖北盛天网络技术股份有限公司 | 盛天网络 |
| 82 | 深圳市梦网科技发展有限公司 | 梦网科技 |
| 83 | 重庆猪八戒网络有限公司 | 猪八戒网 |
| 84 | 杭州平治信息技术股份有限公司 | 平治信息 |
| 85 | 上海景域文化传播股份有限公司 | 驴妈妈 |
| 86 | 北京当当网信息技术有限公司 | 当当网 |
| 87 | 广州趣丸网络科技有限公司 | 趣丸网络 |
| 88 | 拓维信息系统股份有限公司 | 拓维信息 |
| 89 | 佳缘国际有限公司 | 世纪佳缘 |
| 90 | 深圳市房多多网络科技有限公司 | 房多多 |
| 91 | 天鸽互动控股有限公司 | 天鸽互动 |
| 92 | 上海创蓝文化传播有限公司 | 创蓝253 |
| 93 | 北京爱酷游科技股份有限公司 | 爱酷游 |
| 94 | 无锡市不锈钢电子交易中心有限公司 | 不锈钢交易中心 |
| 95 | 沪江教育科技（上海）股份有限公司 | 沪江 |
| 96 | 河南锐之旗网络科技有限公司 | 锐之旗 |
| 97 | 北京风行在线技术有限公司 | 风行 |
| 98 | 北京世纪互联宽带数据中心有限公司 | 世纪互联 |
| 99 | 厦门美柚信息科技有限公司 | 美柚 |
| 100 | 上海优刻得信息科技有限公司 | 优刻得 |

# 附录七  2019 年中国互联网百强名单

| 名次 | 企业全称 | 企业简称 |
|---|---|---|
| 1 | 阿里巴巴（中国）有限公司 | 阿里 |
| 2 | 深圳市腾讯计算机系统有限责任公司 | 腾讯 |
| 3 | 百度公司 | 百度 |
| 4 | 京东集团 | 京东 |
| 5 | 浙江蚂蚁小微金融服务集团股份有限公司 | 蚂蚁金服 |
| 6 | 网易集团 | 网易 |
| 7 | 美团点评 | 美团点评 |
| 8 | 北京字节跳动科技有限公司 | 今日头条/字节跳动 |
| 9 | 三六零安全科技股份有限公司 | 三六零 |
| 10 | 新浪公司 | 新浪 |
| 11 | 上海寻梦信息技术有限公司 | 拼多多 |
| 12 | 搜狐公司 | 搜狐 |
| 13 | 北京五八信息技术有限公司 | 58集团 |
| 14 | 苏宁控股集团有限公司 | 苏宁控股 |
| 15 | 小米集团 | 小米 |
| 16 | 携程计算机技术（上海）有限公司 | 携程 |
| 17 | 用友网络科技股份有限公司 | 用友网络 |
| 18 | 北京猎豹移动科技有限公司 | 猎豹移动 |
| 19 | 北京车之家信息技术有限公司 | 汽车之家 |

附录七　2019年中国互联网百强名单

（续表）

| 名次 | 企业全称 | 企业简称 |
|---|---|---|
| 20 | 湖南快乐阳光互动娱乐传媒有限公司 | 快乐阳光 |
| 21 | 唯品会（中国）有限公司 | 唯品会 |
| 22 | 央视国际网络有限公司 | 央视网 |
| 23 | 三七文娱（广州）网络科技有限公司 | 三七互娱 |
| 24 | 北京昆仑万维科技股份有限公司 | 昆仑万维/昆仑游戏 |
| 25 | 浪潮集团有限公司 | 浪潮 |
| 26 | 北京网聘咨询有限公司 | 智联招聘 |
| 27 | 新华网股份有限公司 | 新华网 |
| 28 | 人民网股份有限公司 | 人民网 |
| 29 | 同程旅游集团 | 同程艺龙 |
| 30 | 武汉斗鱼网络科技有限公司 | 斗鱼直播 |
| 31 | 广州华多网络科技有限公司 | 欢聚时代 |
| 32 | 网宿科技股份有限公司 | 网宿科技 |
| 33 | 咪咕文化科技有限公司 | 咪咕 |
| 34 | 巨人网络集团股份有限公司 | 巨人网络 |
| 35 | 贵阳朗玛信息技术股份有限公司 | 朗玛信息 |
| 36 | 鹏博士电信传媒集团股份有限公司 | 鹏博士 |
| 37 | 上海钢银电子商务股份有限公司 | 钢银电商 |
| 38 | 东方明珠新媒体股份有限公司 | 东方明珠新媒体（百视通） |
| 39 | 黑龙江龙采科技集团有限责任公司 | 龙采科技 |
| 40 | 深圳市迅雷网络技术有限公司 | 迅雷集团 |
| 41 | 易车控股有限公司 | 易车公司 |
| 42 | 四三九九网络股份有限公司 | 四三九九 |
| 43 | 上海米哈游网络科技股份有限公司 | 米哈游 |
| 44 | 完美世界股份有限公司 | 完美世界 |
| 45 | 竞技世界（北京）网络技术有限公司 | 竞技世界 |
| 46 | 前锦网络信息技术（上海）有限公司 | 前程无忧 |
| 47 | 北京蜜莱坞网络科技有限公司 | 映客直播 |

(续表)

| 名次 | 企业全称 | 企业简称 |
|---|---|---|
| 48 | 无锡华云数据技术服务有限公司 | 华云数据 |
| 49 | 上海波克城市网络科技股份有限公司 | 波克城市 |
| 50 | 东软集团股份有限公司 | 东软集团 |
| 51 | 盛跃网络科技（上海）有限公司 | 盛趣游戏 |
| 52 | 科大讯飞股份有限公司 | 科大讯飞 |
| 53 | 优刻得科技股份有限公司 | 优刻得 |
| 54 | 杭州顺网科技股份有限公司 | 顺网科技 |
| 55 | 北京光环新网科技股份有限公司 | 光环新网 |
| 56 | 汇通达网络股份有限公司 | 汇通达 |
| 57 | 深圳市房多多网络科技有限公司 | 房多多 |
| 58 | 福建网龙计算机网络信息技术有限公司 | 网龙 |
| 59 | 美图公司 | 美图 |
| 60 | 汇量科技集团 | 汇量科技 |
| 61 | 广州多益网络股份有限公司 | 多益网络 |
| 62 | 深圳市创梦天地科技有限公司 | 创梦天地 |
| 63 | 深圳市梦网科技发展有限公司 | 梦网科技 |
| 64 | 上海二三四五网络控股集团股份有限公司 | 二三四五 |
| 65 | 北京搜房科技发展有限公司 | 房天下 |
| 66 | 世纪龙信息网络有限责任公司 | 21CN |
| 67 | 游族网络股份有限公司 | 游族网络 |
| 68 | 河南锐之旗网络科技有限公司 | 锐之旗 |
| 69 | 好未来教育科技集团 | 好未来 |
| 70 | 珍岛信息技术（上海）股份有限公司 | 珍岛 |
| 71 | 杭州边锋网络技术有限公司 | 边锋网络 |
| 72 | 金蝶软件（中国）有限公司 | 金蝶软件 |
| 73 | 上海幻电信息科技有限公司 | 哔哩哔哩 |
| 74 | 湖南竞网智赢网络技术有限公司 | 竞网 |
| 75 | 北京中钢网信息股份有限公司 | 中钢网 |

(续表)

| 名次 | 企业全称 | 企业简称 |
|---|---|---|
| 76 | 湖南草花互动网络科技有限公司 | 草花互动 |
| 77 | 北京密境和风科技有限公司 | 花椒直播 |
| 78 | 贝壳找房（北京）科技有限公司 | 贝壳找房 |
| 79 | 二六三网络通信股份有限公司 | 二六三 |
| 80 | 南京途牛科技有限公司 | 途牛 |
| 81 | 东方财富信息股份有限公司 | 东方财富 |
| 82 | 拉卡拉支付股份有限公司 | 拉卡拉 |
| 83 | 厦门吉比特网络技术股份有限公司 | 吉比特 |
| 84 | 福建乐游网络科技有限公司 | 乐游网络 |
| 85 | 广州荔枝网络技术有限公司 | 荔枝 |
| 86 | 深圳市岚悦网络科技有限公司 | 中手游 |
| 87 | 满帮集团 | 满帮 |
| 88 | 山东开创集团股份有限公司 | 开创集团 |
| 89 | 厦门翔通动漫有限公司 | 翔通动漫 |
| 90 | 第一视频通信传媒有限公司 | 第一视频 |
| 91 | 上海东方网股份有限公司 | 东方网 |
| 92 | 上海创蓝文化传播有限公司 | 创蓝253 |
| 93 | 中至数据集团股份有限公司 | 中至集团 |
| 94 | 行吟信息科技（上海）有限公司 | 小红书 |
| 95 | 湖北盛天网络技术股份有限公司 | 盛天网络 |
| 96 | 百合佳缘网络集团股份有限公司 | 百合在线 |
| 97 | 上海找钢网信息科技股份有限公司 | 找钢网 |
| 98 | 厦门美柚信息科技有限公司 | 美柚 |
| 99 | 深圳市思贝克集团有限公司 | 思贝克 |
| 100 | 山东海看网络科技有限公司 | 海看 |

# 附录八　我国互联网企业治理行为与治理绩效的编码协议

## 一、引言

本协议旨在对历年中国互联网百强中的上市公司企业新闻中披露出来的互联网治理行为进行分析，其目的是考察这些互联网企业是如何参与互联网治理的，以及这种治理行为与企业社会绩效之间的关系。如下四个定义对于选择和分析所研究内容是很重要的。

## 二、概念界定

### 1. 互联网公司

本书关注的互联网公司是工信部和互联网协会从 2013 年开始每年持续发布的"中国互联网百强"中的登榜公司。按照工信部和互联网协会的界定，互联网公司是指持有增值电信业务经营许可证、营业收入主要通过互联网业务实现，主要收入来源地或运营总部位于中国大陆，互联网业务收入大于一定标准（2018 年是 1 亿元人民币）、无重大违法违规行为的企业。上市公司是互联网百强中最为优秀的企业，且本书涉及财务数据的分析，所以本书重点关注互联网百强中的上市公司。

## 附录八　我国互联网企业治理行为与治理绩效的编码协议

### 2. 企业新闻

本书所关注的企业新闻是指企业官网上公布的就企业近期所发生事件、面向社会大众的报道，是企业影响社会舆论的一种形式。在企业的官网上，一般表现为企业新闻、公司动态、新闻动态、新闻中心、集团新闻、最新动态、公司足迹等栏目。这里的企业新闻报道的主体是企业自己，是企业对自身经营活动的报道，不同于媒体对于公司的报道。尽管一些公司的官网上有媒体报道（即新闻媒体对本公司的报道）栏目，但这两个栏目在性质上截然不同，本书关注的是前者。

### 3. 企业的互联网治理行为

按照学界的共识，参与互联网治理的有三大主体：政府、私人部门和市民社会，它们分别根据各自的角色，通过集体决策的方式制定和实施旨在规范互联网发展和使用的共同原则、准则、规则、决策程序和方案。互联网治理最初聚焦于技术领域，随着互联网在社会各个层面的渗透，互联网治理已经超越了技术基础设施层面，而旨在解决法律、经济、发展和社会文化等更加宏大的问题。

由于互联网主要基础设施主要隶属于私人部门（互联网企业），且互联网企业有着复杂的利益诉求：吸引用户、追逐利润、安全经营，因此在互联网治理方面更为积极，起着枢纽和纽带的作用。由于互联网企业拥有强大的技术能力，在技术标准制定、技术治理手段方面有着其他治理主体难以比拟的优势，因此互联网企业是网络空间事实上的操盘手。本书将企业的互联网治理行为界定为：为更好地使用和发展互联网，互联网企业根据自身的角色和作用，在企业经营过程中就技术标准、资源分配、网络用户行为规范和公共政策制定等问题与政府和民间社会沟通协调，达成共同的原则、准则、规则、决策程序和方案，以实现互联网有序运作，造福大众的目的。根据沟通协调主体的不同，企业的互联网治理行为主要包括：

(1) 市场服务行为

面向顾客的服务行为包括推出新产品、新服务（新技术），包括国际化（即向新顾客推出现有产品），顾客即包括终端顾客和机构顾客。

(2) 结盟合作行为

面向商业伙伴的结盟行为，包括与行业内外的各种组织机构进行结盟合作或者建立战略联盟。

(3) 政府协同行为

面向各级政府的公关行为，包括与各级政府（国际组织、各国政府、本国各级政府）进行合作，或者参加各级政府组织的活动。

(4) 社会宣传行为

面向社会的宣传行为，包括企业活动发布、人事任免公布、企业组织结构调整、企业未来发展战略等。

(5) 社会公益行为

面向环境保护、能源节约、教育事业发展、文物保护、扶贫救灾、弱势群体帮扶（青年、女性、残疾人等）等领域的各种社会公益活动。

4. 企业的社会绩效

企业的社会绩效是企业对社会责任的履行情况及其表现。利益相关者理论认为企业可以通过处理、平衡和满足消费者、员工、股东、供应商、政府、社会公众等利益相关者的要求，改进组织工作效率以适应外部环境变化。由于利益相关者建立对企业社会绩效的期待，所以利益相关者应该成为企业社会绩效衡量的重点。参照 Caroll（1979）将企业的社会责任划分为经济责任、法律责任、伦理责任和其他责任四个层次，结合互联网企业的特点，本书将互联网企业的社会绩效划分四个方面：

## 附录八 我国互联网企业治理行为与治理绩效的编码协议

（1）技术绩效

即企业在技术领域所获得政府、学术团体和同行的认可，主要表现为获得政府颁发的证书、获得学会/协会的认可。

（2）经济绩效

即企业对经济责任的履行情况，主要表现为推出新产品、销售收入增加、业绩增长、获得消费者认可、获得专业领域认证等方面。

（3）政治绩效

即企业政治公关行为所取得的成果，包括对法律责任的履行情况，具体表现为获得政府认可、与政府签订合作协议，以及在知识产权保护、信息安全、遵纪守法、诚信经营等方面所取得的成果。

（4）伦理绩效

即企业对社会公众普遍期望的伦理责任的履行情况，社会公众要求企业行为正确、公正和合理，符合社会准则、规范和价值观，具体表现为在公众健康安全保护、节能减排、环境保护、扶贫、社会公益等方面举办的活动或者得到的认可。也包含企业自愿履行的社会责任，如慈善捐助、为员工及其家属提供生活设施、支持当地学校、支持文化体育活动等。

### 三、编码的程序

对企业新闻进行内容分析编码应该采取的步骤（V 代表变量）：

（1）所有的企业新闻都被认真阅读过了，以确认企业的互联网治理行为和治理的社会绩效；

（2）所有的企业新闻由一名编码员做出标记，并由另一名编码员复核；

（3）对每一篇企业新闻进行分析，每个企业新闻的特征如下所述：

## V1 公司新闻ID

## V2 公司新闻日期（年/月）

## V3 企业的市场服务行为

新产品、新服务（新技术）的推出通常意味着某项技术标准的形成，意味着某种解决问题的方案。可以归属到"面向消费者的服务行为"的企业新闻中的中心词通常是某种新产品、新服务（新技术），或者是将现有产品、服务（技术）推广到新的国家和地区，即国际化。通常出现的主要关键词包括"产品"、"技术"、"服务"、"功能"、"推出"、"发布"、"升级"、"启动"、"提升"、"加强"、"新品"、"亮相"等。

举例说明：阿里巴巴发布AliGenie语音开放平台推进"智联网"时代；阿里云发布八项云端及人工智能解决方案推动欧洲企业数码转型；百度地图开启智能出行时代3D地图震撼首发。

## V4 企业的结盟合作行为

互联网企业与商业伙伴之间的合作通常是为了共同开发某种技术、把握市场机会、协调彼此的立场等，可以归属到"与商业伙伴的结盟行为"的企业新闻中的中心词通常是"签订战略协议"、"合作"、"入股"、"投资"、"联手"、"牵手"、"联盟"、"联合"等。

举例说明：优酷与NFC战略合作；星巴克与阿里合作；百度与东软达成战略合作；阿里美的战略合作探索物联网；阿里入股高鑫零售与欧尚零售及润泰集团达成新零售战略；百度与中国联通达成战略合作，人

# 附录八 我国互联网企业治理行为与治理绩效的编码协议

工智能助推电信产能再升级。

## V5 企业的政治关联行为

由于政府掌握着规则的制定权和解释权,拥有奖励和惩罚的权力,互联网企业与各级政府之间的各种交往本质上是一种公关行为,目的是为了形成更好的经营环境。可以归属到"企业政治关联行为"的新闻中心词通常为某种政府主体,常见的关键词有:联合国、WTO、政府、领导人、总统、总理、首相、倡议、发文、两会、提案等。

举例说明:马云主持联合国数字合作会议;马云建言越南总理:请让年轻人更便捷地上网做生意;义乌与菜鸟合作建设智能物流骨干网;与比利时政府合作以 eWTP 推动全球普惠贸易发展;企业在政府主办的会上发言等;第八届中日韩旅游部长会议举行,洪清华作为中国旅游企业家代表演讲(该条新闻本应归入宣传沟通类别,但因涉及政府,所以归入政治关联行为)。

## V6 企业的社会宣传行为

企业生存在社会之中,需要与社会公众进行沟通交流,目的主要有影响社会舆论、宣传企业活动、通报企业行为等。可以归属到本类别的企业行为包括与社会进行沟通、宣传的各种行为,涉及的主要关键词有"出席"、"发布"、"出炉"、"宣布"、"公布"、"揭幕"、"亮相"、"演讲"、"官宣"等。这里要注意的是,任何新闻都有宣传沟通的目的,可以归属到宣传沟通类别的新闻主要是指新闻报道涉及的企业行为是为了进行宣传,为了更好地与社会进行沟通。

举例说明:马云在"2017年中国IT领袖峰会"上发表演讲;李彦宏在《人民日报》发文;李彦宏接受 Bloomberg 全球专访直播;阿里新零售迎新征程淘宝天猫任命新总裁;驴妈妈发布2016周边自由行报告:80后最爱旅游溜娃。

### V7 企业的社会公益行为

市民社会的各种社会组织影响着企业存在的合法性，可以归属到本类别的企业行为包括面向教育机构、环境保护、能源节约、弱势群体、青年、女性等方面的各种公益行为。

举例说明：百度与澳门大学合作培养大数据人才；马云向杭州师范大学捐款；百度 AR 复原老北京九大城门；马云以桃花源基金会联席主席身份出席社会公益自然保护地联盟大会。

### V8 企业的技术绩效

企业在技术领域所获得消费者、学术团体、行业和政府的认可，主要表现为技术的应用减少了资源的投入或者提升了效率，获得权威机构的荣誉称号/证书、获得学会/协会的认可，获得专利的数量等。常见的表述为：技术/服务获得认可；技术应用减少资源投入/效率提升；被评为最具价值技术品牌；获得权威机构荣誉称号/证书；发布技术发展趋势；专利申请居首；产品入选创新成果；技术获奖；技术获得好评；技术刷新纪录。

举例：阿里云成全球首家完成德国 C5 云安全基础附加审计之云服务供货商；菜鸟网络最大型智能仓库启用拣货量翻倍；百度 AI 技术斩获中国专利奖，人工智能首获专利界最高认可。

### V9 企业的经济绩效

企业履行经济责任的结果，包括企业产品在市场上的反应，也包括企业在经济效益上取得的成果，既表现在产品畅销、用户数增加、浏览量大增、订单量增加、顾客满意度提升等间接指标上，也表现为销售量创纪录、收入/利润增加，或者收入/盈利超过市场预期等直接指标上。

常见的表述为：销售额/销量创纪录；利润提升；收入增加；收入/盈利超过市场预期；产品畅销；用户数创新高；成交量大幅增长；浏览量大

增;票房夺冠;招商成绩良好;市场规模排名领先;订单量增加;顾客满意度提升等。

举例:2016年阿里巴巴集团11.11全球狂欢节,商品成交额达人民币1207亿元,再创新纪录;2017年阿里巴巴首季收入激增59%,上市后最强增长;百度Q1营收209亿元,净利润同比增长277%。

### V10 企业的政治绩效

政治绩效即企业政治关联行为所取得的成果,具体表现为获得政府/领导人的认可、与政府签订合作协议、出席政府重要会议,项目得到政府的支持,主张得到政府支持、出席政府重要会议;获得国家领导人赞赏;项目得到政府支持;企业领导人获得政治荣誉称号等。

举例:马云被联合国任命为数字合作高级别小组联合主席;泰国已准备与阿里巴巴全面合作;嘉峪关市委书记一行来访景域,初步达成八个方面合作。

### V11 企业的伦理绩效

伦理绩效是企业对社会公众普遍期望的伦理责任的履行结果,社会公众要求企业行为正确、公正和合理,符合社会准则、规范和价值观,具体表现为公众健康安全保护、节能减排、环境保护、扶贫、社会公益等方面举办的活动或者得到的认可。也包含企业自愿履行的社会责任,如慈善捐助、为员工及其家属提供生活设施、支持当地学校、支持文化体育活动等。

举例:阿里巴巴脱贫基金成立5年投入百亿人民币;阿里巴巴电商平台去年创3681万个就业机会;李彦宏入选全球十大AI领袖,被称为"中国AI行业的启蒙者与设计师";中国首份AI企业社会价值报告:百度以科技创新回应社会需求;十年彼此成就,驴妈妈再获长隆集团战略合作伙伴和卓越贡献两项大奖。

# 附录九　我国企业参与互联网治理调研提纲

1. 在贵公司的日常运作中,都与哪些机构(政府的、行业的、社会的)发生往来,涉及哪些事项,请概要介绍。(互动机制)

2. 在建构"政府法治、企业自治、社会共治"的协同治理模式中,贵公司是如何发挥主体责任作用的,请概要说明。(主体责任)

3. 贵公司内部是否有一些关于规范互联网发展和使用的原则和规范?(自律机制)

4. 请简要介绍一下贵公司国际化的情况,以及是否参与过国际上一些有关互联网发展和使用方面的具体工作?(国际化及国际互联网治理)

5. 限制和制约贵公司参与国际互联网发展和使用方面活动的因素有哪些?(限制因素)

6. 贵公司是如何看待以及履行自身社会责任的?请概要举例说明。(社会责任)

7. 贵公司是如何对网络内容进行监管以符合政府要求的?(内容监管)

8. 困扰本行业以及贵公司发展的问题有哪些(如网络安全、知识产权、消费者隐私等)?对于这些问题,贵公司是如何进行应对的?(互联网发展问题)

附录九 我国企业参与互联网治理调研提纲

9. 贵公司参与过哪些旨在规范互联网发展和使用的公共政策的制定？在这个过程中都有哪些利益方参与其中，各自发挥了哪些作用？请概要说明。（公共政策制定）

10. 请介绍贵公司在技术创新方面的投入状况、取得成就（专利、技术标准等），以及这些成就在国际上的应用状况。（标准制定）

# 后　记

本书的写作过程得到中国社科院新闻与传播研究所所长唐绪军研究员的指导，唐老师崇高的品格、严谨的治学态度、深厚的学术功底以及和善的育人方式都给我留下了深刻的印象。中国社科院新闻与传播研究所的宋小卫研究员、季为民研究员、殷乐研究员，以及中国传媒大学的王灿发教授、曾庆香教授也对书稿提出了宝贵的意见。在此，我谨向以上专家学者致以崇高的敬意和诚挚的谢意！我要感谢霍迎利、张新慧、邢建光、段京池、梁秋梦、胡思宇、梁蓓蓓等同学在资料收集方面的辛勤付出！我要深深地感谢妻儿在精神上和生活上给予的莫大关心和支持！

本书的出版首先要感谢北京印刷学院经济管理学院李治堂院长，在李院长的大力支持下，本书的出版经费才得以落实。本书的出版过程充满了曲折，需要协调各种彼此冲突的要求，多亏了李媛媛和王丽芳两位编辑的鼎力协助。在此，我要对李媛媛编辑和王丽芳编辑的敬业精神和辛勤付出表示由衷的感谢！

尽管本人在写作过程中尽可能遵循科学研究的各种规范，但由于本人能力所限，难免存在各种缺憾和不足，敬请各位方家批评指正！

**高海涛**
2020 年 12 月 18 日于北京东城